新时代背景下人力资源管理理论与实务

赵　霞　鲍金玉　张玉霞　著

吉林科学技术出版社

图书在版编目（ＣＩＰ）数据

新时代背景下人力资源管理理论与实务 / 赵霞，鲍
金玉，张玉霞著. -- 长春 ：吉林科学技术出版社，
2024. 8. -- ISBN 978-7-5744-1761-8

Ⅰ. F243

中国国家版本馆 CIP 数据核字第 2024ZT3979 号

新时代背景下人力资源管理理论与实务

著　　者　赵　霞　鲍金玉　张玉霞
出 版 人　宛　霞
责任编辑　李万良
封面设计　南昌德昭文化传媒有限公司
制　　版　南昌德昭文化传媒有限公司
幅面尺寸　185mm×260mm
开　　本　16
字　　数　280 千字
印　　张　13
印　　数　1-1500 册
版　　次　2024 年 8 月第 1 版
印　　次　2024 年 8 月第 1 次印刷

出　　版　吉林科学技术出版社
发　　行　吉林科学技术出版社
地　　址　长春市南关区福祉大路 5788 号出版大厦 A 座
邮　　编　130118
发行部电话/传真　0431—81629529　　81629530　　81629531
　　　　　　　　　　81629532　　81629533　　81629534
储运部电话　0431-86059116
编辑部电话　0431-81629510
印　　刷　三河市嵩川印刷有限公司

书　　号　ISBN 978-7-5744-1761-8
定　　价　72.00 元

前　言

　　人力资源管理是对人力资源进行配置、促进人力资源素质提升的重要手段。对现代企业来说，做好人力资源管理工作至关重要。只有做好人力资源管理工作，才能为企业提供较多的高素质人力资源，也才能保证现代企业的永续发展。而做好这一工作，前提就是对现代企业人力资源管理的相关理论有清晰的认识和把握。当今社会瞬息万变，知识更新速度加快，人力资源管理也在不断创新发展，并会将这种创新继续进行下去。这是时代的要求，也是企业发展的必经之路。

　　随着知识经济社会的到来，企业之间的竞争变成了人才的竞争。谁能够获取优秀的人才，并能够对现有人才合理使用和开发，谁就能够在激烈的竞争中获得胜利。人力资源管理根据企业发展战略的要求，有计划地对企业中的员工进行合理配置。人力资源管理水平成为企业竞争的核心。所以，加强人力资源管理的研究也成为当前非常重要的课题。

　　本书以人力资源管理的概念为切入点，论述了人力资源管理的内容与理论依据、新时代与人力资源管理的关系，阐述了人力资源战略规划、员工招募与培训、员工绩效与薪酬管理、员工健康安全与职业生涯管理，以及人力资源风险管理等相关研究，对人力资源管理中存在的问题进行分析，并提出了人力资源优化管理的目标与实践路径，并对数字化人力资源管理的方法进行了探索。最后论述了企业人力资源管理的创新策略及不同类型的企业人力资源管理内容方法。

　　本书对现代企业人力资源管理的诸多方面进行了研究，并且展示了现代企业人力资源管理的创新发展。本书在撰写过程中力求理论丰富、紧跟时代、指导实践，希望本书能够为现代企业人力资源管理工作的开展提供准确有效的指导。

　　在撰写本书的过程中，作者参考借鉴了诸多相关的文献资料，在此向其作者表示衷心的感谢。同时对在本书成书中给予帮助和支持的亲朋好友也表示感谢。由于作者精力与水平有限，书中难免出现不妥之处，请广大读者予以批评指正，不胜感激。

《新时代背景下人力资源管理理论与实物》
审读委员会

潘娇　韩薇　吕华

目 录

第一章 人力资源管理理论基础

第一节 人力资源与人力资源管理

一、人力资源初探

现代企业的人力资源管理的范畴主要涵盖了企业所拥有的人力资源。因此，研究人力资源管理时，首先必须对人力资源的概念进行明确定义。

（一）人力资源的界定

"人力资源"一词是出当代著名管理学家彼得·德鲁克于 1954 年在其《管理的实践》一书中提出来的，他指出，"和其他所有资源相比较来讲，唯一的区别就是它是人"，并且是经理们必须考虑的具有"特殊资产"的资源，德鲁克认为人力资源拥有当前其他资源所没有的素质，即"协调能力、融和能力、判断力和想象力"。

广义地说，具备一定劳动能力的人都是人力资源。

在狭隘的定义上，对人力资源的阐释各异：①人力资源指的是那些既拥有智力劳动能力也拥有体力劳动能力的个体总和，这个概念同时涵盖了和质量两个方面。②人力资源被界定为某国家或地区内所有具备劳动能力的人口总和。③人力资源是指那些拥有智力和体力劳动能力的人口的和。④人力资源是在人体内蕴藏的一种生产能力，这种能力未使用时为潜在的劳动力，一旦发挥就为现实的劳动力。⑤人力资源是指那些能够促进经济和社会

1

发展的劳动者的能力，包括了那些已经参与到建设中的以及在劳动年龄内尚未参与的人的能力。⑥人力资源是指所有参与创造和文化财富、提供服务和劳务给社会的人。

（二）人力资源的主要特性

1. 生物性、再生性与时效性

人力资源是嵌入在人体内的一种资源，它是由人体器官功能的综合表现所构成的。这种资源具有生物特性，因为它是"活"的。人力资源具有再生特性，只要人类种群不断延续，人力资源就不会消失。人力资源主要在 16 到 60 岁这个时间段内得以利用，约为 44 年左右，如果在这段时间内不加以投入或未能有效利用，人力资源的作用就会丧失，所以它具有时效性。

2. 能动性

人力资源的效能发挥受到个体的主观能动性的明显影响，包括目的性、程度和意识等方面。人力资源的载体是每个个体，他们能够有意识地进行活动。个体能积极主动、热情投入，也可以消极冷漠、敷衍塞责；他们可以全身心地投入工作，也可以心不在焉；他们可以勇往直前、毫不犹豫，也可以为了私利而背弃道义。

3. 连续性

人力资源具有世代更替的特点，这体现了其连续性的一个方面。另一个方面是人力资源可以被反复开发和利用，即经历使用后进行开发，然后使用，循环往复。连续性的第三个方面在于人力资源使用的效果反过来为人力资源的开发提供了条件，而人力资源的开发成果又为更广泛和深入的使用打开了一种新的可能性。

4. 时代性和社会性

人力资源的数量和质量都受到时代条件的限制，这包括人类的生育状况、生存条件、社会经济条件和特定的生产方式。新中国成立之前和现在的人力资源状况有着巨大的差异，主要是因为时代和社会的变迁。人力资源的特点对于人力资源管理的理论、政策、方法和手段具有重要影响，新的人力资源管理的理论、方法和手段正在逐渐取代旧的人事管理方式。

二、人力资源管理初探

（一）人力资源管理认知

人力资源管理理论最早由美国学者在 20 世纪 80 年代初提出，并迅速传播至欧洲和其他地区。

人力资源管理是指组织运用现代管理手段和措施，全面管理人力资源的一系列活动，包括人力资源的获取、开发、保留和利用等方面。

人力资源管理的基本任务是吸引、保留、激励和发展组织所需的人力资源，以促进组织目标的实现。其职能通常包括人力资源规划、工作分析、招聘与选拔、职业生涯规划、培训与发展、绩效管理、薪酬福利管理、劳动关系等。人力资源管理的理论和实践主要围绕这些职能展开。

（二）人力资源管理发展阶段及其特点

企业对人的管理大致经历了三个发展阶段：人事管理、人力资源管理和战略性人力资源管理。各阶段在转变过程中具有下列三个主要特点：

1. 转变管理角色

随着企业人力资源管理目标、部门性质和地位的变化，从事人力资源管理工作的人员角色也发生了重大变化。最近几年，一些国际人力资源管理专家从管理程序、管理对象、管理期限（短期和长期）以及管理性质（战术性和战略性）等四个维度对战略性人力资源管理在企业经营管理中的角色转变和新定位进行了分析。

首先，在作业程序和短期战略操作维度上，人力资源经理是负责建立人力资源管理基础工作、组织绩效评估、薪酬制度设计和员工管理的行政管理专家。

其次，在短期战略操作和员工管理对象维度上，人力资源经理是了解并尽可能满足员工需求的领导者，鼓励员工为企业做出贡献。

第三，在员工和企业长期发展战略维度上，人力资源经理是推动员工培训和技能发展的倡导者，设计组织发展和变革，同时也担任企业改革的代表。

最后，在长期发展战略及管理运作维度上，人力资源经理是企业经营战略的合作伙伴。他们将人力资源管理与企业发展战略有机结合，制定适应企业内外环境的战略规划，并有效实施、监督、控制和反馈规划，进而确保战略目标的实现。

2. 转变管理职能

人力资源部门的性质和人事经理的角色变化实际上是人力资源管理职能的演变。现代人力资源管理持续发展的根本原因在于它同时具备经营性和战略性的双重职能。经营性职能是它的基础和起点，意味着人力资源管理需要支持企业的日常运营，执行短期年度计划，并确保基本经营目标的实现。而战略性职能则从整体出发，关注长远发展，致力于管理理念、组织制度和方法的创新，以不断提升人力资源的竞争优势。随着企业外部经营环境的不断变化，人力资源管理的战略性职能的重要性正在逐渐增强。

3. 转变管理模式

战略性人力资源管理标志着从关注日常事务性的管理向注重长远方向的战略性管理的转变。事务性管理注重"以正确的方法做好事情"，而战略性管理强调"以正确的方法做正确的事情"。因此，战略性人力资源管理在管理理念和模式上实现根本性的转变，主要体现在以下三个方面：

①管理的开放性和适应性，意味着人力资源管理需要全面对接市场，同时考虑内部和外部环境。②管理的系统性和动态性，指出人力资源管理是企业整体系统中关键的支持子系统，必须适应不断变化的环境，并不断调整管理方式。③管理的针对性和灵活性，由于人力资源对象的独特性和管理目标的多样性，需要采取灵活多变的权宜之计，

以适应不同情况下的管理需求。

总体而言，战略性人力资源管理相较于传统人力资源管理的核心差异在于，它使人力资源管理部门能够直接参与战略决策，与其他部门协作，共同推进组织战略目标的实现。然而，战略性人力资源管理和传统人力资源管理并非完全独立，战略性人力资源管理是在传统管理基础上，随着企业成长和市场变化逐步而来，并包含传统管理的某些要素，两者相互依存。

第二节　现代人力资源管理的内容与职能

一、现代人力资源管理工作的内容

（一）制定人力资源计划

根据企业的战略规划和运营计划，分析企业当前的人力资源状况及其演变趋势，搜集并解读有关人力资源供应与需求的数据和信息，预见人力资源供应与需求的未来走向，制订相应的人力资源招聘、配置、培训、发展以及晋升的政策和计划。

（二）人力资源费用核算工作

人力资源管理部门应当与财务等部门合作，建立人力资源会计体系，对人力资源投入的成本和所创造的效益进行核算。人力资源会计工作不但可以改进人力资源管理工作，还能为决策部门提供准确的、量化的依据。

（三）人力资源的招聘与配置

根据组织内部的岗位需求和工作职责描述，采用多种手段和方法，比如推荐、广告发布、人才交流会、职业介绍所登记等，吸引内外部人才。然后通过资格审查，包括教育程度、工作经历、年龄、健康状况等方面进行审核，初步筛选出一定数量的候选人。接下来，经过严格的考核，如笔试、面试、评价中心、情景模拟等方法进行筛选，最终确定录用人员。在人力资源的选拔过程中，应该遵循平等就业、双向选择和择优录用的原则。

（四）工作分析和设计

对组织内每个职位进行详细分析，明确每个职位对员工的具体需求，包括技术技能的种类、水平和熟练度，学习、工作和生活经验，健康状况以及工作的责任、权限和义务等。这些需求需要整理成书面文件，即岗位责任说明书。这份说明书不仅是招聘过程中的重要依据，也是评估员工表现的标准，并且为员工培训、调动和晋升等提供参考。

（五）雇用管理与劳资关系

员工一旦被组织聘用，便与组织建立了雇佣关系，形成了相互依存的劳资格局。为了确保双方权益得到保护，有必要就员工的薪资、福利、工作环境和工作条件等事宜达成一致协议，签订劳动合同。这样可以是双方提供法律上的保障，确保雇佣关系的稳定和长期发展。

（六）入职教育、培训和发展

新加入企业的员工都需要接受入职培训，这是帮助他们熟悉企业、融入企业文化的重要方法。入职培训的核心内容包括企业的历史、成长和未来的发展方向、职业道德、组织纪律、工作安全、健康卫生、社会保障、质量管理等要求，以及员工的职责、权利和薪酬福利等。为了增强员工的工作能力和专业技能，需要提供针对性的岗位技能培训。对于管理人员，特别是那些即将晋升的员工，应当提供进阶培训和教育，以帮助他们尽快掌握更高层次职位所需的全局知识、专业技能、管理能力和应对突发情况的技巧。

（七）绩效考评

绩效考评是对员工的胜任能力、工作表现和成果进行客观评价并进行量化处理的过程。这种评价可以由员工自评、上级评价或综合评价而来。考评结果作为人力资源管理的重要参考，可用于员工晋升、奖惩、薪资发放、培训等方面的决策。绩效考评有助于激发员工的积极性和创造力，同时也可以检查和改进人力资源管理工作。

（八）帮助员工的职业生涯发展

人力资源部门和管理人员应承担起激励和关注员工个人成长的责任，协助他们制定职业发展计划，并定期进行跟踪和评估。这种做法有助于推动企业进步，增强员工的归属感，并激发他们的工作热情和创造力，从而提升企业的整体业绩。在协助员工制定职业发展计划时，人力资源部门需要确保这些计划与企业的发展战略相协调或相符合。这样，人力资源部门才能更有效地支持与引导员工，确保个人发展计划得以顺利执行并且取得预期的成果。

（九）员工工资报酬与福利

建立合理且科学的薪酬和福利体系对于维持企业员工队伍的稳定性至关重要。人力资源部门应基于员工的资质、职位、职责、表现和成就等因素，制定出有吸引力的薪酬和福利标准及政策。薪酬应根据员工职务的变动、岗位的调整、工作绩效的优劣以及成就进行适时调整，确保制度的公平性。员工福利是社会和组织的保障措施，作为薪酬的补充或延伸，它包括政府强制性的退休金、养老保险、医疗保险、失业保险、工伤保险以及节假日等。同时，为保障员工的工作安全和健康，还应提供必要的安全培训、优良的劳动条件和环境。

（十）建立员工档案

人力资源管理部门有责任妥善保存员工的简历和入职之后的书面记录，包括工作主动性、工作表现、工作成绩、薪酬情况、职务变动、奖惩记录以及接受培训和教育的相关材料。

二、现代人力资源管理的职能分析

（一）人力资源管理的角色

1. 现代人力资源管理部门的七种角色

（1）发展战略的策划者

人力资源管理人员参与企业发展战略的制定，和企业共同制定人力资源发展规划，以推动企业发展战略的实施。

（2）业务部门的战略伙伴

人力资源管理人员深入了解业务部门的具体业务和发展方向，为业务部门提供管理咨询和人事技术支持，主动提供建议和解决方案，通过交流沟通和开设课程，为业务部门的直线经理提供培训和指导，使他们能够贯彻人力资源管理理念，熟练应用各种管理方法和技巧，从而为业务部门提供主动式服务，促进了企业发展战略的实现。

（3）组织管理的技术参谋

人力资源部门需不断提升自身的专业能力，提高人力资源管理的水准，以便成为企业在人力资源管理方面的专业顾问。它应协助企业在结构设计、人才招募途径、培训手段、绩效评估体系和员工职业发展规划等方面进行综合分析和精确诊断，并向企业提供专业的建议和解决方案。

（4）员工的代言人

人力资源管理部门应当关注员工需求，倾听他们的意见和需求，以提高员工整体满意度。他们的角色是协调员工个人利益和企业利益，帮助员工个人发展。他们还扮演着员工和直线经理之间的中介角色，促进企业内部的横向和纵向沟通。人力资源管理部门应该成为企业的沟通桥梁，创造凝聚力和团队精神，推动企业文化和核心价值观的形成。

（5）变革的推进者

企业在转型过程中，处理人事事务是最关键和最困难的部分。不仅要妥善安置老员工，还要为每一个岗位找到合适的人选。人力资源管理者应从企业的发展战略出发，调动员工的积极性，积极支持企业变革。他们应为企业直线经理提供管理技巧、系统分析技术、组织变革和人员变革等方面的咨询，协助直线经理消除员工面对变化和不确定因素的恐慌，帮助他们调整心态，重新定位，从而顺利推进企业的变革。因此，人力资源管理的角色不仅是传统的人事管理，更应该是推动企业转型和变革的重要力量。

（6）行政事务专家

人力资源管理部门的工作质量，如档案完整性、信息收集的全面性、招聘流程的有效性、培训、薪酬、福利、考核以及岗位调整的合理性，以及基本资料构建、数据分析和信息传递的准确性及时性等方面，都直接体现其管理技术和水平的优劣。人力资源管理人员应当精通人事行政，并向企业提供行政事务方面的支持。

（7）内部公关专家

人力资源管理部门是企业与员工之间的桥梁，他们需要站在企业的角度进行管理，同时也要从员工的角度出发，促进企业与员工之间的沟通，妥善处理员工之间、部门之间、企业与员工之间的各种关系。在薪资、福利、考核、招聘、培训以及工作环境等方面，他们需要协调和解决各种内部矛盾和冲突，促进企业和员工之间的和谐共处。

2. 现代人力资源管理者的角色

（1）企业人力资源从业人员

当代企业的人力资源专业人员应当具备以下四种能力：首先，具备评估员工能力、评估企业人力资源效率、设计绩效和薪酬系统等职能能力。其次，应当具备企业管理能力，这包括协调企业内部政治和权力、评估企业及财务状况、设计组织结构和工作流程、制定发展战略和策略联盟等。第三，应当具有组织能力，如制定提升整体效率的策略、构建企业文化和价值观、促进多元文化的融合等。最后，个人能力也至关重要，包括个人影响力、感召力、专业知识和技能、以及领导风格等。

（2）企业人力资源经理

人力资源管理部门的核心人员——人力资源经理的胜任特征有六个方面：

第一，要有战略思维。这至关重要，因为作为企业运营的核心环节之一，人力资源管理对企业的成长起着至关重要的作用。因此，人力资源经理需要深刻理解运营状况以及领导层的战略思想，牢牢掌握人力资源管理在企业中的核心地位，并利用自己在人力资源管理方面的专业知识和技能来推进企业内其他部门的工作，发挥如同企业心脏般的重要推动作用。合格的人力资源经理应当熟悉公司各部门的特定技术需求，并有能力将这些部门的职能有效地整合，共同塑造和维护企业文化。

第二，人力资源经理需要根据企业的战略发展需求，提供相应的管理方法，包括薪资设计、组织建设、绩效评估以及核心人员的管理和流程。这些管理方法与企业的战略密切结合，紧密统一在一起。

第三，为了满足上述要求，人力资源经理必须具备丰富的管理经验，熟悉人力资源管理工作的相关技术和经验，同时还要了解企业市场发展的相关技术，以便能够有效地推动企业业务的发展。这样，他们才能理解企业领导的需求，在与各部门沟通时能够有共同语言。

第四，人力资源经理需具备出色的沟通能力，善于与企业领导、职业经理和员工进行有效沟通，同时需要掌握相应的技巧和方法，并展现出较强的主动性。

第五，人力资源经理需要具备强大的信息把握和处理能力，以及对市场有敏锐的洞察力。尤其对于核心人力资源，他们随时需要关注员工的动态，由于这些员工可能受到市场的诱惑而产生动摇，这对企业可能会产生重大影响。因此，人力资源经理需要时刻保持危机意识，并具备处理危机的能力。

第六，与其他经理人一样，人力资源经理需要具备强烈的责任心，对企业表现出忠诚，并积极努力使个人目标与企业目标保持一致。他们应该主动履行企业文化和管理制度执行者的角色，推动各部门工作，扮演着凝聚企业向心力的关键角色。

（二）人力资源管理的常见职能模式

1. 以产品为导向

产品导向的职能模式是传统人力资源职能模式的主要代表，这一模式的本质特征在于其组织模式是以工作内容为基础，专注于职能管理的内容。其主要职能有以下三个方面：

（1）组织、计划与获取职能

人力资源的组织、计划与获取职能是指人力资源管理在企业的组织结构设计与调整、人力资源规划、人员招聘和选聘等方面所发挥的功能。

组织职能：①根据企业战略进行组织设计；②根据企业内外环境的变化及企业发展的要求进行组织、工作再设计；③根据工作分析的结果调整组织结构等。

人力资源规划是人力资源管理计划的核心内容，旨在确保企业按照相关政策、程序和惯例，合理安排适量、高质量、结构合适的人力资源在适当的时机担任相应职位，以达到组织目标。

人员招募是指企业通过各种渠道寻找潜在员工，并吸引他们申请企业的岗位，而人员选聘是企业根据所设定的用人条件和标准，利用适当的方法和手段对应聘者进行审核和选择的过程。

（2）激励与开发职能

人力资源的激励作用主要通过绩效评估、薪酬管理等环节来体现，而其发展功能则主要表现在员工引导、培训、晋升及职业生涯规划与管理等方面。

（3）维持与维护职能

人力资源的维护职能主要涉及福利管理、职业安全与卫生、辞退与辞职管理以及人事纪律等四个方面。福利管理包括生活福利和文化福利，有助于稳定员工队伍并提高工作绩效。职业安全与卫生涉及安全管理、职业病防治、工伤管理和女职工保护等方面。辞退与辞职管理是管理中的"出口"部分，以保证人力资源的整体数量和质量。人事纪律作为行为规范，对于维护组织正常运转非常重要。

然而，以产品为导向的人力资源职能模式存在着一些明显的功能缺陷。这种模式只注重完成现有的流程，并忽视了企业和客户需求的变化。它仅关注工作的完成情况，而忽略了这些工作为企业和员工所创造的价值。这种方式的价值导向一味追求"产品"而忽略"回报"，导致人力资源管理与组织战略和服务对象的脱节。这使得人力资源管理者在企业价值增长中的贡献难以证明，甚至会面临被精简或者外包的风险。因此，这种以产品为导向的方式存在明显的缺陷。

2. 以客户为导向

客户导向的人力资源职能模式首先需要明确谁是客户，以及他们的实际需求。在这种模式下，客户是价值链的起点和最终环节，也是人力资源业务流程的核心。根据理论，人力资源职能的客户可以分为内部客户和外部客户。内部客户包括企业高管、各职能部门、员工和组织内工会等，他们对人力资源具有需求。外部客户则包括企业客户、供应商、政府机构和公益性组织等。满足这些特定客户的需求，就是人力资源职能发挥和职能体现的过程。根据上述分类，对人力资源管理需求大致归类见表1-1。

表1-1　人力资源管理的客户类型及客户需求

客户类型	客户需求
员工	良好的人事行政服务、雇员开发、公平的薪酬体系，良好的领导关系、雇用合同的弹性、具有挑战性的工作环境、开放性的沟通氛围、工作一家庭平衡等
直线管理者	人力资源专业知识的转移、行政支持、招聘与培训的顺利展开、员工具有良好的沟通意愿、员工具有企业愿景等
高层管理者	人力资源管理效率、人力资源管理效能、生产率、员工承诺与激励情况、公司战略与人力资源管理系统的匹配等
工会	雇员的安全性与稳定性，雇员的安全健康，公正、公平、公开、合理的雇员待遇，良好的劳资关系与谈判氛围等
政府与其他机构	对于劳动关系法律法规的遵守、社会责任的履行、就业问题、社会公正问题、社会正义问题等的协调与解决

　　人力资源管理部门根据顾客需求的不同，运用不同的技术来满足这些需求。甄选系统确保被挑选出来的求职者具备为组织带来价值增值所需的知识、技术和能力。培训和开发系统通过为员工提供发展机会，确保他们增加人力资本，为企业创造更多价值。绩效管理系统向员工展示企业对他们的期望，并确保员工的行为与组织目标保持一致。薪酬管理系统为所有利益相关者（直线管理人员、战略规划者以及员工）带来收益，同时回报员工的技能投资和努力。这些管理系统确保员工运用知识和技能服务于组织利益，并为战略规划者提供相应措施，确保所有员工采取支持企业战略规划的行为。简而言之，人力资源管理部门通过各类管理系统，确保员工行为与组织目标一致，从而为企业创造更多价值。

　　以客户服务为核心的人力资源管理理念为人力资源职能提供了一种关键的思考方式。它协助人力资源部门识别其服务的顾客群体，了解这些顾客的具体需求和期望，并探索满足这些需求的方法，这有利于企业的人力资源部门转型为战略合作伙伴。

第三节　现代人力资源管理的相关理论依据

一、人性假设理论

　　人力资源管理是对人的管理，因此人的看法直接决定了其管理政策和方法。员工的个人绩效是企业战略和目标实现的基本前提，而工作能力和工作态度是影响个人绩效的两个主要因素。人力资源管理需要解决的关键问题是要激发员工的工作热情，调动他们的工作积极性和主动性。从这一角度来看，激励理论是人力资源管理的另一个重要理论基础。此外，对于人性假设理论的研究也很重要，其中最具代表性的就是美国行为科学家麦格雷戈提出的 X 理论 –Y 理论和沙因提出的四种人性假设理论。

（一）X 理论和 Y 理论

麦格雷戈指出，人们对于人的本质和行为的假设在一定程度上影响着管理者的工作方法。管理者之所以会以不同的方式来组织、监督和激发员工，是由于他们对人的本性有着不同的预设

1.X 理论

麦格雷戈将传统的人性假设归纳为 X 理论，并提出了七个方面的内容：首先，他认为大多数人天生懒惰，倾向于逃避工作。其次，他认为大多数人缺乏进取心和责任心，不愿承担领导责任，更喜欢让别人指导。第三，他认为大多数人以自我为中心，与组织目标存在矛盾，需要通过强制控制来实现组织目标。第四，他认为大多数人欠缺理智，容易受到他人的影响而行动。第五，他认为大多数人有畏惧强者、厌恶变革、保守守旧的倾向，因此需要进行惩罚来迫使服从。第六，他认为大多数人工作是为了满足物质和安全需求，是为了获得经济利益。第七，他认为只有少部分人能够自我约束，这些人应该承担管理责任。

X 理论的观点与我国古代的性恶论有着相似之处。它认为人性本恶，在这种理论的指导下，管理方式会倾向于采取严格的控制措施，以金钱作为主要激励手段，对怠工行为进行严厉惩罚，通过权力和控制体系来保护组织并引导员工行为。

2.Y 理论

在 X 理论之后，麦格雷戈提出了与之相反的 Y 理论。Y 理论的主要观点包括以下六点：首先，大多数人愿意工作，并且为社会和他人做出贡献，工作对他们来说就像游戏和休息一样自然。工作既可以是一种满足，也可以是一种处罚，这取决于环境。其次，大多数人愿意承担责任，对工作和他人负责，外在的控制和惩罚并不是促使人们为实现组织目标而努力的唯一方法。人们愿意自我管理和自我控制来完成目标。第三，人们具有自我指导、自我表现控制的愿望，人的自我实现的要求和组织目标是可以统一的，如果提供适当的机会，个人目标和组织目标可以同时得到满足。第四，人们在适当条件下，不仅学会了接受职责，还学会了寻求职责。人们逃避责任、缺乏抱负以及强调安全感往往是经验的结果，而不是人的本性。第五，承诺与达成目标后获得的报酬是直接相关的，承诺是达成目标的报酬函数。第六，每个人都有独创性，思维具有合理性，在解决组织问题时能够发挥较高的想象力、聪明才智和创造性。但在现代工业生活的条件下，人们智慧的潜能只得到了部分发挥。

Y 理论的观点与我国古代的性善论有相似之处，都认为人性本善。基于这一理论，

管理方式会倾向于创造一个能够发挥员工才能的工作环境，激发员工的潜力，让他们在实现组织目标的同时实现个人目标。管理者的主要任务不是监督控制，而是提供内在激励，让员工承担有挑战性的工作，承担更多责任，以满足他们的自我实现需求。

3. 超 Y 理论

麦格雷戈认为 Y 理论比 X 理论更优越，因此管理应按照 Y 理论来进行。然而，后来约翰·莫尔斯和杰伊·洛尔施通过实验证明了麦格雷戈的观点是错误的。他们于1970年在《哈佛商业评论》上发表了《超 Y 理论》一文，对麦格雷戈的 X 理论－Y 理论进行了进一步的完善。超 Y 理论的观点主要包括以下四个方面：首先，人们加入企业组织时有着各种不同的愿望和需求，这些愿望和需求具有不同的类型。有些人愿意在规范化且有严格规章制度的组织中工作，而其他人则需要更多的自治和更多发挥创造性的机会。其次，组织形式和管理方法应该与工作性质和人们的需求相匹配，不同的人对管理方式的要求也是不同的。因此，对于第一类人，应该采用 X 理论进行管理，而对于第二类人，则应该采用 Y 理论进行管理。

根据超 Y 理论的观点，在进行人力资源管理活动时，需要根据不同的情况采取不同的管理方式和方法。这包括组织结构和管理层次的划分，员工培训和工作分配，薪酬安排以及控制程度等。这些决策都需要考虑到工作的性质、目标和员工的素质等因素，因为每个情况都是独一无二的。最终，当一个目标达到预期后，可以激发员工的成就感和满足感，以促使他们为达到新的更高目标而努力。

（二）四种人性假设理论

美国行为科学家埃德加·沙因在其著作《组织心理学》中，将前人对人性假设的研究成果归纳为"经济人假设"、"社会人假设"和"自我实现人假设"，并在此基础上提出了"复杂人假设"。这四种假设被视为到目前为止对人性假设所作的最为全面的概括和研究。因此，可以将这段话理解为：这四种假设被排列为"四种人性假设"，是对人性假设的全面概括研究。

1. 经济人假设

埃德加·沙因对经济人假设的观点进行了概括，主要包括以下几点：①人的工作动机是由经济激励引起的，他们的目标是追求最大的经济利益；②经济激励受到组织的控制，因此人们通常是在组织的操纵、激励和控制下工作的，表现出一定的被动性；③人们会理性地计算，力求以最小的成本获得最大的报酬；④人的情感可能会影响他们对经济利益的合理追求，因此组织需要采取措施来控制人的情绪。

2. 社会人假设

埃德加·沙因对社会人假设的观点进行了总结，主要包括下面几点：①人们工作的主要动机是社会需求，他们希望有良好的工作氛围，与同事建立良好的人际关系，并获得基本的认同感；②工业革命和工作合理化的结果使得工作变得单调而无意义，因此人们需要在工作中寻求意义，从社会关系中找到工作的价值；③非正式组织在满足人们的社会需求方面具有重要作用，其社会影响力超过了正式组织的经济诱因对人的影响；④人们希望领导者能够认可并满足他们的社会需求。

3. 自我实现人假设

埃德加·沙因对自我实现人假设的观点进行了总结，主要包括以下几点：①人的需要分为低级和高级层次，人们最终追求的是满足自我实现的需要，寻求工作上的意义；②人们渴望在工作上有所成就，实现自主和独立，发展自己的能力和技术，来适应环境变化；③人们能够自我激励和自我控制，外部的激励和控制可能会对个人产生威胁和不良后果；④个人自我实现的目标与组织目标并非冲突，而是能达成一致，在适当条件下，个人会主动调整自己的目标以适应组织目标。

4. 复杂人假设

埃德加·沙因认为，经济人假设、社会人假设和自我实现人假设并非绝对，它们在不同的环境下对不同的人具有一定的合理性。由于人们的需要是复杂的，因此不能简单地相信或使用某一种假设。为此，他提出了复杂人的假设，这一假设包括以下观点：人的需求具有多样性和复杂性，包括经济需求、社会需求和自我实现需求等；人们的需求和动机是相互交织的，难以简单地划分为单一类型；不同的人在不同的环境下会有不同的需求和动机表现；组织需关注员工的个体差异，并根据员工的需求和动机进行相应的管理。

①每个人的需求和能力各不相同，工作的动机也十分复杂且变动性大。人们的动机安排在不同的需要层次上，且这种动机结构因人而异，甚至对于同一个人来说，在不同的时间和地点也会有所不同。

②人的许多需要并非天生，而是在后天环境的影响下形成的。一个人在组织中可以形成新的需要和动机。因此，在组织中表现出来的动机模式是个人原有的动机模式与组织经验相互作用的结果。

③人们在不同的组织和部门中可能会有不同的动机模式。例如，有的人在正式组织中满足物质利益的需要，而在非正式组织中满足人际关系方面的需要。

④一个人在组织中的满足程度以及是否愿意为组织奉献，取决于组织的状况与个人的动机结构之间的相互作用。工作的性质、个人工作能力和技术水平、动机的强弱以及同事之间的关系等都可能对个人的工作态度产生影响。

⑤人们会根据自身的动机、能力以及工作性质，对特定的管理方式产生不同的反应。也就是说，不同的管理方式会引发不同的工作反应和行为。

根据复杂人假设，实际上并不存在某种普遍适用于所有时代和所有人的管理方法。管理必须具有适应性，需要根据员工的具体需求和不同情况来选择合适的的管理策略。

二、激励理论

激励是一种能够激发人内在行为动机并引导其朝着既定目标前进的过程。行为的形成过程与激励密切相关。根据心理学研究，人的行为是受动机驱动和控制的，而动机是建立在需求基础上的。当一个人有某种需求却无法满足时，就会引发内心的紧张和不安。为了解决这种紧张与不安，人们会寻求满足需求的方式，从而产生动机进行相应的行为。在动机的驱使下，人们会表现出为满足需求而采取的行为。一旦需求得到满足，紧张和不安的心理状态就会消除，随之产生新的需求、形成新的动机以引发新的行为。

（一）内容型激励理论

内容型激励理论主要是研究激励的原因和起激励作用的因素有哪些。代表性的内容型激励理论有：奥尔德弗的 ERG 理论、赫茨伯格的双因素理论、马斯洛的需要层次理论等。

1.ERG 理论

克雷顿·奥尔德弗在研究的基础上，对马斯洛的需要层次理论进行了修正，提出 ERG 理论。他认为人的需求主要有三种：生存需求、关系需求和成长需求。这三个词的首字母分别是 E、R、G，因此这一理论又被称为 ERG 理论。这一理论强调了人的需求的多样性和层次性，并且随着时间的推移，这些需求会发生变化和更新。因此，了解并满足员工的不同需求是实现组织目标的重要途径。

首先，生存需求是人类最基本的需求，包括生理和物质方面的需求，这与马斯洛理论中的生理需求和安全需求相对应。

其次，关系需求涉及与交往和联系，这等同于马斯洛理论中的社交需求和尊重需求中关于他人尊重的部分。 最后，成长需求指的是人们希望在职业和个人能力上成就，不断进步和完善自我，这相当于马斯洛理论当中的自我实现需求以及尊重需求中关于自我尊重的部分。

奥尔德弗提出了这样的观点：当一个人的需求在某个层次上得到较少满足时，他们通常会更加渴望满足该需求。随着较低层次需求的满足程度，人们会逐渐追求更高层次的需求。然而，若高层次的需求遭遇挫折或无法满足，人们可能会回归到较低层次的需求上。奥尔德弗指出，需求满足的过程中，不仅存在着需要层次理论所描述的"满足后上升"的趋势，还存在着"挫折后退"的趋势。此外，他还强调了并非所有需求都是与生俱来的，许多较高层次的需求是后天通过学习和培养获得的。

尽管 ERG 理论和马斯洛需要层次理论在激励行为上存在相似性，但两者之间仍存在两个重要区别。首先，ERG 理论认为一个人可以同时主导多种需求，例如金钱（生存需求）、友情（关系需求）和学习新技能的机会（成长需求）。其次，ERG 理论还引入了"挫折—倒退"的机制。如果某种需求迟迟无法满足，个体可能会感到挫折并退回较低层次的需求，对较低层次的需求有更强烈的渴望。例如，以前仅被金钱激励的员工在获得加薪后，可能会试图建立友情以满足关系需求。然而如果由于某些原因无法与同事建立友谊，他可能会遭受挫折并退回到追求更多的金钱以满足生存需求。

根据马斯洛和奥尔德弗的理论，为了激发员工的积极性和主动性，在人力资源管理过程中，管理者需要先了解员工哪些需求没有得到满足，以及员工最希望满足哪些需求。然后，管理者可以有针对性地满足员工的这些需求，以最大限度地激发员工的动机并达到激励的效果。通过满足员工的需求，可以帮助员工感受到对个人成长、关系建立和生存需求的重视，从而提高其工作动力和参与度。

2. 双因素理论

双因素理论，也称为"激励—保健因素"理论，是由美国行为科学家弗雷德里克·赫茨伯格提出的一种激励理论。该理论基于赫茨伯格和他的同事在20世纪50年代末对匹兹堡地区9家工业企业200多位工程师和会计师进行的访谈。访谈主要围绕两个问题展开：工作中哪些事项会带来满意感，并估计这种积极情绪的持续时间；哪些事项会带来不满意感，并估计这种消极情绪的持续时间。基于对这些问题回答，赫茨伯格研究了哪些事情能使人们在工作中感到快乐和满足，哪些事情会带来不快和不满。在此基础上，他提出了双因素理论。这一理论强调了激励因素和保健因素在员工激励中的不同作用。

调查结果显示，使员工感到满意的因素通常与工作本身或工作内容相关，赫茨伯格将其称为"激励因素"，包括成就、认可、工作本身、责任、晋升和成长等六个方面。而使员工感到不满意的因素则主要与工作环境和条件有关，被称为"保健因素"，包括公司政策和管理、监督、与上司的关系、工作条件、薪酬、与同事的关系、个人生活、与下属的关系、地位和安全感等十个方面。

保健因素的满足对员工产生的效果类似于身体健康中的卫生保健作用。保健因素消除了环境中对员工健康有害的因素，虽然并不能直接提高健康水平，但具有预防疾病的作用。它不是治疗性的，而是预防性的。当这些因素恶化到人们认为无法接受的水平以下时，会引起不满意。然而，当人们认为这些因素很好时，它们只是消除了不满意，而并不会导致积极的态度，这就产生了一种既没有满意也没有不满意的中性状态。根据赫茨伯格的研究发现，这种中性状态通常是由于保健因素的满足而产生的。

管理者应该意识到保健因素是必要的，但是只有激励因素才能激发员工更努力地工作和取得更好的绩效。激励因素的满足通常会引起员工的满意感，提高他们的工作积极性和主动性。当这些因素缺乏时，员工的满意度可能会降低或消失，但并不会出现不满意的情况。这意味着，激励因素只能产生满意，而不会导致不满。保健因素和激励因素是相互独立的。根据赫茨伯格的观点，传统的工作满意/不满意的看法存在局限性。传统观点认为，满意的对立面是不满意，因此消除不满意会带来满意。然而，赫茨伯格认为，满意的对立面是没有满意，不满意的对立面是没有不满意。所以，消除不满意只会产生没有不满意，并不能导致满意。

赫茨伯格的双因素理论与马斯洛的需要层次理论有一些相似之处，其中保健因素对应着马斯洛理论中较低级别的需求，而激励因素对应着较高级别的需求，如尊重需求和自我实现需求。然而，这两个理论在解释问题的角度上有所不同，双因素理论对于管理者指导激励行为更加明确和有针对性。

然而，双因素理论也存在一些不足之处。首先，调查样本所涉及的白领工程师和会计师与一般工人存在较大差异，因此其结论的适用范围有限。其次，调查中未考虑到人们普遍的心理倾向，即倾向于将好的结果归功于自己的努力，而将不好的结果归咎于客观条件或他人。最后，许多行为科学家认为，高度的工作满意度并不一定就导致高度的激励。激励的效果受到许多条件的影响，不论是工作环境的因素还是工作内容的因素，这取决于环境和员工心理方面的多个条件。

赫茨伯格的双因素理论对人力资源管理的指导意义在于，它强调了工作内容方面因素的重要性。在激励员工时，管理者应该区分激励因素和保健因素，并更多关注激励因素的满足。虽然保健因素的满足不能无限制地进行，但是物质需求的满足是必要的，因为它是维持基本需求的先决条件然而，物质需求的满足作用往往是有限的和短暂的。因此，为了调动员工的积极性，管理者应该重视工作安排、量才适用、给予认可，并关注员工成长和晋升的机会。此外，在人力资源管理过程中，管理者应该采取有效的措施，将保健因素尽可能地转化为激励因素，以扩大激励的范围。

马斯洛的需要层次理论最初在1943年出版的《人类激励的一种理论》一书中提出，并在1954年的《激励与个性》一书中得到了更详细的阐述。他将人们划分为五个层次：生理需要、安全需要、社交需要、尊重需要和自我实现需要。这个理论对于人力资源管理有着重要的指导意义，因为它可以帮助管理者更好地理解员工的需要和动机，从而制定更有效的激励和管理策略。

第一，生理需要。这是人类维持自身生存所必需的最基本的需求，包括衣、食、住、行的各个方面，如食物、水、空气、住房等。生理需求如果得不到满足，人们将难以生存下去。

第二，安全需要。这种需求不仅指身体上的，希望人身得到安全、免受威胁，还包括经济上的、心理上的、工作上的等多个方面，如有一份稳定的工作、不会受到刺激或者惊吓、退休后生活有所保障等。

第三，社交需要。有时也被称作友爱和归属的需求，是指人们希望与他人进行交往，与同事和朋友保持良好的关系，成为某个组织的成员，得到他人关爱等方面的需求。这种需求如果无法满足，可能会影响人们的心理健康。

第四，尊重需要。包括自我尊重和他人尊重两个方面。自我尊重主要是指对自尊心、自信心、成就感、独立权等方面的需求；他人尊重是指希望自己受到别人的尊重、得到别人的承认，例如名誉、表扬、赞赏、重视等。这种需求得到了满足，人们就会充满信心，感到自己有价值，否则就会产生自卑感，容易使人沮丧、颓废。

第五，自我实现需要。这是最高层次的需求，指的是人发挥自己最大的潜能，实现自我的发展和自我的完善，成为自己所期望的人的需求。

根据马斯洛的需要层次理论，人类的需要可以按照从低级到高级的顺序排列，且只有在低级需要得到满足后，才会追求更高级的需要。在同一时间，人们可能存在多个不同层次的需要，但其中一个需要会起主导作用，被称为优势需要。满足低级需要的同时，并不意味着高级需要会消失，只是不再是行为的激励因素。然而这个需要层次的次序并非对每个人都适用，因为个人需要的出现受到多种因素的影响。

虽然马斯洛的需要层次理论对于理解人类心理发展的一般规律具有一定指导意义，并对管理实践有所启示，但也存在一些问题。马斯洛自身也承认，该理论缺乏实证研究的支持。此外，他将需要层次看作是固定且机械的上升模式，没有考虑到个体的主观能动性。他认为满足的需要不再成为行为的动机，但是对于满足的意义解释不够明确。

（二）过程型激励理论

过程型激励理论研究激励的发生机制，而非具体激励因素。它关注人们为何会选择特定行为来满足需求，以此来解释激励的原因。在激励员工时，管理者应考虑激励过程中应该如何进行。期望理论和公平理论是典型的过程型激励理论。

1. 期望理论

许多学者对期望理论进行了研究，其中最具代表性的是美国心理学家维克多·弗鲁姆于 1964 年在他的著作《工作与激励》中提出的理论。根据期望理论，人们有动力从事某项工作并追求目标，是因为这将有助于实现他们自己的目标，满足他们的某些需求。因此，激励的效果取决于效价和期望值这两个因素，即激励力可以表示为效价乘以期望值。

$$M = V \times E$$

在公式中，激励力表示人们受到激励的程度。效价是人们对某一行动所产生的结果的主观评价，其取值范围在 +1 到 –1 之间。如果结果对个人越重要，效价值就会越接近 +1。期望值是人们对某一行动导致某一结果的可能性大小的估计，其取值范围是 0 到 1。当人们认为某一结果的价值越大，并认为结果实现的概率越大时，这一结果的激励作用才会更大。如果效价或期望值为零，激励就会失去作用。因此，只有当效价和期望值都得到满足时，激励才会产生最大效果。

根据上述公式，个体是否有动力取决于三个关系：个人努力和个人绩效之间的关系、个人绩效和组织奖励之间的关系、以及组织奖励和个人目标之间的关系。如果这三个关系中的任何一个减弱，都会影响整个激励的效果。也就是说，当个体预期通过努力完成任务后，能够得到组织的奖励，且奖励能够满足个人目标时，个体就会有动力去实施这一行为。反之，若这三个关系中的任何一个不满足，激励的效果就会减弱。

根据期望理论的观点，为了激励员工，人力资源管理需要改善绩效管理系统和薪酬管理系统。在绩效管理方面，员工的绩效目标必须是可实现的，并且需要及时跟进，为员工提供支持，帮助他们实现目标。同时，对员工的绩效评价必须客观、公正。对于薪酬管理而言，一方面，根据绩效评估的结果，要及时给予各种报酬和奖励；另一方面，需要根据员工的不同需求设计个性化的报酬体系，来满足他们的不同需求。绩效管理和薪酬管理的改善是实现有效员工激励的关键。

2. 公平理论

美国心理学家约翰·亚当斯在 1956 年提出了公平理论，这是一种基于社会比较理论的激励理论，它关注个人对自己所做贡献与所得报酬的相对公正性，这种比较对员工积极性的影响。

公平理论对管理实践具有重要的指导意义。它指出，激励效果不仅取决于报酬的绝对水平，还取决于报酬相对水平。因此，管理者在激励员工时，应当努力实现公平，即使存在一定的主观判断误差，也不应导致严重的不公平感。此外，管理者应当在激励过程中引导员工形成正确的公平观念，包括了认识到绝对公平的不存在、避免盲目攀比和按酬付劳的错误观念。

在薪酬管理领域，实施公平的报酬是关键，这种体系应当体现在内部公平、外部公平和自我公平三个方面，确保员工感受到他们的努力得到了公正的回报，以减少员工的不满情绪。

第四节　新时代与人力资源管理

一、新时代人力资源管理的特点

随着科技的迅猛发展，企业管理理念和方式面临巨大的冲击。为了适应这个新时代，传统的人力资源管理观念和方式需要进行改变，并不断更新。我们需要在新技术的基础上建立支持性平台，创造新型的人力资源管理模式。只有这样，我们才可以与时俱进，应对变化，并提供更好的人力资源管理服务。

总结近几年来不同企业人力资源管理的发展变革与转型实践，新时代的人力资源管理表现出如下几个显著的特点。

（一）人力资源管理向三支柱模型转变，由管理转向服务

在新时代，企业平台化、专业化的运行模式以及快速的响应需求等都需要人力资源管理者进行资源整合和简化组织，以支持企业满足客户需求。因此，新型组织形态如合伙人机制、阿米巴模式等应运而生，以整合企业资源并实现内部有效协同。在组织形态方面，资源配置已从传统的预算和组织需求转变为满足客户需求和关键核心员工；领导力构建与培养方面，领导能力已从传统的垂直领导力转变为平行领导力，通过愿景、使命和价值观、情商与性格魅力、沟通协调等方式推动团队发展；在绩效管理方面，已从传统的 KPI 为核心的绩效管理模式转变为以 OKR 为核心的绩效管理模式；在员工激励方面，已从传统的物质激励为主转变为激励与赋能并重，逐步通过员工赋能吸引和留住核心员工；在人力资源运营方面，已从传统的注重极致的运营组织转变为服务型组织，让员工感受到他们是企业最重要的资源。这些变化旨在提供了更好的人力资源管理服务，以适应新时代的需求。

为了应对这一变化和需求，人力资源管理部门正在逐步转变职能，从传统的各部门分割式管理转变为基于业务导向的人力资源解决方案提供者和执行者，同时专注于提供基础性、事务性的人力资源标准服务，并与企业其他部门和团队一起共同实现为客户创

造价值和满足客户需求的目标。

（二）使命和企业文化正在成为企业赋能员工的主要手段

随着新生代劳动者如"95后"和"00后"进入职场，人们的职业观念正在经历深刻的变化。亚伯拉罕·马斯洛的需要层次理论指出，人类有各种需求，这些需求按照一定的层次结构排列，包括生理需求、安全需求、社交需求、尊重需求和自我实现需求。只有低层次的需求被满足，人们才会追求更高层次的需求，并将其作为行为的驱动力。

随着经济压力的缓解，新生代劳动者对工作的认知正在发生变化。他们不再仅仅追求谋生，而是更注重实现自我价值的精神需求。因此，传统的企业管理理念已经不再适用于这类新生代人才。未来企业需要更加注重激励员工，让他们积极地加入企业、投身创造，而不仅仅是进行管理和事后激励。这句话表明，新生代劳动者的职业观念正在发生改变，他们更加注重自我实现和人生价值，这也为企业提供了新的发展机遇和挑战。

在现代企业中，赋能是一种通过赋予员工能力和激情的管理策略，其关键在于预先激发员工的潜力和参与热情。这种策略强调在员工开始工作之前就建立起他们对工作的积极态度和对企业的责任感，使他们能够与企业的愿景和使命产生共鸣，共同承担起企业的目标。在这个变革的时代，赋能比传统的激励方法更能促进创新和影响世界的改变。因此，为了满足新生代劳动者的职场需求，许多企业正致力于制定与员工个人价值观和职业抱负相一致的企业使命，以实现对员工的赋能。同时，企业也在积极塑造一种与新生代员工共同认同的企业文化，以加强员工的归属感和忠诚。可见，在当前时代，企业使命及企业文化扮演着赋能员工的重要角色，有效地帮助企业吸引、激励和留住关键人才。

（三）数字化人力资源管理的出现

互联网、大数据和人工智能等技术正在深刻影响企业的数字化转型，其中包括人力资源部门。云计算的出现改变了企业购买人力资源管理软件和建设管理平台的方式，而人工智能技术则逐渐取代了人力资源运营管理中简单、标准及重复性的工作。随之而来的是人力资源管理的思维、架构、方法和重点都在发生变化。数字化人力资源管理的重要性不仅仅是将新技术应用于人力资源管理工作，更是为应对未来全新工作环境做必要的准备。这说明企业不得不积极适应和利用新技术来提升人力资源管理的效率和质量，并为迎接未来工作世界的变革做好准备。

（四）从注重人力资源运营转变为注重员工体验

随着新生代劳动者如"95后"和"00后"逐渐成为职场的主力军，员工对工作的期待也发生了变化。他们希望能够在组织中发挥主见并获得认同感，追求与自身价值观和体验相符的工作内容。除谋生之外，员工选择留在企业的原因还包括：体现个人价值感，从事有意义的工作；职业发展，希望企业提供学习机会；获得安全感、存在感和幸福感，这种综合体验对于员工留任至关重要。在新时代，让员工按照自己的喜好和方式来工作，发挥个人价值，也是一种管理创新。因此，提升员工体验成为人力资源服务的重要关注点之一。在追求提升员工体验背后，组织的终极目标是希望员工能够更加敬业。

随着人力资源管理者越来越关注员工的体验，很多公司已采取行动，实施灵活的工作安排政策，以个性化方式满足员工的工作需求。这些灵活的政策对于吸引和留住企业所需的人才具有至关重要的影响。

（五）人力资源管理更加智能化和移动化

在当前时代，传统的规模化工厂组织逐渐变得不那么重要，知识型员工的数量开始超过传统制造业和服务业员工的人数。目标明确、注重绩效、以项目为中心的工作模式越来越受到重视。取而代之的是更加灵活和网络化的生产组织形式，这将引起工作方式的根本性变革，移动办公、远程办公和灵活的工作时间安排逐渐成为主流。

随着网络技术的进步和现代通信手段的升级，无线通信、电子邮件、网络会议等已经成为日常工作中的主要沟通方式。此外，城市扩张和交通设施的完善导致企业的工作地点从集中式向分布式网络转变，员工的居住地也变得更加分散，远程办公正在成为现代工作者职业生活的一个重要趋势。

随着移动办公和居家办公的发展趋势，弹性工作制将成为未来主要的工作方式。弹性工作制的最大优点是将工作与生活结合起来，使员工将工作视为不可或缺的创造性活动，从而提高工作和生活的质量。未来经济的发展取决于人们的智能开发、创新能力和活力的激发。因此，只有发挥人们的能动性和创造性，开发他们的潜力，才能推动经济的进步。对于人力资源管理者来讲，他们需要转变工作观念和方法，以人为本，了解员工心理需求、价值观变化以及对个人实现的追求。同时，给予员工足够的自由度，充分调动他们的工作积极性和主动性。

为了适应这些变化和新的工作模式需求，人力资源管理手段将趋向智能化和移动化。

二、科技发展推动人力资源数字化转型

当前，科技的发展对人力资源管理产生了前所未有的深远影响。移动技术、大数据、云计算和人工智能等新技术不仅改变了人们的生活方式，也对企业的数字化转型产生了重大影响，并成为推动经济和社会发展的关键因素。

（一）大数据、云计算技术及人工智能在人力资源管理中的应用与影响

1. 大数据在人力资源管理中的应用与影响

近年来，大数据已经成为企业管理中不可或缺的工具，它不仅有助于提高企业的业务管理效率，也对人力资源管理产生了极其深远影响，使得人力资源管理不再只是停留在表面，而是要深入到业务的核心环节中。

具体来说，数据信息革命正在给人力资源管理工作带来全方位的变化。

首先，大数据为人力资源规划提供了更加准确和全面的信息与数据支持。采用大数据的方法，人力资源管理系统能够深入挖掘和应用信息资源，从而提升管理工作的精确

度和客观性。通过分析员工的基础信息、考勤记录、薪酬记录、奖励信息、变动记录、培训历史、考核结果、销售数据和生产数据等，可以计算出人力资本的生产效率指标，比如人均销售业绩、关键员工的效率比例、流失率、出勤率、问题解决效率和业绩增长率等。通过对这些数据的科学分析，人力资源管理能够做出更加科学的决策。

其次，借助人才数据库的招聘流程在发布招聘信息、收集筛选简历人才评估和岗位匹配等环节可以显著提升效率和效果。大数据的应用使得企业能够更深入了解应聘者的信息，与传统的人工简历筛选相比，人工智能和大数据分析能够帮助管理者更科学地发掘适合的人才。旦凡企业建立了完善的人才数据库，数据就成为招聘的基础，计算机辅助的模型可以帮助企业更有效地选择和吸引人才。

第三，大数据可以帮助企业实现有效的人才与岗位匹配，从而实现"为岗择人"和"为人择岗"。每个人都有他们的专长和适应的岗位。通过分析兴趣、爱好、知识和性格等多维度的数据，大数据可以全面评估人才的能力和特点，使企业管理者能够更准确地评估人才。只有在利用大数据技术的情况下，才能实现真正的人力资源优化配置。

第四，通过建立绩效数据库，大数据使绩效数据的统计分析更加客观和便捷，从而使绩效管理摆脱繁琐的数据分析。在现代企业中，越来越多的企业建立了自己的人才数据库，包括基本信息、流动情况、培训记录和教育背景等。将人才数据整合在一个系统中，可以帮助企业优化薪酬和绩效体系。薪酬和绩效体系是留住人才的关键因素，通过大数据分析，管理者可以分析出影响员工绩效的关键因素，了解绩效优秀员工的特征，发现容易出错的组织环节。相比了传统的操作，大数据能够更加详细和高效地辅助薪酬和绩效管理。

第五，员工信息数据库可以使劳动关系管理更加科学和规范，有助于防范用工风险。

总的来说，合理利用大数据能够提高人力资源管理效率，帮助了企业在未来发展中提高竞争力。

2. 云计算技术在人力资源管理中的应用与影响

云计算技术作为一种新一代的资源共享和利用模式，具有自助服务和可计量化的特点。一旦将云计算技术应用于人力资源管理系统，将对人才招聘、绩效管理和薪酬管理等方面产生重大影响，使人力资源管理工作更加流程化、标准化和透明化。

基于云计算技术的人力资源管理系统拥有独特的优势，对人力资源管理工作产生着深远的影响。

首先，基于云计算技术的人力资源管理系统可根据不同企业的需求进行定制化服务，实现随时更新和信息共享。由于供应商在后台进行统一管理，企业无需维护人力资源管理系统，只需购买服务并按照租赁和使用功能付费，从而实现效率最高，系统操作难度低，管理者只需花费较少的时间即可掌握。云计算技术的SaaS系统通常依托于SOA（面向服务）架构和Web Service（网络服务）技术。SOA为面向服务的结构，在SOA结构的基础上可以建立若干与人力资源管理相关联的网络服务技术，这些应用模块和它们基于数据库处理、网络传输、界面平台等因素构成了"人力资源管理云传统的人力资源管理系统以 B/S、C/S 系统为主，企业所需支付的承载运行的硬件设备费用和软件维护成本高昂。SaaS 架构的人力资源管理系统的使用成本较低，价格、服务标准清晰明了，企业易于与供应商进行沟通与核算，系统由供应商维护，企业不需支付维护成本。

其次，基于云计算技术的招聘系统采用冗余存储的方式确保了招聘数据的准确性。广泛收集简历，将收集到的简历形成标准格式，并实现智能识别，避免数据重复输入，保证了每条人才数据的有效性。随时更新，方便查找，有利于企业及时搜寻简历，与应聘者沟通互动。基于云计算技术的招聘系统还可以与企业内部管理人才系统进行对接，发布招聘信息，方便内部员工上传简历，通过调岗或竞聘的方式填补岗位空缺。此外，基于云计算技术的招聘系统支持企业通过由 SNS、BBS 等多种行业和地区网站形成的"招聘大渠道"发布招聘信息，并整合企业网站、电子邮箱或外部招聘网站等各个渠道收取简历，进行标准化处理。通过自定义所需人才的任职资格条件，招聘系统对简历进行初步筛选，淘汰不符合要求的候选人。

第三，基于云计算技术的绩效管理系统可以根据员工的职位特点自动匹配绩效考评工具，并更多地关注流程的标准化。通过云端对关键绩效参数的设置、取样、计算和分析，将企业的战略目标分解为可操作的工作目标，明确个人的各项指标，使员工的绩效结果与 KPI 进行比对并自动匹配，得出最终的考评结果。

第四，人力资源管理系统具有薪酬统计与计算的功能，云计算技术同构化设计中编制的数据字典和模型字典确保了员工薪酬数据的核算更加方便、有效。员工可以通过自助服务平台查询工资，促进了无纸化办公。此外，基于云计算技术的人力资源管理系统还拥有强大的数据挖掘和数据分析功能，其分布式存储方式确保系统可以高效地管理大数据，快速找到特定的数据进行对应分析，使得结果更加准确和有效。

3. 人工智能在人力资源管理中的应用与影响

随着人工智能在科技领域的不断进步和成熟，它已经改变了我们的生产和生活方式，并对人力资源管理产生了深远的影响。由于人工智能信息收集和数据分析方面具有低成本、高准确性和高效率的优势，它在人力资源日常管理工作中具有广阔的应用前景。因此，人力资源管理者需要从未来的角度出发，适应环境的变化，积极应对人工智能的挑战，掌握信息化发展的趋势，并且掌握人工智能等相关技术的前沿动态，以便更好地实现人力资源管理工作的真正价值。

随着企业规模的扩大和管理年限的增加，信息处理的数量和难度都在呈指数级增长，人力资源管理的难度也在不断加大。所以，人们对人工智能的需求变得更加迫切，以应对日益增长的信息处理需求。

具体来说，人工智能对人力资源管理模式的颠覆主要体现在如下几点。

第一，对于传统人力资源管理中的耗时耗力工作，如考勤、搜索简历等，人工智能技术可以极大地提升人力资源管理效率，将人力资源管理者从琐碎的事务中解放出来。随着移动互联网的发展和数据量的增加，人力资源管理的精确程度和丰富程度都有了大幅度的改善，计算机作用于人力资源方面的算法也有了一定的突破，使得信息处理的效率与速度都有了极大的提升。

第二，人工智能可以通过构建情景模拟等方式协助处理复杂问题，为人力资源管理的科学决策提供更加切实的依据。此外，人工智能可以根据以往案例的记录，积极创造多种备选方案，帮助决策者制定出更加科学合理的决策。然而，需要强调的是，人工智能技术始终是制定决策的辅助手段，决策者的洞察力、对企业发展历史和文化的了解、基于经验对事情的判断、对员工的情感以及对社会的责任等都很难通过数据获得，仍需决策者进行权衡并做出决策。

第三，人工智能对人力资源管理各个模块产生了深刻影响。在人力资源管理实践的各个模块中，那些具有程式化、重复性、依靠反复操作实现的熟练工种正逐渐被人工智能取代，以减少人为失误，提高工作效率，节约人力成本。人工智能正在影响着数据信息处理、决策制定和人力资源管理的各个模块。比如，人工智能构建了良好的数字化基础结构，在人力资源规划中，根据模型及算法可以提高计划制订的精确度。在招聘模块中，人工智能可以帮助招聘者更深入地了解应聘者的内在特质和潜力。同样，在培训中，管理者可以利用人工智能有效分析员工的不足和优势，提高培训效果。然而，对于绩效考评工作，人工智能可以减少人力的投入，使考评更加精准。但需要指出的是，对于那些富有创新性的工作和无法单纯依靠日常事务进行绩效管理的工作，仍需要人的判断。

人力资源管理的核心在于对人的认识和尊重。尽管人工智能的发展和应用能够改进人力资源管理方式，但人的作用仍然无法被人工智能所取代。未来的人力资源管理将更加注重关注个体，提供温暖、关怀和陪伴，以促进员工产生归属感和依赖感。因此，在人工智能高速发展的背景下，人力资源管理者必须全面认识到人工智能对人力资源工作的影响，不断提升自身的素质，积极适应时代的发展趋势，并主动发挥人类的独特作用，激发创意和激情。

（二）人力资源的数字化转型

随着新时代的到来，人力资源管理的数字化转型已成为不可避免的趋势。为了实现这一转型，企业需要建立起人力资源管理系统平台，实现服务的移动化，将工作模式从传统的线下转变为线上。同时，利用社交媒体工具拉近与员工的距离，并且利用人工智能技术和数据分析获取有关人力资源管理的深入洞察力。总体而言，人力资源的数字化转型旨在实现自动化、智能化、移动化和效率化的目标。

1. 构建人力资源管理平台

实现人力资源的数字化转型的第一步是建立企业内部的人力资源管理系统。根据云计算的 IaaS、PaaS 和 SaaS 三层逻辑，重新构建人力资源信息系统，或者采购云计算服务商提供的云服务。除了整合底层硬件部分，还需要建设内部数据库，实现底层基础数据的共享，消除信息孤岛。这一过程是将日常的人力资源管理业务迁移到云平台上的过程，实现实时数据分析和业务流程的系统化，以提高人力资源管理的效率，并为 HR 提供更多时间和精力思考企业发展方面的问题。人力资源管理系统的云化将发挥其灵活、弹性和可免费迭代的优势。

目前，许多云计算服务商已经开始提供端到端的人才管理系统，满足各类人力资源管理流程的需求。例如，一些云计算服务商已经提供了 PaaS 服务，该服务旨在为企业人力资源管理提供适应各种不同应用的平台。通过这种途径，企业的人力资源管理可以建立合作伙伴生态系统，并利用该平台构建全新的人力资源解决方案。例如，Success Factors 可以在 SAP 云平台上为企业提供一体化的人力资源解决方案。与传统的 OA 和人力资源管理工具相比，基于 PaaS 服务的人力资源管理系统结合了互联网思维，利用云端和移动端的技术发展，提供更智能、方便和快捷的管理工具。它可以实现人力资源管理内部工作流程的互联和流转，同时将员工、企业和客户联系在一起。此外，人力资源管理人员可以从繁杂的重复性劳动中解放出来，全身投入到为员工提供服务的工作中，发挥好组织变革和战略伙伴的角色。

2. 人力资源服务移动化

移动技术在企业与员工之间的沟通和联系方面起到了非常重要的作用。随着弹性工作和居家办公的普及，移动技术使得企业与员工之间能够随时随地进行信息沟通和分享。此外，移动技术在人力资源管理的各个方面都有广泛的应用。例如，在员工学习与发展方面，移动技术能够支持员工进行学习并与专家进行互动，促进培训课程的顺利完成。在人才招聘方面，移动技术能够加快招聘流程并且促进团队成员之间的合作。在绩效管理方面，移动技术可以简化绩效信息的收集，并能够方便地向员工提供绩效反馈。另外，移动技术还可以利用个性化推送功能向员工提供与人力资源相关的个人发展机会和目标进展情况等信息。总之，移动技术对于企业与员工之间的紧密联系和人力资源管理的各个方面都具有重要意义。

3. 从"线下"到"线上"的工作模式变化

企业的员工工作模式对运营效率产生直接影响。因此，在企业进行人力资源数字化转型过程中，改变员工的传统工作方式，并且借助大数据技术优化和规范员工的工作流程变得十分重要。

在提升工作效率的同时，企业需要将互联网技术融入人力资源管理系统的后台功能中，以真正提高企业的运营效率。

基于云平台的人力资源管理系统能够综合各种人力资源业务场景，为企业提供一站式的解决方案。在 SaaS 平台上，每位员工都有对应的职位概述和组织架构，员工可以通过人力资源管理系统将职务、人员和任务相对应起来。通过这种专业化的管理方式，工作效率更高，企业管理也更加规范。互联网技术的融入使得员工可以通过手机自助完成考勤、申请休假等工作，从而减少了员工和人力资源服务人员之间的线下互动。这种自下而上的管理模式不仅增强了员工的主动性，而且优化并减轻了人力资源部门的工作量。

4. 利用社交媒体拉近与员工的距离

人力资源部门应最大限度地发挥社交媒体的优势，强化与员工的交流与互动，实时了解员工的心理状态，从而为人力资源提供更优质的服务。另外，一些人力资源管理系统可以配备基于社交媒体的入职培训工具，快速帮助新员工和相关员工建立联系，并向他们提供必要的信息。同时，这些系统还能支持协作式的绩效管理，鼓励员工共同设立和分享绩效目标。因此，社交媒体有望推动人力资源管理朝着民主化、透明化和公平化的方向发展。

5. 利用人工智能技术和分析工具获取深入洞察力

基于员工行为的大数据和人工智能技术能够为企业提供科学、客观的员工群体和个体行为的判断与预测，为企业的决策和政策制定提供支持。企业可利用人工智能技术创建相关的评估指标，监测人力资源管理工作的效果及其对企业的影响。同时，分析工具可以获取更深层次的洞察力，帮助企业了解员工的能力和需求，确定技能需求和人才岗位，甚至预测企业和员工的未来需求，从而强化人力资源管理流程。人工智能和分析工具将成为数字化人力资源的关键要素，推动营销式人力资源模式的形成，不仅能够帮助人力资源团队了解企业历史发展趋势，还能够通过更具前瞻性的方法将企业的人才战略和业务需求科学地匹配起来。

第二章 人力资源战略规划与工作分析

第一节 企业战略管理

一、企业战略管理概述

（一）企业战略的概念

"战略"的含义有多种演绎，不同的学科乃至名人纷纷从自己的角度给出了定义：《大百科全书·军事》："是指导战争全局的方略。"《韦氏新国际英语大词典》："军事指挥官克敌制胜的科学与艺术。"中国古代对"战略"的定义可以进一步追溯到孙武的《孙子兵法》（春秋时期撰写）。一代伟人毛泽东认为"战略问题是研究战争全局的规律性的东西"。

在这里，我们认为企业战略是一套计划综合体，明确了企业如何实现目标和完成使命。通过该综合体的综合作用，企业能够最大程度地发挥竞争优势，同时将竞争劣势降到最低。

（二）企业战略的特征

总体上，企业战略具有下列几个特点。

①为了达到组织的长期目标，战略限定主要活动程序与调配资源的具体方法：这是

一个切合实际和有用的定义。企业应该确定自己的目标以反映对经营业绩的要求；必要、连续地调整，是短期导向的、并应与长期目标保持一致；资源分配不仅要与企业的主要活动相匹配，而且要符合战略目标一致性的要求。

②战略是一种行动前的计划，是对未来行动方案的说明和要求：明茨伯格指出：大多数人认为，战略是一种计划，一是具有主观性，二是具有导前性。

冯·纽曼认为，战略是"一种完整的计划，旨在说明在每一种情况下应该做出怎样的选择"。

德鲁克："战略是一种统一的、综合的一体化计划，用来实现企业的基本目标。"

作为一种计划，战略可以是一般性的，也可以是特殊计策。

③战略的主旨在于限定企业的竞争范围（业务范围）：一种计谋确定企业正在哪一行业或打算进入哪一行业。业务细分在业务分析、战略定位和资源分配方面都是一个关键因素，但没有一个系统、科学的方法，只能依靠判断和经验。

④企业战略是为获得持久竞争优势而且对外部机会和威胁，以及内部优势和劣势的积极反应。

⑤企业战略是一种连续一致的决策模式：明茨博格提出另一种定义，"战略是一种模式"，是一系列行为的结果。

⑥战略是一种定位：把企业的重要资源集中到合适的产品和市场上，形成一个有利的"生长圈"。

⑦战略是在变化的环境中获得竞争优势的手段：玛格丽特·彼得罗夫提出资源基础评价模型，认为竞争优势的最主要来源是企业的资源和能力。核心能力应当有助于打开进入更多市场的通路，能使终端产品用户获得更大的利益，且本身难以被竞争对手模仿。

⑧战略作为一种观念和意向：把注意力放在战略思维上，体现了决策者和员工对客观事物固有的认识方式。它强调的尽管是一种抽象的概念，没有人见过、摸过，但可通过一定的方式被企业成员拥有和共享，变成一种集体意识，并成为思想基础。

二、实施战略管理的必要性

（一）战略管理的作用

无论在东方还是西方，战略的思想都源于军事领域。全球战略思想的起源可追溯到春秋时期的《孙子兵法》，这部兵学经典被誉为"兵学圣典"，在唐朝以后被列为武经七书之首，成为历代将帅必读的"武经"。《孙子兵法》中的许多思想也在军事以外的诸多领域得到了广泛应用，如商业竞争中的进攻与防御战略、侧翼进攻带来的优势原理、欺骗、包围的应用等。在现代经济社会中，企业战略在当中扮演着重要的角色。

1. 实现组织目标的"黏合剂"

作为合作和交流的工具，战略为整个组织确定一个共同的发展方向，成为整个组织发展的"黏合剂"。

2. 战略决策的"最佳伴侣"

战略是关键的成功要素。在企业的经营管理中，每天有上百个决策，战略可限制其范围及简化决策，起着优化决策的作用。

3. 组织发展的"校偏器"

战略作为一个目标或者通往目标的桥梁，体现了企业的价值观和员工的精神追求。它具有强大的适应性和灵活性，能够帮助企业在发展过程中适应外部环境的变化，预防不利事件的发生，并确保组织目标的顺利实现。

（二）企业战略的构成要素与层次

一般来说，企业战略由四个要素构成。

1. 经营范围

经营范围是企业从事生产经营活动的领域，也可以称为企业的经营定位。它反映了企业当前与外部环境的互动程度，并可以体现出企业希望与外部环境互动的计划要求。

2. 资源配置

资源配置是企业的独特能力，每家企业在资源配置方面的能力各不相同。它指的是企业在过去和现在的资源和技能配置水平及模式。企业资源是支持企业生产经营活动的关键要素。只有通过以其他企业无法模仿的方式获取和运用适当的资源，形成自身独特的技能，企业才能成功地开展生产经营活动。当企业面临资源匮乏或处于不利环境时，经营范围可能会受到限制。

3. 竞争优势

竞争优势是企业通过其资源配置模式与经营范围的决策，在市场上所形成的与其竞争对手不同的竞争地位。

4. 协同作用

协同作用是指企业在资源配置和经营范围决策中，不同因素综合作用的结果。它使得各种因素相互协调，产生的整体效果大于各个因素简单相加的结果。协同作用归纳为四类：

①投资协同作用：企业内各经营单位联合利用企业的设备、共同的原材料储备共同研究开发新产品，分享企业专用的工具和专有的技术。

②作业协同作用：充分利用已有的人员和设备，共享由经验曲线造成的优势等。

③销售协同作用：企业产品使用共同的销售渠道、机构和手段。

④管理协同作用：以上三种协同作用，实际上是发生在生产经营活动过程的三个阶段上。还有一种是从质的方面把握的，即管理协同作用。管理协同作用是相当重要的，因其作用的"乘法效应"，该作用不能简单地以定量方式表示，不同经营单位可以分享以往的管理经验。实践表明，协同作用可以正，也可以负。

（三）企业战略的层次

企业的目标是多层次的，包括总体目标、各层次目标与各经营项目目标，形成了一个完整的目标体系。企业的战略不仅要说明整体目标和实现这些目标的方法，还要说明每个层次、每个业务和每个部分的目标以及实现方法。

在大型企业中，战略分为三个层次：总体战略由企业总部制定，经营单位战略由分公司制定，而职能性战略则由各相关部门制定。相比之下，中小型企业由于内部没有相对独立的经营单位，所以不需要强行划分为三个层次。

1. 总体战略（公司战略）

在大中型企业，尤其是那些多元化经营的企业中，总体战略构成了战略层次中的最高级别。它以公司的经营发展方向为基础，通过公司内部不同经营单位之间的协调，确立了一种从有形资源的使用到公司价值观念、文化环境的全面构建机制。

2. 经营单位战略（经营战略）

经营单位战略是在企业总体战略的指导下，指导与管理具体经营单位的计划和行动，旨在实现企业整体目标的同时，为经营单位提供行动指南。经营单位战略的主要任务是应对外部环境的不断变化，确保在各自的经营领域中实现有效竞争。

3. 职能部门战略（职能层战略）

职能部门战略是企业内主要职能部门的短期行动计划，它使职能部门的管理人员更加明确了解其在实施企业总体战略中的责任和要求。通过职能部门战略的实施，各职能部门能够有效运用营销、生产、财务、人力资源等各项经营职能，确保实现企业目标。

（四）战略管理的过程和框架

战略管理是一种循环不息、不断发展的全过程性管理方法。在战略管理中，高层管理人员首先要根据企业的使命和目标，对外部环境进行分析，确定存在的经营机会和威胁。同时，评估企业内部条件，认清经营的优势和劣势。在此基础上，企业制定战略计划，以实现使命和达到目标为目标。

在战略实施过程中，企业管理人员需要评估战略实施的成果和效益，并且及时将实施中的信息反馈到战略管理系统中，以确保对企业经营活动的有效控制。根据变化情况，修订原有战略或制定新战略，进而开展新的战略管理。

为了按照战略计划的要求，管理人员需要配置企业资源，调整组织结构和管理分配，通过制定计划、预算和进程等手段来形成并实施既定的战略。

三、企业战略环境分析

现代企业经营的实质，是解决企业外部环境、内部条件和经营目标三者之间的动态平衡问题。

（一）外部环境与企业战略

企业所处的环境是其存续和发展的基础，构成了企业的生存领域。对环境进行持续监控对于构建企业战略至关重要。监控环境的目的是为了深入了解市场机会和客户需求，以及识别潜在的威胁，从而使企业能够有成竹在胸的把握和胜券在握的信心。

从系统理论的视角来看，企业被视为一个开放的系统，它作为更广泛的社会甚至全球系统中的一个子系统而存在。企业生产经营活动受到的各种外部因素的综合构成了企业的战略环境。

战略环境对企业的影响是全面而深入的，它不仅影响企业的当前状况，还关系到企业的长期发展和未来走向。这种影响是不断变化的，而不是一成不变的。

企业所面临的环境可以分为三个层次：宏观环境、行业环境与竞争环境。宏观环境因素通常可以分为政治、经济、社会和技术四个主要方面，简称为 PEST 分析。

环境的变化可以沿两个方向来考察：

复杂性：组织面临的环境因素的数量，这些因素之间的关联性，以及处理这些环境因素所需的知识复杂性的高低。

动态性：环境影响因素随时间变化的情况。如果环境因素的变化不随时间推移或者变化幅度不足以影响企业的经营决策，那么可以认为环境是静态的；反之，如果环境因素的变化频繁且剧烈，那么可以认为环境是动态的。

（二）外部环境

外部环境是指政治、经济、社会等一系列外部因素。企业管理是在这些外部环境中进行的。进行外部环境分析的目的是为了深入了解环境的特点和一般变化趋势，以明确它们对企业可能产生的影响，并且帮助管理人员制定正确的战略。

1. 环境变化对行业边界的影响

外部环境的变化可以导致行业边界的移动，即行业的范围可能会随着环境变化而发生变化。举例来说，美国法律的变化已经改变了财务服务、电信和航空等行业的范围。现在很难准确定义服务或电信行业的概念，因为这些行业所提供的产品和服务范围正在快速变化。

2. 环境变化对顾客行为的影响

环境的变化也会对企业的消费者数量、特征及行为产生显著影响。举例来说，在长期时间内，人口及其购买力几乎会影响到所有市场的规模和潜力。另外，人口老龄化现象的出现，正在催生和扩大老年人用品市场和养老服务市场的规模。

3. 环境变化对供应商的影响

环境的变化可以直接影响到供应商的数量、类型以及产品和供货成本。比如，政治、法律环境的变化会影响到供应商行业的结构和竞争动态，而税收政策、直接补贴和进出口限额可能会对供应商的经营行为和竞争强度产生帮助或限制的影响。

4. 环境变化对产品替代的影响

环境的变化可以催生产品的替代，比如，晶体管取代了电子管，彩色显像管取代了黑白显像管，石英表和电子表取代了机械表。此外，生活方式的变化，如农村人口向城市迁移、双职工家庭的增加以及晚婚现象，也对建筑业和娱乐业产生了显著影响。

社会价值观的演变同样可以促使产品替代。例如，在我国，随着越来越多的人开始关注自己的生存环境和健康，消费者更倾向于选择营养食品、饮料和各种健身器材，也更加注重居住的美化和绿化。

5. 环境变化对关键成功要素的影响

通常情况下，技术的发展可以创造新的成功因素。举例来说，当电子企业进入手表行业时，通过引入新的技术，它们夺取了大量市场份额，从而对传统机械表制造商构成了巨大的竞争威胁。

（三）行业环境分析

行业环境分析的任务是探究行业长期利润潜力的来源及其状况，发现影响行业吸引力的相关因素，以确定企业进行行业选择的范围和风险。而且五种力分析法是指一个行业中的竞争远不止在现有的竞争对手中进行，而是存在着五种基本竞争力的较量。这五种竞争力包括潜在的加入者、代用品的威胁、购买者讨价还价的能力、供应者讨价还价的能力以及现有竞争者之间的抗衡。

1. 新加入者的威胁

行业分析中，有两个关键概念至关重要：进入壁垒和退出壁垒。这两个因素的不同组合将决定一个行业是具有竞争优势还是处于竞争劣势。

高进入壁垒可以减少潜在的竞争对手，而低退出壁垒可以轻易地让企业退出市场。进入和退出壁垒的高度是相对的，并没有固定的量化标准。供应商和购买者之间的议价是"纵向"竞争，而其他形式的竞争则是"横向"的。

对于潜在的新进入者的分析表明：当某个行业尤其是新兴行业出现高额利润时，这会激励现有企业增加投资以扩大生产能力，同时也会吸引非行业企业的加入。这可能导致产品价格下降，进而减少行业的利润率。从现有企业的角度来看，他们通常希望新进入者越少越好。那么，这些潜在的新进入者会来自哪里？他们将通过哪些方式进入行业？

①行业扫描圈。

②可能的进入者和进入方式：行业内的竞争者，可以是生产完全相同产品的企业，也可以是生产其他产品系列的企业。行业外一些企业，可以是和行业有技术、市场关联的，也可以是完全没有联系的企业。

③进入障碍：是指影响新进入者进入了现有行业的因素，是新进入者必须克服的障碍。其主要来源如下：

规模经济：当一个企业的单位产品成本随着生产规模和产量的扩大而降低时，说明该产品或企业享有规模经济效应。

产品差异化：在存在产品差异的行业中，现有企业可能因为较早进入市场、广告宣传、优质服务等原因建立起商誉和用户忠诚度，从而相对于新进入者拥有优势。

资金需求：不同行业的资金投入密度不同，因此实现规模经济生产所需的资金量也不相同。有些行业可能不适合或不需要规模生产，但它们可能需要大量的初始投资，例如通信卫星行业。

绝对成本优势：现有企业可能相比于新进入者拥有成本优势，这可能是由于先发优势、获得优惠的原材料供应、以及从经验和学习中获得的效益。

分销渠道获取：对于许多消费品生产商来说，最大的市场进入障碍之一可能是分销商对现有产品的倾向性偏好。

转换成本：指的是消费者从一位供应商的产品转向另一位供应商的产品时所需支付的一次性费用，这可能包括员工再培训费用、购买新辅助设备的成本、检测和产品重设计费用，甚至可能包括中断原有关系的心理成本。

政府法律和政策限制：这是最直接的行业进入障碍之一。

特殊资产：这些资产既包括有形的也包括无形的，比如经验丰富的管理者、与供应商和分销商的良好合作关系、发明专利等。在服务市场上，无形资产可能尤为重要。

其他进入障碍的来源还包括长期合同、专利和专有技术以及学习曲线效应。

在许多行业中，随着生产经验的积累，生产单位产品的成本会逐渐降低。

2. 竞争对手之间的抗衡

竞争是维持市场经济活力的重要手段，因此企业在进行经营活动时会面临激烈竞争的环境。竞争对手可以来自本国、外国以及地区内；他们可以是同行业内的企业，也可以是其他行业的企业；他们可以是同行业内的竞争对手或与行业外的企业进行联合。

导致激烈竞争的因素包括工业增长缓慢、竞争对手众多、竞争对手实力相当、固定成本或库存成本高、缺乏差异化、生产能力过剩或退出障碍高等。这些因素会导致市场竞争的加剧和压力的增加。

（1）竞争对手分析

①产品研发：分析竞争对手的研发战略是否与产品的生命周期相匹配，以及行业在成熟期时的研发投入规模。即使研发投入相同，不同规模的企业其影响力也有所不同。例如，IBM 和苹果公司在个人电脑领域的研发投入相仿，但是对两家公司影响迥异。

②生产流程：评估生产流程的效率，在产品生命周期的早期，消费者更注重质量和灵活性；而在成熟期，则更多关注成本和可靠性。 ③供应链管理：在总成本中物料采购占据很大比例的行业或供应商力量强大的行业，分析竞争对手的采购策略至关重要。关键问题包括原材料的采购合同、劳动力的组织方式、采购策略、采购的产品种类及条件（如数量和价格）。 ④市场营销：研究竞争对手的市场定位、顾客需求满足方式、销售量、产品线、广告支出、促销活动等。特别是市场战略的整体性、各要素的协调性以及为现有和潜在顾客提供的价值。 ⑤分销渠道：分析竞争对手的分销渠道成本、规模和效率。在某些行业，还需要评估分销渠道对顾客需求的响应程度，以及零售商和销

售人员的专业知识水平。 ⑥客户服务：细致评估竞争对手在售后服务、维修、培训和配件供应等方面的能力和意愿，以提供优质服务。 ⑦财务策略：分析竞争对手对资产、债务和股利的管理方法。 ⑧企业文化和个性：通过理解企业的文化和个性，可以更好地洞察其决策方式，并且预测其未来的行动和反应。企业应力求将竞争劣势转化为自身优势。将进入和退出障碍综合分析，能更全面地了解行业内的竞争态势。

2. 竞争对手的选择

当存在多个竞争对手时，企业可以选择四面出击，也可以选择利用某些对手或防范另一类对手。大量研究表明，在许多产业中，合适的竞争对手可以增强企业的竞争优势，改善当前的产业结构，协助市场开发，扼制进入，并加强企业的竞争地位。这些做法有助于实现企业的战略目标，改善所处产业结构，有助于企业市场开发及扼制进入。因此，合理利用竞争对手可以帮助企业实现自身的战略目标，同时也有利于市场的拓展和竞争格局的稳定。

3. 替代的威胁

所有产业都面临着被替代产品的威胁。这种威胁可能源于经济因素，如人造革对皮革的替代，或人造蟹肉对天然蟹肉的替代；也可能是因为原材料的短缺，例如化学纤维对棉麻的替代；还可能是技术进步的产物，例如晶体管替代电子管，彩色显示器替代黑白显示器。从替代品的角度来看，有些产品只是暂时起到补充作用，例如人造革和人造蟹肉；而有些则可能永久性地替代原有产品，导致某些行业的衰落，如晶体管和彩色显示器对电子管和黑白显示器的替代。

替代品的威胁限制了原有产品价格的无限上涨。替代品在各个行业中普遍存在，但它们对不同行业的影响程度是不同的。在一个行业中，如果只有少数几家企业，市场范围有限或难以迅速扩大供给，那么替代品的影响会更加显著。

（1）辨识替代品

替代品的本质在于寻找那些能够实现与原产品相同总体功能的产品或服务，而不仅仅是那些具有相似形式的产品。例如，尽管汽车、火车和飞机观上有所不同，但它们都为买方提供了基本功能，即点对点的运输。因此，替代品不仅仅限于形式上类似的产品，更重要的是能够满足相同需求的产品或服务。

（2）替代的经济性

替代是否真正发生，还取决于替代过程给顾客带来的利益是否足以补偿所造成的损失。也即，一种产品带给顾客的转换诱惑超过了顾客的转换，就可替代另一产品。

转换诱惑的大小取决于替代品和当前使用的产品的相对价值 / 价格比，还受顾客转换欲望和其评价标准的影响。

换句话说，顾客是否会转向另一种产品，取决于他们认为新产品的优势是否足以弥补更换产品所带来的不便或费用。这种优势与劣势的权衡，通常是基于新产品与旧产品相比的价格和价值，以及顾客个人对于改变产品的意愿和标准。

（3）替代和防替代战略

对于替代品的威胁，行业内现有的企业最好采取集体主义的反击行动。这可以通过行业联合进行广告宣传来贬低替代品的优势，迫使替代品退出市场。比如美国杜邦公司在70年代发明的皮革替代品"可发姆"，皮革行业通过联合行动大肆宣传可发姆的缺点，迫使杜邦退出皮革市场。

企业还可以采用降低成本或改进产品来降低产品与替代品之间的相对价值/价格比。同时，通过各种手段增加顾客的转换成本，使顾客更难以转向替代品。另外，企业可以寻找产品在其他领域的新用途，以免受到替代品的影响。此外，企业也可以将目标市场转向那些受替代威胁较少的细分市场。

当替代品与企业产品之间有强烈的关联性时，企业也可以考虑进入替代品产业，以获取关联优势，如共同的销售渠道和买家等。

当整个行业面临技术进步等环境变化所带来的替代威胁时，寻求与替代品的共存与联合可能是更明智的策略。比如，在安全警卫行业，电子报警系统是强大的替代品，特别是在一些重要部门和单位。在这种情况下，最好的策略是将人工警卫与电子报警系统相结合，寻求共同发展。

4. 作为竞争对手的供应商（寄生关系）

企业关注的主要是原材料的成本和供应量，并努力保持在与供应商谈判时的优势地位。将供应商视为竞争对手的观点是基于削弱其议价能力以最大化自身利益的策略。

然而，将供应商视为合作伙伴则更符合企业的长远利益。通过建立稳定的供应链、确保产品质量的连续性，保持与供应商的长期合作关系，企业能够更有效地维护其业务运作。

5. 顾客讨价还价的能力

消费者是企业产品或服务的最终接受者，也是企业服务的目标群体。他们可以是个人、家庭、团体或者政府机构，分布在国内外的不同地区。掌握的议价能力、分析他们的购买习惯和特征是企业取得成功的关键要素和必要条件。

（1）顾客的讨价还价能力

企业最担心的是顾客行为出乎其意料，例如，众多顾客突然转而购买其他竞争对手的产品，或者要求企业提供更高水平的服务、降低产品价格等顾客具有较强的议价能力，通常在以下情况下出现：

当顾客数量较少而购买规模较大时，即市场集中度高。

如果顾客轻易就能转向其他供应商或找到替代产品，说明他们的转换成本低。

顾客所购买的产品标准化程度高，缺乏独特性，因此对价格极为敏感。

顾客拥有后向一体化的资源和能力。

顾客对供应商的内部信息了如指掌，包括了产品生产过程、成本结构、价格策略，以及供应商与其他竞争对手的交易详情等。

（2）顾客的购买行为和特性分析

顾客分析的目的是为了了解顾客选择某一产品或者服务的原因，包括价格、质量、快速送货、可靠服务、广告、推销员能干等因素。而"五因素模型"作为分析行业结构特点的重要工具之一，需要注意以下几点：

首先，行业的吸引力是决定企业绩效的关键要素之一，不同行业的获利性有很大的差异，企业资源和能力对其经营业绩也有重要影响。行业结构和相对竞争地位共同决定了一个企业的业绩水平。

其次，行业的行为和获利性可能随时间发生显著变化。例如，某些行业在20世纪80年代早期可能有高利润，但在90年代早期只能维持中、低水平的利润率。因此，静态分析可能不够准确，还需要进行纵向分析，考察行业随时间的变化。

再次，由于行业结构随环境的变化而变化，并且可能难以预测，因此需要承认行业结构的动态性，并努力使企业资源和能力与之相匹配。

最后，"五因素模型"可能难以完全解释战略与行业结构之间的双向作用过程，因为行业结构不仅受外部因素影响，还受企业、尤其是领先企业战略决策的影响和制约，同时与企业之间的相互竞争结果密切相关。

（四）竞争环境分析

企业战略最直接受影响的因素是同行的动向，即竞争环境。当把范围缩小到某一种产品，如个人电脑的制造商，竞争环境就是每一家个人电脑生产厂商所形成的市场。但同行的范围也可以扩大，比如家电同行的范围，就包括电视、电冰箱、空调机等不同的产品。

行业环境和竞争环境虽然相似，但最大的差别在于行业环境分析是从行业整体角度进行的中观分析，而竞争环境分析则是从企业自身的角度去分析竞争对手的态势，属于微观分析。

在环境分析中，可以采取以下步骤：

1.了解企业环境的性质，识别出环境是否相对静止，是否有变化的迹象，以及可能会如何变化，同时判断环境分析的难易程度。

2.考察环境的影响，以找出过去哪些环境影响因素影响了企业的发展，并对前瞻性的可能前景及其对战略变动的影响进行分析。

3.将重点转向对单个环境因素的详细分析上，找出关键因素，并且分析为什么这些关键因素很重要。

4.通过行业分析和竞争分析，识别企业的机会及威胁，对其战略地位做出客观评价。

第二节 人力资源战略与规划

一、人力资源战略

（一）人力资源战略简述

1. 人力资源战略概念

人力资源战略是为适应外部环境变化与满足组织自身发展需求而制定的长期规划，包含有关人力资源开发与管理的策略和方向。其目的是在考虑员工期望的基础上，与组织的发展战略相协调，确保人力资源的有效开发和管理。

2. 人力资源战略与企业战略的关系

①人力资源战略是组织战略的重要组成部分。

②人力资源战略是人力资源开发与管理活动的纲领性文件。

③人力资源战略是组织战略实现的必要保障。

3. 人力资源战略管理的过程。

①公司战略的制定与企业文化的梳理。

②人力资源战略制定的准备阶段。

③人力资源战略的制定阶段。

④人力资源战略的实施阶段。

⑤人力资源战略的反馈与控制阶段。

4. 人力资源战略与公司战略、公司文化、核心能力间的关系

人力资源战略的形成和公司战略及企业文化密不可分，公司的战略与文化决定了人力资源战略。

（二）战略性人力资源管理系统设计的依据

1. 企业的使命、愿景和战略

①使命：企业存在的理由和价值，即回答给谁创造价值，以及创造什么样的价值。

②愿景：企业渴求的未来状态，即回答企业在未来将成为一个什么样类型的企业。

③战略：是把使命与愿景进行落实的关键步骤。

2. 组织系统研究

组织系统研究包括：组织模式的选择；部门设置与职能定位；流程梳理；定职责、

定岗位、定编制、定人员。

3.职位系统研究

职位系统研究包括：职位；职位分析；职位评价。

4.人性基本假设

X 理论、Y 理论和超 Y 理论；人性的正态分布模型。

人的内在能力特征与人力资本的价值理论。

（三）战略性人力资源管理系统的组成要素

①基于战略的人力资源规划。

②人力资源的获取与人力资源配置。

③基于战略的职业生涯规划的培训开发体系。

④以职位和能力为基础的薪酬体系。

⑤以关键业绩指标（KPI）作为核心的绩效管理体系。

（四）人力资源战略制定流程

1.确定企业战略

社会组织的战略是指定人力资源规划的战略性指导方针，对整个组织的人力资源管理活动的目标、方向和结果至关重要。所以，确定社会组织的战略对于展开人力资源管理活动具有重要意义。

在确定人力资源战略时，必须综合考虑组织的总体发展战略，进行系统的规划。随着企业人力资源管理实践的发展和市场环境的复杂化，越来越多的学者和企业管理者开始重视人力资源战略与企业发展战略的关系，并且总结了一些如何使企业发展战略和人力资源战略相协调的经验和理论。

2.不同的企业战略对人力资源战略的分类

不同类型的企业战略往往需要相应的人力资源战略为之服务。伯德与比切勒根据舒勒的企业战略分类，对人力资源战略和企业发展战略之间的关系做了详细的说明，如表 2-1 所示。

表 2-1　企业战略分类及人力资源战略的配合

企业战略类型	相应的组织特征	相应的人力资源战略
防御者战略特征： ①产品市场狭窄 ②效率导向	①维持内部稳定性 ②有限的环境侦察 ③集中化的控制系统标准化的 运作程序	积累型战略特征： ①基于建立员工最文化参与的技能培训 ②获取员工的最大潜能 ③开发员工的能力、培养员工掌握技能和知识

企业战略类型	相应的组织特征	相应的人力资源战略
分析者战略特征： ①追求新市场 ②维持目前存在的市场	①弹性 ②严密及全面的规划 ③提供低成本的独特产品	协助型战略特征： ①基本新知识和新技能的创造 ②获取具有自我动机的员工 ③鼓励和支持能力、技能和知识的自我发展 ④重视在正确的人员配置及弹性结构化团队之间的协调
探索者战略特征： ①持续地寻求新市场外部导向 ②产品／市场的创新者	①不断地改变 ②广泛的环境侦察 ③分权的控制系统 ④组织结构的正式化程度低 ⑤资源配置快速	效用型战略特征： ①基于极少员工承诺和高技能的利用 ②雇用有岗位所需技能且能够立即使用的员工 ③使员工的能力、技能与知识能配合特定的工作

3. 不同的企业竞争战略对人力资源战略的分类

社会组织采取不同的竞争战略，也要有相适应的人力资源战略的支持。科迈斯、麦吉阿等人则采用波特的企业竞争战略分类，探讨了每一类企业竞争战略最适应的人力资源战略，如表 2-2 所示。

表 2-2　企业竞争战略与人力资源战略的配合

企业战略类型	相应的组织特征	相应的人力资源战略
成本领先战略	①持续的资本投入 ②严密监督员工 ③严格控制成本，要求经常、详细的成本控制 ④低成本的配置系统 ⑤结构化的组织和责任 ⑥产品设计以制造上的便利为原则	①有高效率的生产水平 ②明确的工作说明书 ③详尽的工作规划 ④强调具有技术上的资格证明和技能 ⑤强调与工作有关的特定训练 ⑥强调以工作为基础的薪资 ⑦用绩效评估作为控制机制
差异化战略	①营销能力强 ②产品的战略与设计 ③公司以产品质量或者科技的领导者著称 ④公司的环境可吸引高科技的员工、科学家或具有创造力的人	①强调创新和弹性 ②工作类别广 ③松散的工作规划无 ④外部招聘 ⑤以团队为基础的训练 ⑥强调以个人为基础的薪资 ⑦用绩效评估作为发展的工具
专一化战略	结合了成本领先战略和差异化战略，具有特定的战略目标	上述人力资源战略的结合

二、人力资源规划

（一）人力资源规划概述

1. 人力资源规划的含义

人力资源规划是为了实现社会组织的经营目标，根据组织发展的需要和内外条件，运用科学的方法进行的人力资源管理计划。它包括了职务编制、人员配置、教育培训、薪资分配、职业发展等方面，以实现人力资源的最佳配置和满足组织和员工的需求。

人力资源规划的目标是确保社会组织在适当的时间获得适当的人员，实现人力资源的供需平衡。为了实现这一目标，人力资源规划采取了几种方法。首先，通过建立稳定、有效的内在劳动力系统，保持组织内部人力供给的稳定，同时和外部劳动市场建立有效联系，调节内部劳动力系统。其次，充分发挥组织内部成员个人技术，使人才得以充分发挥。再次，协调和指导其他人力资源管理功能的实现。因此，人力资源规划提供了整个人事管理发展的方向。

在制定人力资源规划时，需要遵循以下原则：以社会组织总目标和总策略为中心；了解内部劳动力系统和外部劳动力市场的状况；获得高层主管的支持和参与；注意整个人力资源管理体系的搭配。

2. 人力资源规划的作用

①为社会组织经营发展对人力资源的动态需求提供保证。

②为社会组织人力资源活动提供有序及前瞻性的管理。

③为社会组织更好地控制人员结构、降低人工成本提供依据。

3. 人力资源规划的分类

从不同的角度，可以对人力资源规划进行分类，分类角度有以下两种。

（1）总体规划和具体计划

①人力资源总体规划：这涉及到计划期内人力资源管理的总体目标、政策、步骤和预算的安排。而且人力资源的具体计划则是将总体规划细化，涵盖了职务规划、人员配置、人员需求、人员供给、人员补充、人员晋升接替、教育培训、工资和薪酬、劳动关系以及退休和解雇等多个方面。

②人力资源具体计划：这些计划是对总体规划的进一步展开和详细规划，每个业务计划都包括目标、任务、政策、步骤和预算等要素，它们从不同方面确保总体规划目标的实现。具体计划的实施是实现总体目标的结果。

（2）长期规划、中期规划和短期规划

人力资源规划根据时间跨度的不同，可以分为长期、中期及短期三种类型。

①长期人力资源规划：这类规划通常覆盖 5 至 10 年或更长时间，具有战略性质，为组织的人力资源发展和使用指明方向、目标和基本政策。制定长期规划时，需要对未来的内外环境变化进行有效预测，以便对组织的发展提供指导。由于环境的变化，长期规划可能需要调整。

②中期人力资源规划：时间跨度通常在 1 至 5 年之间，其目标和任务相对于长期和短期规划来说更加明确和具体，是实现长期规划目标的过程中的具体实施环节，并且为短期规划的制定提供指导。

③短期人力资源规划：时间跨度大约为 1 年，与长期规划相比，短期规划对人事活动的要求更加明确，任务更具体，目标更清晰。

4. 人力资源规划的内容

（1）人员补充计划

人员补充计划是指社会组织根据组织运行情况，制定计划来弥补可能出现的岗位空缺，以促进人力资源数量和质量的改善，为吸纳新员工提供依据。人员补充计划通常情况下有两种情况。

第一种情况是针对人员需求进行的招聘和选拔新员工。社会组织可能在几种情况下需要补充员工：自然减员、技术革新、离职以及扩大规模等。

第二种情况是人员补充计划与人员晋升计划相关联。因此，在进行招聘和录用活动时，社会组织必须考虑未来几年内员工的使用情况。只有以发展的角度看待人员使用问题，才能制定出合理的人员补充计划，确保在组织的每个发展阶段都有适合的人员满足工作要求。

（2）培训开发计划

社会组织应树立"全员培训"的理念，并根据每个员工的情况制定相应的培训和发展计划。现代管理越来越强调"以人为本"，越来越多的管理者认识到人力资本是企业最重要的资本。相比物质资本，只有拥有人力资本，才能拥有主动权。因此，组织对人力资本的投资包括各种培训、研修或研讨计划，这些计划也是人员发展规划的一部分。

培训和发展计划的目的是通过内部努力为组织发展准备所需的人才，使员工更好地适应工作。培训和发展计划与组织的晋升计划、配备计划以及个人的职业计划密切相关。这些计划之间的互动能够增加培训的目标性，并且激发员工参与培训的积极性，从而提高培训的效果。

（3）人员配备计划

社会组织通过有计划的人员流动来安排和使用员工在未来的职位，这种流动计划被称为配备计划。配备计划一般在以下情况下执行：

第一，当组织要求某职位的员工同时具备其他职务的经验或知识时，应进行有计划的流动，以培养多才多艺的复合型人才。

第二，当上层职位较少而等待晋升的人员较多时，通过配备计划实现员工的水平流动，可以减少他们的不满情绪，并等待上层职位出现空缺。

第三，在组织内部人员过剩时，通过配备计划可调整工作分配方式，改变组织中不同职位的工作内容，以解决工作负荷不均等问题。

（4）薪资激励计划

薪资激励计划在社会组织中具有两方面的重要作用。一方面，它确保了社会组织的人力成本与经营状况之间保持适当的比例关系。另一方面，薪资激励计划充分运用薪酬作为一种激励手段，以激发员工的积极性和工作表现。

薪资总额的确定受到组织内部员工分布情况和工作绩效的影响。通过薪资激励计划，社会组织可以预测未来的组织发展情况，并对未来的薪资总额进行估算和预测。同时，组织也可以确定未来一段时间内的激励政策，比如激励方式的选择、激励重点的倾斜等内容，以充分调动员工的积极性和提高绩效表现。

（5）人员晋升计划

人员晋升计划是根据工作单位的组织需求和员工分布情况而制定的员工晋升方案。对于单位来说，通过晋升计划，可以尽量实现员工和工作的最佳匹配，从而调动员工的积极性并提高人力资源的利用效率。对于员工来说，晋升不仅是个人利益的实现，也意味着工作责任和挑战的增加。当两者结合起来时，员工会产生更高的动力，社会组织也能够从中获得更大的利益。

通常情况下，晋升计划会明确规定晋升比率、晋升时间、晋升条件和年资等要素。当然，晋升计划也需要考虑特殊情况的处理，例如对于有杰出贡献的员工可以提前晋升或跨级晋升等情况。

（6）员工职业计划

社会组织的员工职业计划指对员工在组织内的职业发展进行系统安排。通过职业计划，个人的职业发展与组织的需求能够有机结合，因此这对个人和组织都非常重要。

为了加强员工职业计划的管理，社会组织除了晋升计划、激励计划和培训开发计划外，还可以制定和实施平行调动或岗位轮换计划等手段来激励员工成长。

此外，人力资源规划还包括人员发展规划、劳动关系计划与退休解聘计划等方面。

通过以上对人力资源规划的概述，可以看出人力资源规划在社会组织的人力资源管理中起到了重要的导向作用，具有战略意义。由于人力资源规划与组织发展战略相联系，在实施组织目标和战略规划的过程中，它能够指导具体的人力资源管理活动，并不断对人力资源管理的政策和措施进行调整。

（二）人力资源预测

1. 人力资源预测的含义及分类

人力资源预测是在评估和预测社会组织的基础上，对于未来一段时间内的人力资源供需状况进行假设。它包括人力资源需求预测和人力资源预测两个方面。

人力资源需求预测是对社会组织为实现既定目标而所需员工数量和种类的估计。而人力资源供给预测则是对社会组织是否能够保证员工具备必要能力，以及从何处招聘员工的预测。

在进行人力资源预测时，需要了解和分析社会组织的人力资源现状和市场环境。同时，还需要关注以下问题：社会组织的人力资源政策在稳定员工方面所起的作用；市场上的人力资源供求状况和发展趋势；本其他社会组织的人力资源政策；本行业其他社会组织的人力资源状况；本行业的发展趋势和人力资源需求趋势；本行业的人力资源供给趋势；的人员流动率及原因；社会组织员工的职业发展规划状况和社会组织员工的工作满意状况等。

所以，人力资源预测不仅包括对需求和供给的预测，还包括对上述一系列问题的分析。

2. 人力资源预测技术

（1）德尔菲法

德尔菲法，也被称为专家评估法或者专家预测法，是一种适合技术型企业的长期人力资源预测方法。由于现代社会技术更新迅速，传统的人力资源预测方法往往难以准确预测组织对未来对技术人员的需求。德尔菲法利用匿名问卷调查的方式，听取技术专家对组织未来人力资源需求量的分析评估。专家之间不进行任何形式的交流，信息的交流和传递完全由预测活动的发起者来进行。德尔菲法主要依赖人的主观判断力，而非处理数字的方法。为了增加预测的可信度，可以采取多次讨论法，例如在第一次讨论中，各专家独立拿出自己对技术发展的预测方案，管理人员对这些方案进行整理，编写成企业的技术发展方案。第二次讨论主要是根据企业的技术发展方案来进行人力资源预测。通过多次反复讨论，最终达成一致意见。

（2）模型预测法

模型预测法是一种通过数学模型对真实情况进行实验的技术，根据社会组织自身和同行业其他企业的相关历史数据，通过数据分析建立起数学模型，根据模型确定销售额增长率和人员数量增长率之间的关系，进而预测人员数量的增长情况。该方法适用于大、中型社会组织的长期或中期人力资源预测。模型预测法包括人员接替模型和马尔可夫模型。

统计学方法在信息充分的情况下，其准确性和可靠性较高，随着计算机技术的飞速发展，越来越受到管理层特别是专家们的关注。然而，其准确性与可靠性是以对完全信息的依赖和对灵活性的有限为代价的。在劳动力市场纷繁芜杂和难以预料的现代，单纯使用统计学方法可能导致偏差。因此，主观判断在人力资源预测方面的重要作用不容忽视。在一些现实情况下，主观判断法的协助已经变成解决问题不可或缺的重要方法。

由于统计学方法、主观判断法和模型预测法在优势方面具有互补性，在实际的人力资源预测中，人们常常是配合使用的。这些预测技术各有优势，可以相互补充，以提高预测的准确性和可靠性。

（3）统计学方法

统计学方法在环境变化较小并且存在一定确定性的情况下，可以获得较好的预测效果。然而，当组织在面临较大环境变化或所需要素不确定性较高时，统计学方法的适应性较差，此时需要结合使用主观判断的方法。

在相对稳定的环境中，统计学方法可以提供准确的预测结果，因为它可以基于历史数据和模型进行分析。这种情况下，统计学方法能够较好地适应组织运作的需求。

然而，在环境变化较大或存在较高不确定性的情况下，统计学方法可能无法准确预测未来情况。因此，在这种情况下，需要综合运用主观判断和其他方法来进行预测，以应对不确定性和变化。主观判断能够考虑到更多的因素和情境，并结合专家的意见和决策者的观点，从而提高预测的准确性和适应性。

（三）人力资源规划制定步骤

人力资源预测是指预测企业中人力资源的供给及需求情况。这一情况受到组织内外各种因素的影响，是这些因素共同作用的结果。为了进行人力资源预测，我们需要先收集各方面的信息，并对这些信息进行分析，基于此进行预测。

1. 收集信息

进行人力资源预测需要收集来自社会组织外部与内部的信息。外部信息涵盖组织所处的外部环境，包括国家政策、经济法律环境、本行业的科技和工艺发展状况、外部劳动力市场情况，以及竞争对手、客户和供应商的发展战略等。内部信息则包括组织的生产经营现状和人员使用情况等。这些信息是制定人力资源规划的重要基础，而收集信息的质量将直接影响到人力资源规划的成功与否。准确、全面、有效的信息收集能够帮助组织在人力资源预测和规划阶段做出明智决策，以事半功倍的效果取得胜利。

2. 分析和预测

根据收集到的各方面信息，我们可以开始对社会组织的人力资源供求状况进行分析和预测，包括预测劳动力的需求、供给及劳动力是否过剩或短缺等。进行人力资源预测的方式有很多种，其中常用的包括经验预测、现状预测、定员预测和自上而下预测。这些方式适用于不同类型的人力资源预测。

①这种方式适合于较稳定的小型社会组织。经验预测是通过以往的经验来推测未来的人员需求。虽然不同管理者的预测可能存在偏差，但是通过多人综合预测或查阅历史记录等方法，可以有效地提高预测的准确度。需要注意的是，经验预测只适合于一定时期内社会组织的发展状况没有发生方向性变化的情况。

②现状预测：现状预测假定当前的职务设置和人员配置是恰当的，并且没有职务空缺，所以不存在人员总数的扩充。人员的需求完全取决于人员的退休、离职等情况的发生。通过对历史资料的统计和比例分析，可以更准确地预测离职的人数。这种预测方式适合于中、短期的人力资源预测。

③定员预测：适用于大型社会组织和历史悠久的传统企业。这种社会组织的技术更新比较缓慢，组织发展思路非常稳定，每个职务和人员编制也相对确定。这类组织的人力资源预测可以根据组织人力资源现状来推出未来的人力资源状况。实际应用中可以采用效率定员法、设备定员法、岗位定员法、比例定员法与职责定员法等多种方法。

④自下而上预测：这种方式是从单位组织结构的底层开始的逐步进行预测的方法。这种方法先预测单位组织结构中底层的人员需求，然后将各个部门的预测层层向上汇总，最后确定单位人力资源的整体需求。由于底层员工很难把握组织的发展战略和经营规划等，因此他们无法制定出中长期的人力资源预测。这种方法适合于短期人力资源预测。

3. 制订人力资源规划方案

制订人力资源规划方案一般步骤如下：

①制订职务编制计划：要根据组织总体发展规划，结合职务分析报告的内容来制订。职务编制计划应阐述组织的组织结构、职务设置、职务描述和职务资格要求等内容。

②制订人员配置计划：根据组织的发展规划，我们计划根据人力资源盘点报告来制定人员配置计划。该计划将详细说明每个职务的人员数量、人员的职务变动以及现有的

职务空缺数量。这个计划的目的是为了描绘出组织未来的人员数量和素质构成，以支持组织的长期发展。

③预测人员需求：依据职务编制计划与人员配置计划，我们将采用预测技术来预测未来的人力资源需求。预测结果应明确指出所需职务的名称、所需人员的数量期望的到岗时间。理想情况下，这将为组织提供一份详细的清单，其中包括员工数量、招聘成本、技能要求、工作类型，以及实现组织目标所需的管理人员的数量和层级。预测人员需求是人力资源规划中最具挑战性和最关键的环节，它需要我们采用创新和积极参与的方式来应对未来经营和技术领域的不确定性。

④确定人员供给计划：人员供给计划是针对人员需求而制定的应对策略。它主要阐述了人员供给的方式（如内部选拔或外部招聘）、内部人员流动政策、外部人员流动政策、获取人员的途径和实施计划等。通过分析过去的劳动力人数、组织结构和构成，以及人员流动、年龄变化和录用等数据，我们可以预测出未来特定时刻的供给情况。这个计划描绘了组织当前的人力资源状况以及未来在流动、退休、淘汰、升职和其他相关方面的变化情况。

⑤制订培训计划：为了使社会组织内的员工能够满足组织发展的要求，提高他们的专业技能，实施员工培训显得尤为关键。培训计划应涵盖培训方针、培训需求分析、培训课程内容、培训方法和培训效果评估等多个方面。

⑥制订人力资源管理政策调整计划：在计划中，要明确计划期间调整人力资源政策的原因、调整步骤与调整范围。这些政策包括招聘政策、绩效评估政策、薪酬和福利政策、激励政策、职业生涯规划政策以及员工管理政策等。它们的调整目的是为了适应组织的发展需求，提高员工满意度和绩效，并确保人力资源管理的有效运作。

⑦编写人力资源部费用预算：其中主要包括招聘费用、培训费用等方面的预算。

⑧关键任务的风险分析及对策：在人力资源管理过程中，每个组织都可能面临各种挑战，如招聘失败、新政策引起员工不满等。这些潜在的风险可能会影响组织的正常运转，甚至可能对组织造成严重的影响。因此，通过风险识别、风险评估、风险驾驭和风险监控等一系列活动，可以对这些风险进行防范，来保障组织的稳定和持续发展。

人力资源规划方案编写完毕后，应首先积极地与各部门经理进行沟通，根据沟通的结果进行修改，最后再提交公司决策层审议通过。

4. 人力资源规划的执行与评价

在实施人力资源规划时，需要有专门负责的人员来执行计划，并且给予他们必要的权力和资源。同时，及时的信息反馈对于跟踪和修改规划非常重要，以保证预期效果的实现。执行结果的评价也是必要的，以便提供改进的参考和依据。

在人力资源规划的执行过程中，保持人力资源的供需平衡也是非常重要的。在社会组织扩张时期，人力需求较大而供给不足，人力资源部门需要加强招聘选拔工作；在稳定时期，虽然人力资源总量表面上趋于稳定，但仍可能存在退休、离职、晋升等变动，需要有针对性的补充和调整；在衰败时期，人力资源可能过剩，需求不足，人力资源部门需要制定裁员等措施。这样的供需平衡状态在不同阶段可能有所不同，需要根据实际情况灵活调整。

总的来说，在组织的发展过程中，人力资源状况不可能自然地处于平衡状态。因此，人力资源部门的工作之一就是不断调整人力资源结构，以实现供需平衡。这样做可以提高人力资源利用率，降低成本，对于组织的长期发展具有重要意义。

第三节　工作分析

一、工作分析的背景 —— 组织设计

工作分析是组织环境中的重要组成部分，它描述了由具备特定资格的人承担的一系列职责。管理学将工作分析视为组织设计的基础之一，组织设计则是通过确定各个部门和成员的职责和职权，以及人员、部门和层级之间的协调，实现组织目标的一种活动。组织设计的最终目的是形成正式的职务结构，将工作作为媒介，以人为中心。

（一）工作分析与设计

工作分析与设计是组织设计最基础的工作。

在进行组织设计时，首先需要将组织的任务目标进行逐级分解，并且分析确定实现这些目标所需的基本职能和职务。然后，设计和确定实现这些职能和职务时所需的具体管理工作和操作工作，包括确定所需的人员数量、素质或者资格要求，以及他们应享有的权力范围和所应承担的岗位职责等。这样的设计能够确保组织能够有效地实现其目标，并为其成员提供明确的工作职责和责任。

（二）部门划分

分析每个职务上的人员（每个岗位）所从事工作的性质，以及职务间的区别和联系，按职责相似或关系密切的原则，将各个职务人员分归到不同的部门，形成部门化。

（三）层次设计和结构形成

在部门建立之后，为了确保各部门的工作以及整个企业的目标能够协调一致，需要在部门之间确立一些基本的关系。在这些关系中，最为关键的是纵向的层级关系，即领导与被领导的关系。此外，还需在同一层级的不同部门之间建立横向的协调关系。

总的来说，组织设计的过程就是将组织目标进行分解，即分工的过程。这种分工体现在两个维度上：横向和纵向。横向分工将任务分解给不同的部门，明确了各部门需要完成的目标、职责和权力，并形成了协作关系；而纵向分工则是按照层级将目标分解，规定了各层级完成任务的职责和权力，并建立了指挥链和领导与被领导的关系。

这种纵横交错的组织结构形成了一个网络，网络中的每个节点代表一个职务，承担

着特定的职责。工作分析的目标就是分析节点，即职务的职责、任职资格、工作联系（包括横向和纵向）、价值以及工作条件等重要信息。

一定要注意：

①工作或职务存在于各个部门中，确定职务职责的前提首先是部门及其职责划分合理，即组织结构设计合理，如果部门之间尚且职责界定不合理，那么对存在其中的职务职责进行分析就没有意义。

②工作分析是围绕着职务而不是人展开的，这有助于在工作分析过程中保持客观性，排除职务承担者的个人因素干扰。

二、工作分析的含义和内容

（一）工作分析的含义

工作分析，也称为职务分析，是对某个职务的全部工作内容、任职资格要求、工作环境和条件等进行全面了解的分析活动。其结果是形成书面文件：工作说明和工作规范。工作说明记录了组织期望工作承担者应该做些什么，即工作职责，而工作规范则规定了工作承担者应该具备什么样的任职资格，如知识、技能、能力及其他要求。此外，还需要对工作分析结果进行补充说明的其他有关概念进行介绍，如工作内容、工作环境和条件等。

①任务说明书：工作说明书通常只对工作进行简要描述，无法包含每项工作的具体程序和标准。因此，需要制定任务说明书来对工作内容及方式进行更详细的规范和标准化。任务说明书主要适用于生产类岗位，是科学管理的重要手段之一。

②岗位责任书或（绩效）目标责任书：用于提取职务的核心任务或重要任务的定性或定量指标，以评估同一职务不同职位的工作质量和数量。岗位责任书需要确保双方签字确认，并配合相应的考核制度（如薪酬和奖惩制度）进行。其中，岗位责任书最关键的部分是衡量标准，即如何衡量不同方面的工作质量和数量。

目标责任书通常包括了公司经营目标的分解，以及部门或重要职务的考评。在职务考评方面，目标责任书广泛应用于工作成果较易评价的职务，例如管理类职位、生产、销售、营销、技术研发等需要任务指标的业务职位。目标责任书对于工作质量和数量的评定提供了明确的标准。

（二）工作分析的内容

为了制定出一份工作说明书或者其他组织所需的结果，工作分析需要涵盖广泛的内容，这通常被总结为"6W1H"模型，即：工作内容（What）、工作目的（）、工作者（Who）、工作时间（When）、工作环境或条件（Where）、工作关系（For Whom）、工作方式（How）。

工作说明书本身即是工作分析的一个成果，因此，工作分析在很大程度上应包含工作的基本信息（如职位名称、所属部门、人员编制、上下级关系等），以及工作职责、权限、协作关系，任职资格，工作环境和条件等四个主要部分的内容。

同时，工作分析的具体内容应根据分析的目的和职务的特性来具体确定。总体上，工作分析的主要项目包括：

1. 工作内容

工作内容部分需详细描述工作职责、任务，包括做了什么和何时做，以及结果如何。对于管理责任和非管理责任都需要进行明确的说明。

管理责任主要是对他人工作方式或指导、帮助等影响他人的工作。这个责任主要取决于被管理的人数、管理性质和程度、管理的公开程度、管理的直接或间接性、管理工作的类型以及管理对象的熟练程度等因素。

非管理责任则是指任职者需要自己完成的任务，包括生产的责任、保管的责任、与他人协作、安全责任等。这些责任需要明确每项任务的完成时间，如固定时间完成、每天或每周或每月必做等。

例如，假设你的管理工作人员为 10 人，并且为直接管理，那么管理责任就包括制定工作计划、监督工作进度、解决工作问题等。而非管理责任则包括保证生产质量、定期维护设备、与其他部门协作完成项目等。需要明确这些任务的时间安排，以确保工作顺利进行。

2. 资格条件

资格条件包括工作经验、智力水平、技巧和准确性、体能及其他心理素质要求。

（1）工作经验

实践经验是完成岗位工作、解决相关问题所必需的最低限度的经验，它通常是以所需的理论和实践知识的数量及复杂程度来衡量的。换而言之，工作经验的积累和实践技能的掌握对于岗位工作而言至关重要。

（2）智力水平

涉及头脑反应、注意力集中程度和计划水平等方面的要求，对协调工作和处理工作中可能遇到的紧急情况非常重要。智力水平大致包括四种能力：

①独立能力：指独立工作，独立做出判断和计划的能力。

②判断能力：根据一定的原始材料，自己做决策的能力。

③应变能力：处理突发事件中所必备的能力，工作中对有关问题做适当的协调应具备的能力。

④敏感能力：精力集中，反应迅速，避免工作失误或者意外。

（3）技巧和准确性

技巧和准确性体现了工作人员在工作中达到的速度、敏捷程度、反应能力等要求，以及所需的精确程度和允许的误差范围。它们反映了工作人员的手工或操作能力，以确保工作达到预期的标准和效率。

（4）体力要求

一般用体力活动的频率和剧烈程度来衡量。

（5）其他心理素质要求

在工作过程中，人们展现出的品德、兴趣和情趣等心理因素非常重要。能力因素决定了一个人是否有能力去完成工作和是否能够做好工作，但是心理因素解决的是一个人是否愿意去做和愿意做好的问题。因此，在工作中，除具备必要的能力，心理因素对于员工的积极性和主动性同样至关重要，它们会影响到工作的质量和效率。

3. 工作环境和危险性

工作环境和危险性是工作的重要方面，包括室内或野外工作、工作时间特征（如白天或夜晚、是否经常加班等）、使用的设备和工具，以及职业危害等因素。这些因素都会影响到工作的安全性和效率。

4. 其他相关信息

其他相关信息，比如工作概况、所需的经验和培训、与其他工作的关系、所需资格证书等。

三、工作分析的时机和意义

（一）工作分析的时机

新建组织在进行系统的工作分析之外，其他场合进行的工作分析通常具有一定的目的性，是为了解决人力资源管理中的特定问题。当组织出现下列情况时，会考虑进行工作分析：组织需要进行结构和业务流程的变革或调整，或者现有工作说明书已不能适应组织内外环境的变化。

①组织进行了结构和业务流程的变革或调整：这将导致职务和职位的显著变化，为适应新的结构和业务流程的要求，就需要重新进行工作分析。

②如果组织内外环境发生变化，导致现有的工作说明书无法适应这些变化，那么工作分析就需要进行。组织内外环境的变化可能会对职责、任务和任职资格的要求产生重大影响。例如，行业技术的变革、劳动力市场的供需情况变化、市场竞争的加剧等，都可能会引起对工作要求的提高甚至彻底改变。因此，为确保工作的适应性和有效性，工作分析是必要的。

（二）工作分析的意义或作用

工作分析是人力资源管理的核心环节及基础性工作，通过有效的工作分析可以提升人力资源管理的科学性，改善企业的管理绩效。工作分析的结果是工作说明书，它清晰地定义了每个职位的职责、任职资格、岗位编制和岗位等级等重要信息，被广泛应用于人力资源管理的各个方面。

①人力资源规划的制订需要依据工作分析的结果。工作分析可以帮助分析和预测企业对人力资源的需求和供给，并为招聘、培训、晋升等业务计划提供指导。通过工作分析，可以确定岗位编制和任职资格要求，同时对职位进行分类，以合理安排和统一平衡人力资源的供求关系，进而提高人力资源规划的质量。

②工作分析的结果确定了履行职务所需要的具体任职资格，这为员工招聘和选拔提供了准确的标准和依据。通过工作分析，可以明确职位所需的技能、知识和经验要求，从而帮助企业在招聘过程中筛选出符合要求的候选人。这样可以确保雇佣的员工具备必要的能力和背景，能够胜任工作，提高员工选拔的效果和成功率。

③参考工作分析结果中的任职资格要求，针对不符合条件的现有员工进行有针对性的培训和发展计划，可为员工培训与开发提供明确的依据。通过根据任职资格要求设计培训课程，可以确保培训内容与岗位职责的要求相匹配。同时，根据工作分析的结果，还可以评估培训的效果，了解培训是否达到预期目标，从而提供有效的反馈，并进行必要的调整和改进。这样可以提高员工的能力和素质，增强其在岗位上的表现和发展潜力。

④为了制定绩效考核标准和方法，首先需要明确工作职责，这可以通过工作分析的结果来确定。工作分析可以帮助我们了解不同岗位的职责和价值，并为绩效考核提供依据。岗位责任书或目标责任书也可以作为绩效考核的参考文件。通过明确职责和价值，可以确保绩效考核的公平性。

⑤为薪酬体系的设计提供基础：制定一个具有内部公平性的薪酬结构需要工作分析所提供的岗位价值的信息作为基础。

⑥工作分析的结果还为员工描绘了职业生涯的发展路径，因而有利于员工职业生涯的规划和管理。

⑦工作分析有助于确保劳动关系的和谐与公平，由于它为各个职位设定了明确的工作职责，从而支持了同工同酬的原则。此外，工作分析的结果员工晋升和培训提供了决策支持。同时，通过分析工作环境和条件，员工可以更全面地了解自己的工作场所，并与雇主合作采取预防措施，减少职业伤害的风险。

如前所述，工作分析在组织中有多种用途，包括明确现有职责或重新界定职责，以更好地实现组织目标，以及发现并处理多余职务以进行裁员。此外，工作分析还对企业管理具有溢出效应，它是一个全员参与、充分沟通和反省的过程，有助于员工提高工作认知度，明确工作职责和工作价值，以及识别能力欠缺；有助于人力资源管理人员提高管理水平，制定更符合工作实际的制度和规范；同时也有利于最高管理层更深入地了解职位设置情况，从而有效提高决策的准确性和全面性。

四、工作分析所需资料支持

要做好工作分析，除向上述有关主体收集信息外，人力资源部门还需要收集大量的支持性资料：

①背景性资料：包括企业所在的产业、企业的经营战略、企业文化、组织结构和职务分类等。

②工作活动：实际发生的工作活动、工序、活动记录、负责人的职责等。

③工作行为：与工作有关的个人行为，动作和行为的质量要求等。

④工作设备：如计算机（软硬件要求）、安全设施、办公设备、机器、工具等。

⑤有形和无形物质：包括物料、制成品、所应用的知识和所提供的服务等

⑥绩效标准：企业的岗位责任书中通常包括了岗位的绩效标准。

⑦工作条件：工作环境、工作时间表、激励因素及其他企业和社会环境。

⑧人员条件：与工作有关的知识和技能以及个人特质的要求。

五、工作分析信息的收集方法

在西方发达国家，经过人力资源专家和企业共同的努力，已经形成了较为成熟的人力资源分析方法，包括以工作为中心或以人为中心的方法，以及定性和定量方法。这些方法主要包括资料分析法、直接访谈法、调查问卷法、现场观察法、工作日志法等。这些方法各有优缺点，因此通常会结合使用，来提高分析的准确性和全面性。

（一）资料分析法

资料分析法是通过查阅和参考组织中已有的与待分析工作相关的文献资料来收集信息的方法。企业通常拥有大量有用的资料，如岗位责任制文件、人事资料、生产作业统计资料以及职务相关的记录（例如销售人员的业务单据和出差报告），这些资料可充分利用。

资料分析法的优点在于成本低、效率高。它的主要目的是收集基础资料信息，例如企业的组织结构、现有工作内容、工作负荷和任职资格等，以便对工作有一个大致了解，并与从其他方面收集到的信息互相验证和补充。

（二）观察法

观察法是一种通过观察选定的工作样本实际执行情况来收集信息的方法，这种方法最早在泰勒的科学管理实验中得到了应用。

根据工作周期的不同，可以采用直接观察法、分阶段观察法和工作表演法。直接观察法是指工作分析人员直接全程观察员工的工作过程，这类方法适用于周期短的工作，例如清洁工，工作分析人员可以全天跟随清洁工进行观察。分阶段观察法适用于周期较长的职位，为了全面观察员工的所有工作内容，需要分阶段进行观察，例如行政文员在年终筹备总结表彰大会时，工作分析人员需在年终时对该职位进行观察。工作表演法适用于周期很长且突发性较多的工作，如保安工作，工作分析人员可以要求保安人员模拟盘问可疑人员的场景，以此来观察该项工作。

观察法可以采用现场观察或非现场观察的方式，如摄制录像或电子监控等。但无论使用何种方式，观察法都是非常耗时的，尤其当工作任务和工作条件随着每天的时间或季节的变化而改变时更加复杂。观察法的另一个缺点是可能会让被观察者感到受到监视，可能会引起抵触情绪。此外，不熟练的工作分析人员也易受到被观察者的影响，过于关注个人特质而忽视了工作本身应该是观察的对象。

为了避免上述观察法的缺点，工作分析应在以下方面进行优化：首先，系统选择分析样本，以减少观察工作的工作量和耗时量；其次，与观察对象进行充分的交流和沟通，

获得他们的理解和配合，在工作分析过程中尽量避免干扰被观察者的工作；还应对分析人员进行培训，事先对被分析工作有所了解，并且制定有针对性的观察提纲；此外，应选择足够数量的样本进行观察，以比较同一工作在不同工作场地和不同员工执行的情况，减少个别员工个人习惯对结果的影响。

观察法适用于主要由身体活动构成的工作，例如流水线上的操作工，这类工作以体力劳动为主，任务标准化，任务周期短。但对于不易观察到的以脑力劳动为主的工作，观察法则不适用。观察法主要能收集工作条件、危险性和使用的工具等部分信息，不足以形成一份完整的工作说明书，因此还需要结合其他方法来获取更多信息。

（三）访谈法

访谈法，又称面谈法，是一种广泛使用的工作分析方法。在访谈中，可以选择与个别任职者或群体、任职者的上级进行交流。这一方法适用于脑力劳动为主的工作，例如开发、设计、高层管理等职位。

1. 访谈法的优点

①形式灵活，容易组织和准备，能够简单而迅速地收集工作分析资料，适用面广。

②面对面交流便于发现潜在问题。

③访谈过程中员工要描述自己的工作，这可以加深员工对工作本身的认识，也有助于加强组织内的管理沟通。

④面谈过程可由分析人员控制，可控性强。

2. 访谈法的缺点

访谈法最大的缺点是所收集的资料可能存在失真和扭曲，其原因包括员工夸大其承担的责任和工作难度、受访者不信任工作分析人员或怀疑其动机、沟通过程出现问题以及访谈过程可能打断被访者工作等。为避免这些问题，在运用访谈法时，工作分析人员应提前准备好面谈计划和问题提纲，并在面谈时按照预定的计划进行。

在访谈过程中，工作分析人员应保持被动，仅接受信息，并指导和支持任职者提供事实性的描述，以保证信息的客观性和公正性。同时，工作分析人员需要及时并准确地记录谈话内容，同时避免让谈话对象对记录产生疑虑。

访谈法对工作分析人员的沟通能力和逻辑思维有较高要求，他们需要能够有效地引导谈话，同时防止谈话偏离主题，并让谈话对象感到轻松自在，不受到束缚。

通过访谈任职者和他们的直接管理者，可以获取以下信息：任职者的职位名称；直接管理者的姓名；任职者所管理下属的数量和工作职位；以及任职者的工作职责和任务等。

（四）问卷调查法

问卷调查是一种方便且经济的方式来从众多不同的人员中收集信息。特别是当问卷采用电子版本填写，例如发布在组织内部的局域网上时，其优势更为明显。然而，问卷的设计是问卷调查成功的关键。首先，需要拟定一套切实可行、内容完整、设计科学的问卷，并由任职者和其主管进行填写。问卷的设计既可由内部自行进行，也可考虑外部定制。为特定目的设计的问卷适用于撰写工作说明书或设计绩效考核指标等任务。问卷可以采用结构化问卷或半结构化问卷的形式。结构化问卷根据制定的评价指标，预先确定特定的问题、评价方法和评价标准，并要求填写人在问卷中选择答案。而半结构化问卷则包括部分统一要求的问题和随机性问题，二者结合。

问卷调查中通常包含两类问题：开放式问题和封闭式问题。开放式问题允许被调查者自由回答，用于收集不确定信息；封闭式问题要求被调查者从给定选项中进行选择，并有时要求进一步提供说明。

问卷调查法的优点包括：不占用员工工作时间；费用低廉，速度快，能够迅速且批量地收集信息；结果易于统计和分析，尤其是适用于分析工作任务和工作要求相似的同一职业家族的所有岗位。

然而，问卷调查法也存在一些缺点：问题固定，收集到的信息受限；被调查者可能会对问卷中的问题存在理解困难或填写时不够认真，从而影响信息的质量。

问卷调查法适用于脑力劳动者、管理者或工作具有不确定因素的员工，例如软件设计师、行政经理等。

（五）工作日志法

工作日志法是一种由员工在一段时间内记录自己的工作任务和工作过程的方法。它要求员工有一定的格式和必备内容，如任职者的基本信息、工作活动名称、内容、数量或结果、时间消耗、输出输入哪些信息或物质，或自己在工作活动中的作用等。在实际工作中，最好向填写者发放事先设计好的工作日志记录表。

观察法、访谈法和问卷调查法有一个共同的缺点，即它们收集到的信息受到信息收集时机的影响很大。这意味着只有在特定的时间点进行这些方法的使用时，才能捕捉到工作特征的最突出之处。相比之下，工作日志法受分析时机的影响较小，获得的信息可靠性更高。该方法适用于获取与工作职责、工作内容、工作关系、劳动强度等方面相关的信息，并且所需费用较低。同时，工作日志法还有助于员工更好地认识和分析自己的工作。

然而，工作日志法的缺点是整理所记录的信息量较大，整理工作可能会相对繁琐，同时也会对填写者的正常工作产生一定的影响。

六、工作分析的程序

工作分析是一个对职位进行全面评估的过程，它的成功取决于组织的成员能否积极参与，尤其是需要高级管理人员的支持。此外，它还需要企业战略的指引、业务部门的协作、经过专业训练的职位分析人员、合适的职位分析方法和资金支持等因素。

工作分析通常经历以下四个阶段：

（一）准备阶段

准备阶段要做的工作可以概括为：确定分析目标，确定所需信息，明确人员责任，取得合作支持，选择分析内容。

1.做出工作分析决策

决定是否进行工作分析以及确定分析的目标和重点应根据公司的实际情况来确定。通常情况下，人力资源部门应该充分论证并提出工作分析的需求，并与企业高层、直线经理以及待分析岗位的员工进行充分沟通，来获得他们的理解和有力支持，从而达成对工作分析的共识。

此外，工作分析的决策还需确定分析的目标和侧重点，以指导后续的信息收集和分析方法的选择等工作。以绩效考评标准为目标的工作分析，不仅需要确定工作职责和任职资格，还要重点考虑衡量每项工作任务的标准，明确任职者在完成每项工作任务的时间、质量、数量等方面的标准。而确定薪酬体系为目标的工作分析，需要选择一些定量的方法对职务进行评估，确定每个职务在组织中的相对价值。

因此，工作分析的决策需要综合考虑公司的实际情况，并明确分析的目标和重点，以确保后续工作的准确性和有效性。

2.成立工作分析小组，对小组成员进行培训

正如之前提到的，工作分析小组的成员至少应包括人力资源管理者、工作岗位的实际承担者及其管理人员、以及接受过专门培训的工作分析专家。这些成员在小组中扮演不同的角色：人力资源管理者负责具体组织和实施工作分析；管理人员负责激励被分析职务的承担者，并提供相关工作信息；工作分析专家则提供方法论和理论上的支持。在必要时，还可以邀请其他人员参与，例如同一部门的其他岗位员工、与本部门有工作联系的其他部门的人员，以及对服务性工作岗位的工作分析，可以邀请顾客作为信息来源。

为加强协调，确保小组成员熟悉工作分析的相关理论和方法，统一工作步骤，还需要对小组成员进行专门的培训。

3.选择分析样本

在样本选择阶段，应注意样本的代表性和典型性。特别是在待分析工作岗位人员较多的情况下，为节约成本和时间并提高效率，应选择具有代表性的岗位任职者作为样本。在此阶段，应就工作分析的意义、目的和相关细节在公司相关成员中进行宣传，尤其是管理层应积极推动，并制定相应的奖惩措施，以取得相关人员的理解和积极配合。

（二）实施阶段

实施阶段的工作可概括为：制订实施方案，制作信息收集工具（如访谈提纲、调查表等），研究文献资料，收集工作信息，整理工作信息，反馈并修订信息。

1.制订总体实施方案

制订总体实施方案，至少应当包括以下内容：

①工作分析的目的和意义。

②需要进行工作分析的职务。

③待分析的工作样本，即选择部分代表性任职者或工作片段。

④工作分析所需收集的信息内容主要考虑以下几个方面：工作分析的目标和侧重点；对现有资料进行研究，找出一些须重点调研或进一步澄清的信息。

⑤工作分析的组织与实施者。

⑥工作分析实施的过程和步骤。

⑦时间进度和活动安排。

⑧在选择工作分析方法和设计工具（例如调查表）时，需考虑工作分析的目的、所分析职务的特点以及实际条件的限制等因素。根据不同的情况，选择适合的方法是十分重要的。例如，定量方法通常适用于对职位价值进行评估，有助于薪酬设计和绩效考核标准的制定；对于机械活动为主的工作，观察法可能更适合；而对于需要较低任职资格的职务，则不适合使用开放式问卷调查。另外，当经费或时间有限时，一些方法可能需要更大的资源投入和时间成本，因此无法选用。

⑨所需的背景资料和配合工作：有参考价值的资料主要包括国家职业分类标准或国际职业分类标准、有关整个组织的信息（如组织结构图、工作流程图、部门职能说明等）、现有的工作说明或岗位责任制资料。

⑩工作分析所提供的结果。

⑪工作分析所需预算和物资。

必要时，在方案中还要对有关用语进行规范，以减少表达和理解误差，争取能收集上来的信息具有一致性，也方便最后的分析。

2. 收集文献信息

收集并对有关文献进行研究，提炼需要的信息。

3. 收集工作信息

按照实施方案所确定的内容和方法向特定对象收集信息。信息收集过程中要注意随时寻求必要的支持和帮助，来保证所收集信息的准确性。

4. 整理工作信息

整理的过程中对不准确信息进行再核实，并反馈修订。

（三）工作分析成果的生成阶段

工作分析成果的生成阶段主要进行信息分析、撰写初稿，经过反馈与修订，报批后颁布。

（四）工作分析成果的应用、反馈与完善阶段

在这一阶段，应主要关注两个工作重点：一是对职务说明书的应用进行培训，并在实施过程中提供必要的支持和指导；二是收集反馈，如有需要，对职务说明书进行适当的修改。

在实际工作中，根据组织的需要，这些程序可适当简化或具体化。然而，需要注意

的是，前期的准备工作是否充分、实施计划是否完善，这些因素对工作分析的成功与否十分重要。在决策阶段，与高层管理人员、直线经理以及员工的沟通是必不可少的，最好能让他们提出工作分析的需求和关注点，以获得他们的理解和支持。除了在组织新成立或重组时需要进行全面的 work analysis 外，其他目标导向的工作分析应有所侧重。对工作分析小组的成员进行理论及方法培训也是必要的，以便于他们分工协作和统一行动。选择分析样本时应确保其代表性，同时要合理安排时间进度和活动安排，来确保按时完成分析，同时不影响正常工作进程。

第三章　员工招募与培训

第一节　员工招聘

一、招聘概述

（一）招聘的目的

招聘就是企业吸引应聘者并从中选拔、录用企业需要的人的过程。招聘的直接目的就是获得企业需要的人，但是除了这一目的外，招聘还有以下潜在目的。

1. 树立企业形象

招聘过程是企业代表与应聘者直接互动的过程。在这个过程当中，负责招聘的人员的工作能力、组织在招聘过程中的介绍和材料、面试小组的组成、面试程序，以及录用或拒绝的决策等都会成为应聘者对组织评价的依据。这一过程既可以提升组织的良好形象，吸引更多的应聘者，也可能损害组织形象，使应聘者感到失望。

2. 降低受雇佣者在短期内离开组织的可能性

组织不仅要能够吸引人才，更需要能够留住人才。招聘过程中有效选拔和招聘后对人员的有效培养和管理是留住人才的关键。那些认可组织价值观、能够在组织中找到适合自己的岗位的人，更可能在短期内较少离开组织。因此，组织需在招聘过程中和招聘后都做好相应的工作，来吸引并留住更多的人才。

3. 履行组织的社会义务

组织的社会义务之一，就是提供就业岗位，招聘正是组织履行这一社会义务的过程。

（二）招聘的程序

在招聘过程中，人力资源计划和职位说明书被视为招聘的基础。人力资源计划确定了招聘的时间、需求数量和招聘职位等关键要素，而职位说明书则明确了对招聘人员的要求和岗位描述。基于人力资源计划和职位说明书，具体的招聘计划可以制定，以指导招聘工作的执行。

1. 招聘计划

通过制定招聘计划，我们可以确定适合进行招聘的时间，并统计公司当前阶段需要填补的岗位数量，同时确定录用的人数。在经过研讨和商讨后，我们将制定职位说明书，其中应详细列出应聘者竞选岗位所必须具备的知识、技能和能力等条件。

2. 招聘

①深入人才市场调研，第一时间获取市场最新走向和人才定位，为后续招聘计划做好充分的准备。

②选择合适的时间编辑内容翔实的招聘信息，并进行发布。

③整理人才应聘申请，统一受理。

3. 选拔

①制定统一的人才录用标准，对所接收的人才简历进行筛选，淘汰无法满足公司要求的应聘人员。

②安排通过初步筛选的人才进行统一笔试。

③对通过笔试的人才进行面试审核，可根据企业需要和员工特点组织其他技能、能力或心理测试。

4. 录用

在面试过程结束后，人力资源部门负责招聘的面试官与招聘部门的主管进行意见交流，共同做出最终决策，且迅速向成功的应聘者发出录用。

5. 评价

审查和总结整个招聘和选拔过程，以评估招聘的效率和质量。通过评估员工的工作表现，分析现有招聘计划、策略和方法的优点和缺点，并且提出并执行改进方案，以为下一次招聘准备好。

（三）招聘的原则

招聘应遵循如下原则：

1. 因事择人

组织在招聘时应当遵循人力资源规划。不管是招聘过多的人员还是选错了人，都可能对组织产生严重的负面影响。除了明显的成本增加、工作效率降低和错误增多之外，人员过剩还可能潜台词对组织文化造成损害，并且削弱组织的整体工作效率。

2. 公开

应该将招聘信息和招聘方法公开，并进行公开招聘。这样做有两个好处：一方面，公开招聘可以让录用工作接受公众监督，以防止不正当行为的发生；另一方面，公开招聘可以吸引更多的应聘者，增加招聘一流人才的机会。

3. 平等竞争

对所有应聘者应平等对待，不得人为地设置各种不公平的限制。仅依靠直觉、印象或领导意见来选拔人才往往存在主观偏见。相反，采用严格标准和科学方法对候选人进行评估，根据评估结果选择人选，创造公平竞争的环境，可以有效选拔出真正优秀的人才，并激励其他人积极进取。

4. 用人所长

在招聘中，必须考虑有关人员的专长，量才使用，做到"人尽其才""事得其人"，这对应聘者个人及组织都十分重要。

二、人员招聘

人员招聘是组织通过多种方式和途径来寻找、吸引和鼓励符合要求的人加入该组织并担任工作职务的过程。招聘的目标是吸引尽可能多符合组织需求的人来应聘。招聘工作的成功与否在很大程度上取决于应聘者的数量，应聘者越多，选出优秀人才的机会就越大。

人员招聘可以通过内部招聘和外部招聘两种途径进行。传统意义上，招聘被认为是面向外部的，但实际上，组织内部员工也是岗位空缺的潜在候选人，越来越多的组织开始重视内部的招聘。

内部招聘与外部招聘各有利弊，两者基本上是互补的，见表3-1。

表3-1 内部招聘与外部招聘的利弊

项目	内部招聘	外部招聘
优点	①了解全面，准确性高 ②可鼓舞士气，激励员工进取 ③应聘者可更快适应工作 ④使组织对员工的培训投资得到回报 ⑤选择费用低	①人员来源广，选择余地大，有利于招到一流人才 ②新雇员能带来新思想、新方法 ③当内部有多人竞争而难以做出决策时，向外部招聘可在一定程度上平息和缓和内部竞争者之间的矛盾 ④人才现成，节省培训投资

项目	内部招聘	外部招聘
缺点	①来源局限于组织内部，水平有限 ②容易造成"近亲繁殖" ③可能会因操作不公或员工心理原因造成内部矛盾	①不了解组织的情况，进入角色慢 ②对应聘者了解少，可能招错人 ③内部员工得不到机会，积极性可能受到影响

研究表明，内部外部招聘相结合可达到最佳效果，其结合力度取决于组织的战略计划、招聘岗位、应聘者上岗速度和组织经营环境等因素。值得注意的是，对于招募高层管理人员的组织来说，内部招聘和外部招聘都是可行的策略，虽然外部招聘可以保持连续性，但这也可能导致因循守旧、降低组织创新能力和适应能力风险增加。至于究竟是内部还是外部招聘，没有标准的答案。无论是内部招聘还是外部招聘，一个不变的原则是，人员招聘最终应有助于提高组织的竞争力和适应能力。对于内部招聘和外部招聘的优缺点，需要综合考虑组织的战略计划、招聘岗位、应聘者素质、上岗速度以及组织经营环境等因素，进行权衡利弊，选择最适合的招聘方式。

（一）内部招聘的来源和方法

组织内部候选人通常来自五个主要渠道：公开招募、内部晋升、跨部门调动、职位轮换以及重新雇佣前员工。公开招募向所有员工开放，而内部晋升、跨部门调动和职位轮换则通常限于特定群体。重新雇佣前员工或者召回那些因特定原因离职或在竞争中暂时下线的员工。这些来自不同渠道的候选人应享有平等的选拔机会。

内部招聘的方法有以下几种。

①查阅档案资料。即通过查询组织人力资源信息系统（包括书面档案和计算机系统）来搜寻候选人。

②发布招聘广告。发布招聘广告的目的是宣布职位的空缺，并邀请组织内所有符合条件的员工申请。这种做法的好处在于，它能够让所有员工意识到岗位的空缺，激励他们对自身的职业发展负责，并有可能发掘那些被遗忘或未被充分利用的才能。此外，这种做法也符合现代管理中推崇的员工参与、开放沟通和平等竞争的原则。发布招聘广告可以通过多种渠道，例如内部电视台、电子邮件、组织官方网站、张贴的海报等。招聘广告的内容应该包括职位名称、工作描述、薪酬福利、任职要求等信息。在使用这种方法时，需要特别注意确保信息能够尽可能地传达给每一个人。

③管理层指定。组织内有些岗位，特别是管理岗位，常常是由管理层根据考核结果确定候选人，有时甚至直接任命

除了以上三种正式的内部招聘方法外，员工也常通过非正式系统成为空缺职位的候选人，如上司、同事简单的口头要求等。

（二）外部招聘的来源和方法

外部招聘的人员来源广泛，包括熟人推荐、主动申请、职业介绍机构、合作机构和学校推荐等多种途径。他们可能包括刚毕业的学生、其他组织的员工甚至失业人员，为组织提供了多样化的选择。

外部招聘常用的方法有以下几种。

1. 广告

广告是组织从外部招聘人员的最常用的方法之一。使用广告招聘人员需要考虑两个问题：一是媒体选择；二是广告设计。

（1）选择广告媒体

组织在选择广告媒体时有多种选择，如电视、广播、报纸、杂志、网站和广告传单等。然而，每种媒体都有其优缺点，因此组织在选择时需要综合考虑多个因素，包括空缺职位的特点、广告费用、潜在应聘者的地域分布以及工作特性等。例如，网站作为一种新兴媒体，具有快速传播、广泛覆盖和便捷查询等优点，但也存在受硬件环境限制和缺乏有效的效果评估标准等问题。因此，在做出决策时，组织需综合考虑这些因素。

（2）广告设计

招聘广告的设计应争取达到四条要求：吸引注意、激发兴趣、创造愿望、促使行动。

①吸引注意。对于广告设计而言，其在整体效果上的重要性不容忽视。大部分广告在批量发布时，往往会淹没在众多的信息中，因此，独特的广告设计至关重要。为了吸引应聘者的注意力，广告设计需要具备引人注目的特点，例如醒目的字体、与众不同的色彩、显眼的位置等。而最引人注目的内容应当是组织最具吸引力之处，如组织的名称、标识、招聘职位、待遇条件、工作地点等。这些信息能够有效地传达组织的优势和吸引力，从而提升广告的效果。

②激发兴趣。为了吸引求职者对工作的兴趣，广告设计需要采用一些激发情绪的手法，例如使用具有煽动性的广告词，如"参与一个充满挑战的工作项目"。此外，还可以利用其他有吸引力的信息，如工作地点等，来增加广告的吸引力。这些手法能够有效地引起求职者的兴趣，并激励他们进一步了解和申请该工作。

③创造愿望。这涉及到比引发兴趣更深的层次，即招聘广告不仅要让应聘者感到兴趣，还要激发他们想要获得这份工作的欲望。这可以通过识别并突出组织提供的各种条件来达成，例如薪资待遇、福利、职位晋升培训、住房补贴、海外工作机会等。这样的策略能够直接对接应聘者的需求和期望，从而增强他们申请职位的动力。

①促使行动。即要向应聘者提供联络方法，包括联系电话、通信地址、公司的网址等，同时用一些"煽动性"的话，例如"今天就打电话吧""请尽快递交简历"等，促使应聘者迅速采取行动。

2. 中介机构

组织招聘人员可以借助的中介机构包括猎头公司和各种职业介绍机构，如人才交流中心、职业介绍所、劳动力就业服务中心等。猎头公司是为组织搜寻高层管理人才和关键技术岗位人才的招募服务的组织，其推荐的人才素质较高，通常会建立自己的人才库，并不断更新和管理。搜寻手段和渠道是猎头服务专业性最直接的体现，猎头公司的收费通常能达到所推荐人才年薪的 25% ~ 35%。虽然猎头服务的收费较高，但如果考虑到组织自己招聘人才的时间成本、人才素质差异等隐性成本，猎头服务仍不失为一种经济、高效的方式。

猎头公司典型的工作步骤包括分析客户需求、搜寻人才、进行面试和筛选，最终做出候选人报告供客户选择。全面理解客户的需求是成功找到合适人才的关键。为了深入理解客户的需求，有些猎头公司甚至会派人到客户公司工作一段时间，以亲身了解和体会其文化、员工关系、组织结构等。组织在使用猎头服务时，应注意确保猎头公司准确理解了自己的需求，否则可能会耽误时间，给组织带来更大的损失。职业介绍机构在招聘中通常扮演着双重角色，既为组织择人，也为求职者择业，因此能掌握大量关于求职者和用人单位的信息。组织向职业介绍机构提出用人要求后，职业介绍机构会根据要求提供求职者简历等资料。然而，这种方式更加适合中低层员工的招聘。

3. 现场招聘

现场招聘是指组织的招聘人员前往招聘对象聚集的场所进行招聘的一种方式，这些场所包括学校、人才交流会、劳动力市场等。学校招聘是一种特殊的外部招聘途径，组织可以直接从学校招聘应届毕业生。与传统的社会招聘相比，学校招聘具有许多优势，如学生的可塑性强、选择余地大、候选人专业多样化，可以满足组织多方面的需求、招聘成本较低、有助于宣传组织形象等。学校招聘的主要形式是召开信息发布会，也可以采取张贴海报、委托学校的就业服务部门介绍等形式。此外，政府、职业中介机构常常会举办各种形式的人才交流会，一些地区还有常设的劳动力市场。在这些场合，组织工作人员也可以与应聘者进行面谈，发掘人才并且接受申请。

4. 推荐

通过员工、客户和合作伙伴等了解组织情况较多的人员推荐候选人是组织招聘人员的重要方式之一。这种方式的优点是推荐人对候选人的了解较准确，一旦候选人被录用，顾及介绍人关系，工作动力也会更高，且招聘成本较低。然而，这种方式的一个主要问题是可能导致组织内部形成小团体。为了减少或消除这种负面影响，关键在于在选拔和录用过程中严格把关，对被推荐人和其他应聘者一视同仁，并按照统一的程序进行选拔和做出录用决策。一些组织，如思科公司、麦肯锡公司等，已经发现这是一种有效的方法，并对成功推荐的员工给予奖励。

5. 公司网站

随着信息技术的不断进步，越来越多的公司开始建立自己的网站，其中不可或缺的一部分就是"职业机会"模块。这种低成本、高效率的招聘手段已成为网络时代的一种趋势。不论是知名度较高的组织，还是知名度不高的组织，其招聘信息每天都有众多浏览者，一经发布便能迅速传播。即便公司的主页并不是唯一的招聘渠道或主要渠道，但它依然可以作为其他招聘方法的有益补充，借助了互联网和先进的搜索技术将招聘信息传播给更多潜在的应聘者。

6. 其他方法

组织的招聘人员可以将目光拓展到任何人才集中的地带，例如各种社团、协会、俱乐部等正式或非正式组织。此外，高端房展、汽车展、艺术展等场合同样可能成为组织挖掘人才的场所。这些展示会的参观者通常具有一定的成就，对于寻求高层次人才的公司而言，这可以是一种高效的搜寻人才途径。

三、人员选拔

（一）笔试

笔试是评估应聘者知识水平和技术能力的常规方法，并有些公司也利用笔试来考察应聘者的个性特征和兴趣爱好。

知识和能力的评估分为两个层面：通用知识和能力以及特定领域的专业知识和技术能力。通用知识和能力涵盖了个人的文化素养、智力水平、语言理解力、数学、逻辑推理、处理速度和记忆力等方面。而特定领域的专业知识和技术能力则与应聘职位直接相关，例如财务管理、管理技能、人际交往能力、观察技巧等。

（二）面试

面试是指通过应聘者与面试者之间面对面的交流和沟通，从而对应聘者做出评价的方法。

（三）背景调查

背景调查是组织通过第三方对应聘者进行了解和验证的过程。第三方通常包括应聘者之前的雇主、同事以及了解应聘者的其他人员。调查方法包括电话访谈、要求提供推荐信等。在实施这些方法时，组织需要注意以下几点：一是仅仅调查与工作相关的情况；二是谨慎选择第三方；三是评估调查材料的可信度。

（四）人员选拔过程常用的测评技术与方法

1. 无领导小组讨论

无领导小组讨论是一种测评形式，它通过将应聘者组成小组，提供一个议题，让他们通过小组讨论的方式在限定时间内做出决策，并且通过对被评价者在讨论中的言语及非言语行为的观察来对他们做出评价。在无领导小组讨论中，应聘者自行安排座位，不指定特定角色或平等角色。这种讨论形式能够考察应聘者在人际互动中的能力和特性，如人际敏感性、社会性和领导能力。同时，通过观察讨论过程中的角色分配，可以评估求职者的计划组织能力、分析问题和创造性地解决问题的能力，以及主动性、坚定性和决断性等意志力。已有研究表明，无领导小组讨论对于评定被评价者的分析问题能力、解决问题能力、社会技能以及"领导"素质有很好的效果。

2. 文件筐测试

文件筐测试是一种主要的测评管理人员潜在能力的测评方法，也被称作公文筐测试。在文件筐测试中，评价者被假定接替某个领导或管理人员的职位，并收到一篮子文件，文件篮测试因此得名。文件篮子中的文件是针对职位可能遇到的典型问题设计的，包括日常琐事到重要大事。文件数量一般在 5 到 30 份之间，每个被评价者需要批阅的文件可以一样，也可以不一样，但是难度要相似。根据文件数量和难度，测试会规定完成时间。测试要求被评价者以领导者的身份模拟真实情境和想法，在规定的条件下，如时间紧迫、资源有限、独立无援、外部环境陌生等，对各类公文材料进行处理并写出公文处理报告。公文可能包括信函、电话记录、命令、备忘录、请示报告、各种函件等，内容涉及人事、资金、财务、合同、工作程序、突发事件等诸多方面。测试时间通常为 2 至 3 小时，被评价者还需要以文字或口头的方式报告他们的处理原则与理由，解释自己为何这样处理。如果评价者不清楚或想深入了解某部分内容，还可以与被评价者交谈，以澄清模糊之处。评价者根据被评价者的处理情况，将相关行为逐一分类并评分，对其能力素质进行相应的评价。这种方法可对被评价者的规划能力、决策能力、分析判断能力等进行评价。

3. 案例分析

案例分析是一种常用的招聘测评方法，它要求求职者阅读与组织相关的问题材料，并提出一系列建议，提交给更高层的管理部门。如果案例分析结果需要书面报告，求职者所撰写的报告内容和形式也会受到评价。这种方法可以评估求职者的综合分析能力和决策能力，涵盖一般性和特殊性技能，重点考察求职者的计划组织能力、问题分析能力和决断力等。案例分析与文件篮测试类似，都要求被评价者对文件进行分析。然而，文件篮测试提供的材料可能更零散且原始，而案例分析提供的文件通常经过加工，如图表等。文件篮测试要求求职者针对文件提出具体问题，而案例分析则要求求职者撰写一份分析报告。评价者可以根据分析报告综合评估求职者的分析能力和管理业务技能，但案例分析的一个难点在于很难找到客观的评分方法。案例分析的优点主要是操作简便，分析结果可采用口头或书面报告的形式呈现。

案例分析主要适用于中高层管理者的选拔，经研究表明，不同职业背景、不同职位、不同学历、不同经历的人在案例分析的得分上存在明显差异。同时，该方法适用于个别施测和团体施测，尤其在有条件限制、其他测评方法不便使用或不能使用的场合，如知识测验、心理测试、面试、无领导小组讨论等，都可选择案例分析。此外，在实际应用中，案例分析不仅可以作为领导干部的测评手段，也可以作为领导干部的培训手段。

第二节　员工培训管理

一、员工培训的原则和方法

（一）培训的原则

1. 理论联系实际，学用一致的原则

为了提高员工的工作水平，员工培训应该具备有明确的针对性，紧密结合实际工作需求和职位特点，同时考虑培训对象的年龄、知识结构、能力结构和思想状况。只有这样，才能确保培训效果显著。

为使培训与使用一致，应注意以下两点。

（1）要全面规划

培训工作是一项长期且频繁的任务，因此，避免盲目性和随意性至关重要。应根据员工的实际情况，制定短期、中期和长期的培训计划，确保这些计划与各部门和各单位的工作计划完美地衔接。

（2）要学用一致

培训内容应避免过于理论化和一般化，而应该基于实际工作需求和员工的素质水平，有针对性地选择培训内容。培训方法应更多地采用案例分析角色扮演等与实际工作紧密相关且能让受训者积极参与的形式。同时，应鼓励受训者在实际工作中应用所学知识，并提供相应条件，以最大限度地发挥他们的潜力。

2. 知识技能培训与组织文化培训兼顾的原则

培训内容应该与岗位职责相符。无论在组织中担任何职位，都需要员工具备必要的知识和技能，并且了解和遵守组织的制度，具备基本的职业道德，信奉组织的核心价值观。因此，培训应包括文化知识、专业知识和专业技能的培训内容，同时也需要包括理念、信念、价值观和道德观等方面的培训内容。后者需要与组织的目标、哲学、精神、制度和传统等方面紧密结合，来保证培训内容符合组织的实际需求。

3. 全员培训和重点提高相结合的原则

全员培训是有目标、有步骤地对组织内的各级员工进行培养的措施，以提高全员素质。然而，全面培训并不意味着平均对待每个员工。为了提高培训的投入回报率，培训应该有所侧重，即更加关注对组织兴衰有更大影响力的管理人员和技术骨干，尤其是中高层管理人员。此外，也应该针对年轻、素质良好且有培养潜力的第二、第三梯队的干部进行有计划的培训，这样做可以使培训更加深入和有重要的影响。

4. 严格考核和择优奖励原则

培训工作和其他工作一样，严格的考核和择优奖励是必不可少的管理环节。严格的考核是确保培训质量的重要措施，也是评估培训效果的重要手段。只有通过培训考核，才能选择优秀的人才录用或提升。然而，由于许多培训只旨在提高员工素质，并不直接涉及录用、晋升或者岗位安排的问题，因此对受训人员进行择优奖励可以成为调动其积极性的有效手段。因此，培训应根据考核成绩设定不同的奖励级别，还可以将其记录在档案中，并与今后的奖励和晋升挂钩。

（二）培训的方式

培训的方式主要有三种：在职培训、脱产培训和半脱产培训

在职培训是指员工在实际工作中接受培训。这种方法相对经济，不需要特殊的场所或设备，有时也不需要专职教员，只需要利用现有的人力和物力来进行培训。同时，培训对象不会脱离岗位，可以不影响工作或生产。然而，这种方法往往缺乏良好的组织和规范性。特别是在技术培训方面，由于受限于现有的机器设备和工作场所，学员的操作可能受到限制，导致培训效果不佳。

脱产培训是指受训者脱离工作岗位，前往学校、商业培训机构或自办的培训基地接受专门培训。由于学员可以全身心地集中在培训上，没有工作压力，时间和精力都能够集中，因此其知识和技能水平会快速提高。然而这种形式的培训需要专门的设备、场所和教师，成本较高。此外，由于培训和工作时间是分开的，对学员和组织在应用所学内容方面要求较高，有时培训的针对性较差，无法很好地应用于实践中。

半脱产培训则介于以上两种形式之间，可以在一定程度上克服它们的缺点，吸收它们的优点，从而更好地兼顾培训费用和质量。例如，将培训与工作穿插进行，先进行一天的培训，然后让受训者在实际工作中应用所学内容一段时间，之后再集中进行培训。

（三）培训的方法

1. 授课

讲座是培训中广泛采用的一种方式。它的优势在于组织起来较为简便，能够面向众多学员，并且成本相对较低。它的不足之处在于学员的参与度不高，培训的个性化程度不足。研究表明，讲座式培训至少能达到中等的效果。若讲座者在课程内容和教学方式上准备充分，那么培训成效可以得到进一步提升。

2. 学徒制或指导人制度

"师傅带徒弟"是一种广泛应用于古今中外的培训方法，尤其适用于培训新员工。现今许多组织仍在使用这种方法，并将其称作"指导人制度"或"学徒制"等。在这种方法中，一个经验丰富的师傅或指导人可以引导一个或多个学徒。培训内容应该全面，包括技术、工艺、操作、服务技巧、办事方法等方面，同时也涵盖思想、作风和伦理等层面。这种方法具有较低的成本，对新员工的帮助非常大。然而，这种方法也有其局限性：对师傅或指导人的要求较高，学徒期或指导期的固定时间可能无法充分考虑员工个

体差异的思想水平和学习速度。

有效地应用学徒制或指导人制度有两个关键环节：首先是选拔适合的师傅或指导人，这些人应该是在业绩突出、熟悉组织历史并认同组织文化的人员中挑选。其次是建立对师傅或指导人的考核和激励制度，包括了明确他们的责任、对其履行职责进行评估，并对杰出的师傅或指导人进行奖励等措施。

3. 教练技术

教练技术是一种 20 世纪 90 年代开始流行的一种管理技术，它通过上级的指导下级的方式，以人们之间的互助为有效方法，尤其适用于管理者。美国的咨询师加尔维将教练技术定义为"释放人的潜能以最大限度地提高其绩效，帮助人们学习而不是教他们"。与传统的管理者相比，教练技术更注重通过提问来帮助员工自己找到答案。其主要区别在于，学徒制、指导人制度、导师制等主要涉及相对固定的双方关系，而教练技术所涉及的双方关系不是固定的，可以用于帮助任何人。此外，教练技术关注的是马上改变表现和迅速开发技能，而学徒制等关注的是在比较长的时间里获得技能。在具体方法上，教练技术与其他方法不同，其基本方法是通过对员工的提问和倾听来建立员工对周边环境和自我的意识，建立责任感和自信。提问的顺序通常是先厘清目标、分析现状、发掘方案和制订计划。

4. 讨论会

讨论会适用于人数较少的群体培训，其优势在于提供了双向讨论的机会，受训者能够更主动地参与，针对特殊和具体问题展开充分的讨论和解答。他们不仅可以向培训者学习，还可以相互学习。同时，培训者能够及时、准确地把握受训者对培训内容的理解程度。这种方法对解决具体问题、提高受训者的责任感以及改变其工作态度具有特别显著的效果。

5. 工作轮换

工作轮换是一种在职培训方法，旨在扩展受训者的知识和技能，使其能够胜任多种工作，同时增加他们工作的挑战性和乐趣。对于管理人员而言，工作轮换制度更为普遍。除了上述作用外，工作轮换还可以达到以下三个目的：管理人员逐渐学会从全局角度思考问题，帮助他们确定愿意管理的职务范围，同时便于上级确认适合他们的岗位。此外，组织的高级职务可以由对不同部门有广泛了解、更有资格的人担任。在应用工作轮换制度时，组织需要注意以下问题：首先，参加轮换的人员需明确轮换的目标，并了解每项工作所需的技能；其次，需要掌握适当的轮换频率，以实现轮换目标并降低因轮换而增加的成本；最后，需要将工作轮换作为员工职业发展的一部分，进行系统规划。

6. 录像

组织可以选择自制或购买培训用的录像资料，这种方法具有许多优势。首先，它能够激发受训者的兴趣，通过视觉和听觉的方式，吸引他们的注意力。其次，这种方法可以用于异地培训，避免了旅行成本。同时一次录制的资料可以多次重复使用，无需增加额外成本。在行为模式化培训和人际技巧培训中，这种方法具有其他方法无法替代的优势。受训者可以观看真实的行为，进行模仿，同时自己的言行也可以被录像并立即回放，以便获得及时反馈。

然而，使用录像资料的主要缺点是其初期开发成本较高，且后期需要进行调整可能也需投入较大成本。在某些情况下，录像资料的制作过程可能也会相对耗时。

再次询问

7. 模拟

模拟是一种以实际情境为模板的精心设计练习，受训者可以参与其中并获取反馈。这种方法在高风险且代价高昂的错误（如飞行员培训）和缺乏直接、可视化反馈（如管理决策制定）的工作中尤为有用。借助计算机技术，机械模拟器（如飞行模拟器）可以制作得非常逼真。模拟也被广泛应用于管理培训，例如商业游戏、角色扮演和拓展训练等。

8. 案例研究

案例分析是一种描述真实管理情境和问题的方法，它可以针对单一的管理问题，也可以综合多个管理问题。这种方法具有真实性、实用性和参与性强的优点。通过案例分析，受训者可以锻炼个人的分析能力，同时也可以训练团队合作能力。组织在采用案例分析时，最好使用本组织自身的案例，因为这些案例可以更有效地激发受训者的参与热情，同时实用性也更强。

9. 内部网

多媒体工具和网络技术的发展为组织的培训工作提供了新的、便捷的工具。组织可以开发内部网，将文字、图片、音像等培训资料放在网上，形成一个网上资料馆、网上课堂。这种方法的优点包括：方便，不需要统一的时间，员工可以随时上网学习；突破地域限制，网络将分布各地的员工联系在一起，即使某些员工地处偏远，也可以学习同样的内容；成本较低，除了课件制作外，几乎不需要增加任何其他成本。实际上，内部网具有网络所具有的几乎所有优势，所以这种方法近年来得到了长足的发展。

10. 远程教育

远程教育是一种教育培训方法，借助卫星、电视、网络等通信和视听手段，实现人员异地交互。与内部网方法不同的是，在远程教育中，人员之间可以进行可视化的实时沟通，就像在同一个教室中一样。目前，无论是在大学教育还是组织培训中，远程教育方法日益普及。

11. 自学

集体培训必须与自学结合起来。组织可以要求员工通过内部网进行自学，也可以指定或提供学习资料，并鼓励或要求员工利用业余时间进行自学。另外，一些组织还通过支付部分学费的方式鼓励员工自行参加社会组织的培训。通过这种方式，员工可以在集体培训的基础上进一步地深化自己的学习，提升个人能力。

12. 移动端应用软件学习

随着移动端网络的普及，员工培训也逐渐通过移动应用程序得到广泛应用。许多公司购买或自行开发相应的应用软件，为员工提供便利的学习机会。例如，在乘坐地铁或公交车上下班的路上，员工可以利用这些应用软件观看培训视频，回答相关问题，充分利用碎片化时间进行培训。这种方式既方便又高效，能帮助员工在日常生活中随时随地地进行学习，达到培训的目标。

二、新员工培训

新员工的培训通常也称为职前教育、导向教育等。

（一）新员工培训的目的

培训新员工是为了达到如下目的。

1. 互相了解

首先，对新员工进行全面、真实的组织介绍是有必要的。尽管他们在应聘过程中对组织有一定的了解，但这通常是比较片面和浅薄的。特别是对于组织文化的理解，由于在加入组织之前，几乎没有员工有机会亲耳聆听总经理详细介绍公司的历史和经营理念，所以新员工对组织规章制度的了解几乎是空白的。因此，在开始工作之前，全面而真实的了解组织对于新员工和组织来说都是至关重要的。

其次，新员工培训的过程也是组织管理者和新员工相互了解的过程。在这个过程中，大部分管理者和新员工都是第一次见面。对于双方来说，这次机会都是一次重要的相互认识和了解的机会。参与培训的管理者不仅要让新员工认识自己，还要尽可能多地了解新员工。这不仅有助于双方在工作中的协作，也有助于建立一个健康、积极的团队氛围。

2. 打消疑虑

新员工在加入组织时，心中充满了各式各样的期待和担忧。他们既对未来的工作和生活充满憧憬，又对新环境中的不确定因素感到焦虑，比如上司的性格、同事的友善程度、组织是否能够履行招聘时的承诺以及自己将承担的职责等问题的疑问。新员工渴望尽快找到这些答案。通常，这种不安和疑虑会持续一段时间，但通过有效的培训和热情的接待，可缩短这种心理不安的持续时间，帮助新员工去更快地适应新环境，全身心地投入到工作中。

3. 适应工作

新员工进入组织后，他们需要面对全新的工作内容。尽管他们可能已经具备了扎实的理论知识和丰富的实践经验，但他们仍需要了解本组织在这方面工作的具体内容和程序。这就是培训所要解决的问题。通过培训，新员工将了解他们即将从事工作的基本内容和程序，并知道如何开始工作，以及如何尽快适应并进入角色。

4, 培养归属感

员工对组织的归属感是建立在员工对组织在思想、情感和心理上产生的认同、依附、参与和投入的基础上的，是员工对组织的忠诚和责任感的体现。对于新员工来说，他们在入职初期可能还没有足够的归属感，但是这个阶段却是培养归属感的最关键和最有效的阶段。新员工一方面渴望得到同事的认可和接纳，得到上司的重视和赏识，另一方面又觉得自己是新人，还未融入组织，甚至有"不满意就走"的想法。

在这个时候，周到而充实的培训安排、管理者和老员工的热情态度都可以将新员工躁动的心拉向组织，使他们感到自己已经成为组织的一部分。因此，组织应该重视新员工的培训，提供良好的工作环境和氛围，让新员工感受到组织的关怀和温暖，从而增强他们的归属感。

（二）新员工培训的内容

1. 组织文化培训

组织文化培训的目的是让新员工了解组织的历史、宗旨、精神、发展目标、哲学等方面的信息，以便清晰地认识组织的价值观和原则。通过这种培训，新员工能够明确组织所倡导的行为准则和道德标准，了解他们可以从组织中得到什么，并了解应该投入工作的精神风貌。此外，他们还将明确自己在工作中应该怎样对待他人，以及如何成为一名优秀的员工。组织文化培训的最终目的是让新员工逐渐融入组织的文化，并且以积极的态度和行动投身于工作中。

2. 规章制度培训

新员工刚加入组织时不可能立即熟悉所有的规章制度，因此，重点是让他们了解最重要的制度，这些制度对于他们开始工作至关重要。这些制度包括考勤制度、请假制度、奖惩制度、薪酬福利制度、财务报销制度、人员调配制度、培训制度、考核制度、职称评定制度、晋升制度、岗位责任制度、安全规程和员工行为规范等。通过让新员工了解这些关键制度，他们能够更好地融入工作，遵守规章制度，并对自己的职责和行为有更清晰的认识。这种重点培训可为新员工提供必要的指导，使他们能够更快地适应组织的工作要求。

3. 业务培训

这包括本组织产品或服务的基本知识、组织的基本生产经营特点、本部门的主要职能、基本的工作流程、工作要求以及操作要领等。

4. 熟悉环境

这就是要让新员工了解与其工作、生活关系最为密切的部门和场所。例如，财务部门、食堂、卫生间、饮水点、活动室等。

（三）新员工培训的程序

1. 概况介绍

由了解组织情况的人员向新员工做介绍，或者播放介绍组织的影片。介绍的内容包括组织发展历史、组织机构、主要领导、平面布置等。

2. 参观

在参观过程中，除了向新员工介绍上文提到的关键部门和场所外，还应该重点了解组织环境内的纪念建筑。例如，雕塑、展览橱窗、荣誉室、纪念碑等

3. 组织层次的培训

为了让新员工更好地了解组织，可以采取多种措施。首先，由组织的主要领导，如总经理或董事长，进行组织文化的宣讲，向新员工介绍组织的价值观和核心理念。其次，由相关部门负责人介绍组织的规章制度和生产经营特点、技术特点等，帮助新员工了解组织的运作方式和业务特点。另外，还可提供上岗前的岗位技能培训，确保新员工具备上岗所需的技能和知识。通过这些措施，可以帮助新员工更快地适应组织，融入团队，并更好地开展工作。

4. 部门层次的培训

新员工被分配到各个部门后，各部门应组织相应的培训。这些培训包括介绍部门人员、部门主要职能、部门特殊规定等内容，以及继续进行必要的岗位技能培训，以确保新员工能够尽快熟悉部门的工作流程和业务要求，并能够胜任岗位工作。通过这些培训，新员工可以更好地融入部门，与同事们建立良好的关系，并充分发挥自己的能力和潜力。

5. 有关领导与新员工单独面谈

对于小型组织，新员工的面谈可以由组织的主要负责人进行。而对于大型组织，新员工的直接上司通常会与他们进行面谈。面谈的主要目的是了解新员工的个人情况，如职业规划、遇到的困难、对上司和组织的期望等。通过这个方式，可以更好地了解新员工的需求和期望，为他们在组织中的发展提供更好的支持和指导。

（四）新员工培训要注意的问题

以下要点是组织新员工培训时需要注意的。

①新员工在最初 60 ～ 90 天的工作中形成的印象具有持久性。

②进入公司的第一天对于员工来说非常重要，多年后他们仍然会记得这一天的情景。因此，组织应该精心安排新员工进入公司的第一天，尤其是要避免让新员工在第一天填写大量的表格。如果确实需要填写表格，可以让他们先填写最重要的，其他表格可以慢慢处理。这样可以减轻新员工的压力和焦虑，让他们更好地适应公司，并感受到组织的关怀和温暖。

③让新员工了解整个组织及他们的部门工作跟整体的关系，而不仅仅是了解他们自己的工作。

④在新员工培训阶段，不要提供过多的信息。人在有限的时间内只能吸收有限的信息量。因此在新员工培训过程中，需要传达的信息应该是对新员工来说最重要、最感兴趣的内容，而不是一股脑地把他们不知道的所有信息都灌输给他们。重点是帮助新员工快速融入工作，并掌握开始工作所必需的知识和技能。这样可以避免信息过载，提高培训的效果和新员工的学习体验。

⑤为每个新员工安排一个老员工作为指导人或伙伴是一种有效的培训方法。这位老员工不一定来自于新员工所在的部门，跨部门的伙伴关系可以更好地促进他们在未来的合作。通过这种安排，新员工可以得到在工作中的指导和支持，快速适应新环境。同时，老员工可以分享自己的经验和知识，帮助新员工更好地融入组织，并在今后的工作中建立良好的合作关系。这种指导人或伙伴的安排有助于加强团队的协作能力，可以促进知识的分享和组织的整体发展。

第三节 领导者与人力资源开发管理

一、领导者的人才观与队伍素质

（一）现代领导者应具备的人才观

现代领导者应具备的人才观包含四项内容。

1. 人才是最宝贵的财富

毛泽东曾经指出："领导者的责任，归结起来，主要地是出主意、用干部两件事。""政治路线确定之后，干部就是决定的因素。"这是从治国兴邦的全局角度来看的人才观。

人才是指在各行各业、各个领域、各个层次中表现出卓越才能和贡献的人。他们可能是政治领袖、军事将领、艺术家、科研人员、发明者、管理者、技术专家、杰出工匠或劳动模范等。这些人才是推动各自领域快速进步的关键力量，也是支撑民族和国家的栋梁之才。在个人、民族和国家不断进步的过程中，人们逐渐认识到一个朴素而深刻的真理：人才是世界上最珍贵的资产。

2. 人才是事业成败的关键

在《三国志》中，有一句名言强调了人才在事业成功中的关键作用："功以才成，业由才广"。这句话意味着，没有人才，任何事业都只能是空谈。虽然资金、设备、土地等资源同样重要，但它们都需要人来掌握和操控。在人、财、物等因素中，人是活跃且举足轻重的因素。换而言之，人是推动事业发展的核心力量。

3. 德才兼备是人才的基本标准

衡量人才时不仅应该考虑他们的才干，还必须考虑他们的品德。因为有德无才难以担任重要职务，而有才无德则会给国家和人民带来祸患。

不仅是中国，其他国家的有眼光的领导者也都倾向于选择德才兼备的人才来担任重要职务。当然，在不同的时代和文化背景下，对于"德"的标准会有所不同。在美国，德被解释为与组织价值观的匹配度以及个人对社会责任的承担程度。而日本著名企业家松下幸之助也曾说过："知识和方法的重要性固然不可忽视，但更加重要的是拥有高尚无私的品德。"

总之，人才的评价中，才干和品德两者缺一不可。只有才干品德兼备的人才，在事业的道路上才能更好地展现自己的潜力和价值。

4. 识才、育才、用才、留才是领导者的主要职责

既然人才是成就事业的关键因素，那么领导者的一个重要职责就是识别、培养、留住和使用人才。领导者需要具备苏轼所说的"士有一言中于道，不远千里而求之"的求才若渴、爱才如命的精神。这意味着领导者需要时刻保持敏锐的洞察力，积极寻找和发掘具有潜力和才华的人才，并为他们提供良好的发展环境和机会，让他们能够充分发挥自己的能力和潜力。同时，领导者还需要关注人才的成长和进步，为他们提供必要的支持和帮助，确保他们能够不断成长和进步，为公司的发展做出更大的贡献。

（二）领导者对人才观的认知偏差会造成队伍素质的缺陷

领导者在组织中的角色十分重要，他们负责识别、选拔、培养、使用和留住人才。他们的人才观念是否正确直接影响着组织员工队伍的素质，可以讲"差之毫厘，谬以千里"。

随着中国改革开放的进行，基层组织的人事管理工作发生了巨大的改变，对人才的认识也出现了一些偏差。

1. 唯学历论与人才队伍结构的扭曲

在教育事业快速发展的背景下，中国培养了大量的学士、硕士和博士学位毕业生，并且留学队伍也不断壮大，许多海归人才开始参与人才市场。在重视知识和人才的大旗下，一些企业和事业单位在招聘中更加注重学位和学历，而忽略了应聘者的实践能力和品德修养。这种唯学历论有一定的片面性，会导致学历不高但具备真才实学者被排挤，忽视组织内培养的忠诚员工的存在，同时，一些高学历人才可能会缺乏实践经验，一些海归人才可能脱离国情的思维，这会给企业和事业单位带来不必要的损失。长期以往，还可能导致人才队伍结构的扭曲。

2. 唯台阶论与领导干部的逐级老化

有人提出"台阶论"，主张干部应一级一级地逐级提拔，以积累实践经验。这一观点有其合理性，但在实际操作中，却容易演变为"唯台阶论"，排除了破格提拔杰出人才的可能性。例如，一个30岁的年轻博士，才智出众，完全有能力胜任公司总经理的职位，但按照常规逐级提拔的路径，却可能被限制在副科、科长等职位上。相比之下，发达国家二十几岁的厂长、三十几岁的总经理和四十几岁的总统并非罕见，但我国领导干部逐

级老化的现象仍然存在，这与"唯台阶论"密切相关。

3. 求全论与人才的浪费

我国的用人工作存在一个通病，即求全责备。人事部门过分关注每个人的错误、处分和缺点，而忽视他们的特长、兴趣爱好和"绝活"。这种现象长期以来对人过分防范，导致人才被埋没，陷入"永无出头之日"的困境，造成了人才的浪费。随着改革开放的深入，我们应该遵循"用人所长、容人所短"的原则，这些人才才有望发出应有的光芒。

4. 单位所有制论与人才流动的困境

为了实现人尽其才、才尽其用、人才各得其所的目标，必须建立完善的人才流动机制。然而，在长期的计划体制下，人们一旦进入工厂，就被视为国家的人，导致"一次分配定终身"的现象。虽然随着人才市场和劳动力市场的发展，这种状况正在逐渐转变，但在相当一部分国有企业和事业单位，"单位所有制"的旧观念仍然顽固存在。有些单位缺乏人才，而有些单位则人才堆积，但单位通过各种手段限制人才流动，导致人才分布和使用不合理的情况无法得到及时纠正。因此，有必要打破"单位所有制"的旧观念，建立更加开放、灵活的人才流动机制，来实现人才资源的优化配置。

5. 能人决定论

我们高度重视知识和人才，意识到人才是宝贵的财富，是事业成功的关键。我们注重整体人才群体的培养和发展。虽然个别杰出人才的作用非常重要，但我们不应过分夸大他们的作用。

6. 人情论与裙带关系的羁绊

在许多单位中，存在一种被称为"人情风"的现象。在人事工作中，一些人倾向于优先考虑与自己有旧情旧谊的人，如老同事、老上级、老战友、老邻居、老员工、同乡、同学。这造成了对亲近者的优先录用和任用；而在奖惩方面，也出现了对亲近者奖励宽容、对疏远者处罚严厉的情况。这一方面破坏了公平竞争和优先录用的原则，另一方面，也导致了人事关系的复杂化，增加人力资源开发和管理的难度。

（三）各级领导者在人才观上面临的挑战

在我国从计划经济体制向市场经济体制的转型过程中，各级管理者都已经深刻认识到人才的重要性，以及进行人力资源开发与管理工作的复杂性。同时，他们也感受到了人才竞争所带来的压力，以及当前人才观念上所遭遇的挑战。为了应对这些挑战，管理者们需要在其观念和实践上进行三大转变。

1. 理论观念的变革

理论观念的变革主要包括以下几方面。

①总的指导思想，应从计划经济转变到社会主义市场经济。

②从封闭的人才观念向开放的人才观念转变。对于人才问题、人力资源问题要高瞻远瞩，要从小单位的狭小眼光转变为具有面向全国、面向世界的人才大市场观念。

③对品德标准的理解，应从"表态""站队"等传统政治标准，转变到责任心、进取心、团结、敬业、廉洁、奉献等现代标准。

④对才干标准的理解，应从"听话""勤恳""按部就班"的"守业型"标准，向善于学习、敢于开拓创新的"创业型"标准转变。

⑤用人的角度，应从重在过去表现、重在有无问题、重在"死材料"的"防范型"思路，转移到重在现实表现、重在有无潜力、重在"活材料"的"开发型"思路。

⑥在干部晋升问题上，应从过去"没有功劳也有苦劳""只能上不能下"的观念，转变为"只讲功劳，不讲苦劳""既能上也能下"的观念。

2.思维方式的变革

思维方式的变革主要包括以下几方面：

（1）思维背景的变革

过去，人事工作在封闭、神秘化和政治化的背景下进行，由于一些用人者知识面狭窄、缺乏人力资源开发与管理的现代知识，导致人事工作思考问题的知识背景单调。如今，为了适应社会主义市场经济的需求，各级领导者和人事干部应该努力掌握人力资源开发与管理的现代理论和方法，从而使人事工作思考问题的知识背景和眼界变得更为开阔。

（2）思维坐标系的变革

过去，领导者倾向于以自身为标杆，仅满足于自我成长的渐进式进步。现在，我们应该更加重视与其他机构、发达国家以及先进组织的横向比较，通过比较找到更加优秀的模范，并以此为动力追求更高的进步和发展。

（3）思维模式的变革

在人才管理上，过去习惯于采用"相斥选择"，其典型公式是：或者……或者…，不是…就是…。

现在应该尽量采用"相兼选择"，其典型公式是：不仅…而且…，既…又…。

思维模式的变化，还表现在从"有问题推理"转向"无问题推理"。

有问题推理思维模式：凡不能证明无问题，就是有问题。

而无问题推理思维模式：凡不能证明有问题，就是无问题。

从实事求是的原则出发，坚持以事实为根据，以法律为准绳，则"无问题推理"是科学的，这也是爱护干部、尊重人才的表现，还体现对人的处理慎之又慎的原则。

3.工作方式的变革

现代领导者在人事工作方式方法上，应从主要依靠个人直觉和经验的"经验型"，向主要依靠现代管理科学的"科学型"转变。这种转变的内涵有四点。

①要从人事工作单纯依靠个人经验的方式，转变成依靠人力资源开发与管理的现代理论，并且将理论与实践相结合的方式。

②逐步改革和完善人力资源开发与管理的各项制度，包括招聘制度、培训制度、用人和调配制度、薪酬管理制度、绩效管理制度、劳动关系制度、职业生涯管理制度、组

织文化建设制度等，形成一套完整而科学的制度体系，将制度化管理与人本管理有机结合，构建起一种全面的、以人为本的人力资源管理体系。

③推进人力资源管理的信息化进程。通过计算机技术来收集、存储、处理和应用人力资源的各种信息，实现对人才信息的全面展示和网络化管控。这样的做法旨在拓宽人力资源开发与管理工作的视野，并且持续提升工作效率。

④推动人力资源管理机构的工作向科学化转变。这要求改变人力资源开发管理部门人员的知识背景，吸纳那些掌握外语、计算机、人力资源、管理科学、数学、心理学以及自然科学技术等相关知识的专业人士，以促进人力资源开发与管理工作的知识化和专业化。同时，组织结构也应根据计算机化和专业化的需求进行相应的调整和改革。

二、领导团队的心理结构与领导成员的优化

通常情况下，组织的最高管理层是一个团队。这个团队通常被称为"领导团队"或"领导班子"。很明显，领导班子不仅仅是知识和技能融合，还包括心理和信念的融合。因此，领导团队的心理构成至关重要。

（一）领导团队心理结构的内涵

领导集体的心理结构，是指由若干个具有不同心理特征的领导者按照一定的序列进行组合，在集体心理过程的认识系统、动力系统和调节系统三方面形成的心理特征的动态综合结构。

1. 认知系统 —— 它在人的心理活动中起着定向的作用

从认知角度来看，认知系统包括感觉、知觉、表象、记忆、想象和思维等要素。其中，思维是最为重要的一环，它是人脑对客观事物进行概括性间接反映的能力。《吕氏春秋》中有一段名言："有道之士，注重对近距离和远距离事物的了解，对现在和过去的事物有全面的认知，以已知见识去发现未知。"这段话强调了思维在认知世界中的关键作用。古人常说的"见微知著"、"月晕而风"、"础润而雨"等都是在说明思维的特点，即通过思考能够对客观事物进行间接反映。

2. 动力系统 —— 它在人的活动中起着驱动的作用

构成一个人动力系统的心理品质主要包括需要、动机、情感和兴趣。这个动力系统的性质和品质对于一个人在人生道路上能否持续前进起着决定性作用。

3. 调节系统 —— 它对人的行为起着调节控制作用

人类在生活、工作和学习的过程中，难免会遇到各种困难和挑战，有时甚至会遭遇曲折和失败。因此，我们需要不断地调整和掌控自己的行为，以应对各种复杂的情况。构成调节系统的心理品质主要包括意志、理想、信念和价值观。

（二）改善领导团队心理结构与领导成员的优化

由于领导团队中的成员在心理素质上存在差异，过大的差异或过小的差异都不利于优化领导班子，而适当的差异及其组合就能够带来良好的效果。而"互补"则是领导团

队心理素质合理结构的标志之一。

1. 在认知系统上互补

在领导团队中，应当具备各种不同的能力，如有人需具备敏锐的观察力和细腻的感受力；有人则应具备出众的记忆能力；还有人应具有非凡的想象力和卓越的思维技巧。在思维方面，有的成员擅长形象思维，而有的则擅长抽象思维。通过这样的多样化组合，领导团队将能卓越地认识世界，并能够更准确地洞察和把握内外环境的变化。

2. 在动力系统上共振

领导团队成员的个人需要层次可能存在差异，但是不宜处于较低层次，如只注重生存和安全的需求。理想的团队成员应该是追求社交、自尊和自我实现（或超越自我）的人。通常情况下，领导团队的第一把手应具备超越自我人的特质，以提升整个团队的战斗力。

情感因素在团队中具有重要地位，个体的情感色彩存在差异，这是不可避免的。然而，领导班子成员在各种情感色彩中应具有积极的情感内涵，如开朗、豪放、热情和真诚等。同时，应避免出现虚伪、忌妒、冷漠和记仇等消极情感。积极的情感可以感染和带动下属，营造良好的团队氛围。

3. 在调节系统上同步

在调节系统上同步包括四个方面的内容。

①在理想上互勉。毫无疑问，领导成员应该有崇高的理想和追求。领导成员在理想层次上存在差异是难以避免的，但领导成员应该通过互勉，达到高度的和谐。

②在信念上一致。从事任何事业都必须有必胜的信念，有对真理和正义的执着追求。在这一点上，领导团队应该达成一致。信念上的分歧，会瓦解军心，造成行动上的分裂。

③在价值观上有共鸣。除需要驱动外，动机还受到价值观的制约。因此，领导团队应该具有同样的价值观，在动机上尽量减少内耗。

对于世界、社会、国家、组织、人生等问题的看法，每个人都有自己的观点和见解，不可能完全一致。然而，领导团队成员应该在基本观点上达成共识，至少在组织的核心价值观上要有高度的认同。只有在这样的基础上，才能够在制定组织的大政方针和为人处世的态度上形成默契。

在次要问题，如性格、兴趣、爱好等方面，可能会存在分歧。然而，通过有效的沟通，成员们可以互相理解、互相包容，调节各自的态度和行为，或者通过互补的方式，形成集体态度和行为的和谐。这样的团队能够更好地应对各种挑战和困难。

④在意志品质上，任何的事业都不可能一帆风顺，困难和挫折是通向胜利之途的路障。只有意志坚强的人，才能引导组织成员突破万难，夺取胜利。虽然领导团队成员在意志品质上存在差异，但第一把手的意志应十分坚强，以他为核心，团队成员之间应互相鼓舞、互相激励，使懦弱者变得坚强，使胆怯者鼓起勇气。同时，团队成员之间应互相提醒、互相照应，在自我控制方面互相帮助。这样，领导团队就会表现出百折不挠的坚强意志和坚忍不拔的顽强毅力，形成对组织成员的统率力和号召力。这种意志品质的生动写照就是"泰山压顶不弯腰"。

第四章 员工绩效与薪酬管理

第一节 绩效管理

一、绩效考核管理概述

（一）绩效考核概述

1. 绩效考核概念

绩效考核是一个综合性工程，涉及到企业的发展规划、战略目标体系以及目标责任体系、指标评价体系、评价标准、评价内容和评价方法等方面。其核心目标在于促进企业管理水平的提升和综合实力的增强，旨在提升员工个人能力，确保每个人能够充分发挥自己的才能，使人力资源得到最大程度的发挥。

明确了绩效考核的概念后，我们可清楚地了解其目的和重点。当企业制定发展规划和战略目标时，为了更好地实现这些目标，需要将目标逐步分解给各个部门和员工。绩效考核的目的就是跟踪、记录和评估员工完成目标的情况，它是一个对企业员工履行任务情况的跟踪和考评过程。

2. 绩效考核的作用

（1）达成目标

绩效考核实质上是一种过程管理，而不仅是对结果进行评估。它将中长期的目标细分为年度、季度和月度指标，通过不断监督和督促员工的完成情况来推动目标的实现。有效的绩效考核有助于企业实现目标。

（2）挖掘问题

绩效考核是一个持续的 PDCA 循环过程，涵盖整个绩效管理环节。该过程包括绩效目标设定、绩效要求达成、绩效实施修正、绩效面谈、绩效改进以及目标重新制定等环节。通过这个过程，我们可以不断发现问题并进行改进。

（3）分配利益

与利益相关联的考核才具备有意义，员工的薪资通常由固定工资和绩效工资两部分组成。绩效工资的分配与员工的绩效考核得分密切相关，所以一提到考核，员工往往会首先想到绩效工资的发放。

（4）促进成长

绩效考核的最终目的并不是单纯地进行利益分配，而是促进企业与员工的共同成长。通过考核发现问题、改进问题，找到差距进行提升，最后达到双赢。

3. 绩效考核的应用

绩效考核在人力资源管理中的重要应用是将薪酬与绩效紧密结合。薪酬和绩效是密不可分的环节。在确定薪酬时，通常会将其分为固定工资和绩效工资，而绩效工资正是通过绩效表现来体现的。因此，对员工进行绩效考核必须在薪酬方面有所体现，否则绩效和薪酬都将失去激励的作用。

4. 绩效考核的主题

一个合格的绩效考核者应该了解被考评者的职位性质、工作内容、要求以及绩效考核标准，并熟悉其工作表现。最好能够有机会近距离观察被考评者的工作，并保持公正客观的态度。许多企业在选择绩效考核者时采用了 360 度全方位考核的方式，包括被考评者的上司、同事、下属、被考评者本人和外部专家。

上司进行绩效考核的优点在于他们对被考评者的工作性质和表现比较熟悉，考核可以与加薪或奖惩相结合，有机会更好地与下属沟通，了解其想法并发现其潜力。然而，上司考核也存在一定的缺点。由于上司拥有实际的奖惩权力，下属在考核时可能会感到较大的心理负担。这可能导致考核的公正客观性受到影响，并可能削弱下属的积极性。

同事进行绩效考核的优点在于他们能够全面、真实地了解被考评者。然而，由于彼此之间较为熟悉，考核结果可能会受到人情关系的影响，导致结果偏离实际。同事考核最适合用在项目小组中，因为同事的参与有助于揭示问题并激励后进。

下属对上司进行考核有助于上司发展领导和管理能力，同时也实现了权力的制衡，使上司受到有效监督。但是下属考核上司可能会有片面性，不够客观；而且下属进行的绩效考核也可能导致上司在工作中过于谨慎，影响正常的工作开展。

自我考核是一种较为轻松的考核方式，不会给员工带来很多压力，并能增强员工的参与感。考核结果通常具有建设性，有助于提高工作绩效。不过，自我考核存在高估自己绩效的倾向，因此，它更适合用来帮助员工自我提升绩效，而不是作为加薪或晋升等方面的评判标准。

外部专家进行绩效考核的优点是他们拥有专业的技术和经验，理论知识丰富，且与被考评者没有直接关系，因此更容易做到公正客观。然而外部专家可能对公司的业务不够熟悉，需要内部人员的协助。此外，聘请外部专家的成本相对较高。

（二）绩效考核的技巧

在实施绩效考核体制之前，有必要对公司的管理层进行调整和考核。这个考核应包括工作态度、工作技能、工作效率、工作成绩、团队意识、沟通能力、配合能力以及员工印象等多个方面。只有在管理层考核清晰、调整到位后，员工才会对绩效考核体制产生信任，才会配合工作，并再次激发积极性。

其次，建立企业内部的申诉机制非常重要，这样员工在遇到不公正和不公平待遇时，便有一个畅通的途径来申诉和解决问题，避免因领导者的情感因素造成对员工权益的伤害。

另外，企业内部不仅需要确定不同部门或者岗位的权利和义务，还应采用自上而下的岗位描述，明确详细的岗位职责和考核标准。这样可以避免将绩效考核变成一种粗放的能力"审判"。

（三）完善的绩效考核内容

①详细的岗位职责描述及对职工工资的合理分配。
②尽量将工作量化。
③人员岗位的合理安排。
④考核内容的分类。
⑤企业文化的建立，如何让人成为"财"而非人"材"是考核前须要考虑的重要问题。
⑥明确工作目标。
⑦明确工作职责。
⑧从工作的态度（主动性、合作、团队、敬业等）、工作成果、工作效率等几个方面进行评价。
⑨给每项内容细化出一些具体的档次，每一个档次对应一个分数，每个档次要给予文字的描述以统一标准（比如优秀这个档次一定是该员工在相头的同类员工中表现明显突出的，并且需要用具体的事例来证明）。
⑩给员工申诉的机会。

（四）绩效考评的形式

1. 按考评时间分类

①日常考评。指对被考评者的出勤情况、产量和质量实绩、平时的工作行为所做的

经常性考评。

②定期考评。指按照一定的固定周期所进行的考评，如年度考评、季度考评等。

2.按考评主体分类

分为主管考评、自我考评、同事考评和下属考评。即"360度考评方法"。

①主管考评。上级主管对下属员工进行绩效考评是一种自上而下的评估方式。由于这种评估的主体是主管领导，它能够较为准确地揭示被考评者的真实情况，并且有助于减轻被考评者心理上的不必要的压力。然而这种评估有时也会因为主管领导的主观因素，如疏忽、偏见或情感影响，而导致评估结果出现偏差。

②自我考评。被考评者自我评价是对自己的工作成果和行为表现进行的自我评估。这种评估方法具有较高的透明度，有助于被考评者在日常工作中自觉地遵循考评标准来约束自己的行为。然而，这种方法最大的问题是容易产生自我夸大的倾向。

③同事考评。指同事间互相考评。这种方式体现了考评的民主性、但考评结果往往受被考评者的人际关系的影响。

④下属考评。下属员工对直接主管领导的绩效考评通常是对一些具有代表性的员工进行评估，采用较为直接的方法，如直接打分法等来进行考评。评估结果可以公开也可以不公开。

⑤顾客考评。众多公司将顾客包括在员工绩效考核体系之内。在某些情况下，顾客往往是唯一能够在工作现场直接观察员工绩效的人员，因此他们被视为最优质的绩效信息提供者。

3.按考评结果的表现形式分类

①定性考评。其结果表现为对某人工作评价的文字描述，或对员工之间评价高低的相对次序以优、良、中、及格、差等形式表示。

②定量考评。其结果则以分值或者系数等数量形式表示。

二、绩效考核标准的确立

建立员工绩效考核体系是评价员工业绩和确定员工薪酬水平的重要途径。要做到这一点，企业需要明确考核范围、完善考核制度、细化考核条款，确保其符合实际并有可操作性；同时，应采取全面、客观的考核方式，确保公平、公开、公正的考核评价。此外，考核体系应定期进行，并经集体讨论确定，不可以随意更改。同时，企业还应建立严格的监督机制，以确保制度的有效性和持续性。最后，考核体系应包括个性特质评价、职业行为能力评价和关键业绩指标考核，全面反映员工的整体表现。

（一）个性特质评价

在对员工个体特质进行评价时，企业首先需要构建起内部各个职位的素质模型。例如，对于研发岗位，员工应具备创新精神、追求成就、良好的沟通能力、学习能力等特质；而销售岗位则要求员工具有主动性、敏感度、商机把握能力、出色的谈判技巧、抗挫折能力以及不畏拒绝的态度。这些不同的素质要求共同构成了各职位独特的素质模型。基于这些模型，企业可建立相应的考核体系，以评估员工是否符合其所在职位所需的特质。

（二）职业行为能力评价

在进行职业行为能力评价之前，企业需要首先对所有职务进行横向和纵向的分类，明确每个职位的角色职责和所需能力，以此为基础制定相应职位的行为能力标准。例如，某公司可能会规定人事部门员工的行为能力标准包括：

①能进行人力资源需求调查，收集、分析有关资料，制定出人力需求方案。

②能进行招聘活动的策划、实施，熟悉有关劳动法规、人员甄选和面试的流程，并能处理招聘中的突发事件。

③能处理应聘人员的分流安置工作。

④能从事招聘管理方面的制度建设。有了这些行为能力标准，就可用它来衡量应聘者或拟任者是否具备相应的任职资格。

（三）关键业绩指标考核

对员工进行关键业绩指标考核的关键在于在企业内部建立一个关键业绩指标体系。该体系应确保个人、部门和公司的目标保持高度一致。在此过程中，企业应依据不同时期的战略目标和重点制定关键业绩指标体系。例如，某企业经过深入研讨，认为成功关键要素包括人员素质、技术领先、制造精良、顾客服务、市场优势和利润增长等六个方面。随后，他们针对这些关键要素找出重点业务，如产品品种和推向市场的速度等市场优势的关键业务，以及市场份额和营销网络等市场份额的关键业务，这些重点业务就构成了企业的关键业绩指标项目。

三、绩效考核的方法与实施

（一）绩效考核方法

①图尺度考核法（Graphic Rating Scale，GRS）：是最简单和运用最普遍的绩效考核技术之一，一般采用图尺度表填写打分的形式进行。

②交替排序法（Alternative Ranking Method，ARM）：是一种广泛应用于绩效评估的方法，其核心思想是在评估过程中先选出表现最佳或最差的个体，比直接对个体绩效进行量化评分更为直接和便捷。具体操作上，这种方法涉及交替选择和排列"最佳"和"最差"的员工，接着再选出"次佳"和"次差"的员工，以此类推，直至所有员工都被排列到位，形成一个基于优劣的绩效排序。在实际操作当中，可以使用绩效排序表来辅助进行交替排序。

③配对比较法（Paired Comparison Method，PCM）：是一种更为细致的通过排序来考核绩效水平的方法，它的特点是每一个考核要素都要进行人员间的两两比较和排序，使得在每一个考核要素下，每一个人都和其他所有人进行了比较，所有被考核者在每一个要素下都获得了充分的排序。

④强制分布法（Forced Distribution Method，FDM）：是在考核进行之前就设定好绩效水平的分布比例，之后将员工的考核结果安排到分布结构里去。

⑤关键事件法（Critical Incident Method，CIM）：关键事件法是是一种绩效考核方法，通过记录员工在工作中展示的关键行为和行为结果来评估其绩效水平。通常，主管人员会记录下员工在工作中表现出非常出色或者非常糟糕的行为事件，并在适当的时间点（如每季度或每半年）与员工进行面谈，共同讨论这些记录，以确定员工的绩效水平。这种方法将重点放在具体的行为事件上，可以提供更直观和实际的绩效评估。

⑥行为锚定等级考核法（Behaviorally Anchored Rating Scale，BARS）：是基于对被考核者的工作行为进行观察、考核，进而评定绩效水平的方法。

⑦目标管理法（Management by Objectives，MBO）：目标管理法是现代企业更常用的绩效管理方法。在该方法中，管理者特别强调利润、销售额和成本等可直接带来成果的结果指标。每位员工都会被设定一些具体的目标指标，这些目标是他们工作成功的关键目标，其完成情况将作为评估员工绩效的依据。这种方法聚焦于明确的目标，可以提供更精确和实际的绩效评估方法。

⑧叙述法：在进行考核时，以文字叙述的方式说明事实，包括以往工作取得了哪些明显的成果，工作上存在的不足和缺陷是什么。

⑨ 360° 考核法：也称作 360° 考核或全方位考核，这种方法颠覆了传统的自上而下的绩效评估模式，而是采用一个全面的、交叉的评价体系。在评估过程中，考核者会包括同事、上级、下级、客户以及个人自身的评价，以此来综合评定员工的绩效水平。通过这种交叉考核，不仅可以作为绩效评定的依据，还有助于发现潜在问题，从而推动改进和提升。它能帮助识别问题的根源，并制定相应的改进计划。

（二）绩效考核的周期

1. 绩效考核周期的概念

绩效考核周期，也称为绩效考核时间段，是指对员工进行绩效评估的间隔时间。绩效考核通过科学的定性和定量方法，评估员工的工作表现、对企业的贡献和价值。确定适当的绩效考核周期很重要，因为考核周期过短会增加管理成本，而考核周期过长则会降低准确性并阻碍员工改进工作绩效。因此在准备阶段需要确定合理的考核周期。

2. 绩效考核周期确定

需考虑因素以下几个因素：

（1）职位的性质

不同的职位，工作的内容是不同的，因此绩效考核的周期也应当不同。一般来说，职位的工作绩效是比较容易考核的，考核周期相对要短一些。

（2）指标的性质

不同的绩效指标，其性质是不同的，考核的周期也应不同。通常来说，性质稳定的指标，考核周期相对要长一些；相反，考核周期相对就要短一些。

（3）标准的性质

在确定考核周期时，还应当考核到绩效标准的性质，就是说考核周期的时间应当保证员工经过努力能够实现这些标准，这一点其实是要和绩效标准的适度性联系在一起的。

（三）绩效沟通与反馈

1. 绩效沟通

综合部会将考核结果告知被考核者，同时，被考核者的直接上级会与他们进行面谈，讨论绩效考核的结果。如果被考核者对考核结果没有异议，他们可以在考核结果表上签字确认。如果有异议，他们可以提出绩效考核申诉。

2. 制订绩效改进计划

在被考核者的绩效评估完成后，各级考核者和被考核者应该及时分析绩效中未达到公司要求的方面，并制定相应的改进计划。各级考核者应该为被考核者提供绩效改进的指导和帮助，并跟踪改进的结果。

（四）绩效考核六步走

企业的绩效考核，应当分作六个具体的行动步骤组织实施。把每一个步骤列为一个作业单元，在行动前精心组织操作培训和专项辅导，并且进行必要的模拟演练。

1. 确定考核周期

根据企业经营管理的实际情况，包括管理形态、市场周期、销售周期和生产周期等因素，确定适当的考核周期。通常，工作考核的周期以月为单位，每个周期进行一次例行的重点工作绩效考核。对于需要跨周期才能完成的工作，也应列入工作计划并进行考核。考核方法可以结合时段和终端的要求，即在工作进行中的考核周期内考核工作进展情况，在工作完成的周期内考核工作的最终结果。

2. 编制工作计划

按照考核周期，作为考核对象的职能部门、业务机构和工作责任人，需在周期开始时编制所在部门或岗位的工作计划，并对纳入考核的重点工作内容进行简要说明。每项重点工作需明确设定工作完成的时间和质量指标，同时根据预定的计分要求设定考核分值。如有必要，还需制定保障措施。编制的周期工作计划需按时间要求完成并提交给考核执行人确认，之后付诸实施。

3. 校正量效化指标

绩效考核强调重点工作的开展和完成必须设定量效化指标，包括数据指标和成效指标。这些量效化指标反映了重点工作的效率要求和价值预期。然而，在实际工作中，并非所有工作结果或成效都能轻易地用数据指标进行量化，而成效指标的设定和确定相对较难，需要一定的专业素质和及时的信息沟通。因此，考核执行人应与考核对象共同认真校正并最终确定重点工作的量效化指标，以确保重点工作的高质量完成。

4. 调控考核过程

在管理运作过程中，常常会面临许多不确定因素，这会导致工作出现变数，绩效考核也不例外。当工作发生变化、进展与预先设定的计划发生冲突时，首先应对变化的情况进行分析，准确识别变化的原因和趋势，然后及时、适当地对工作计划和绩效考核指标进行调整和改进。这样可确保管理过程能有效应对变化，并确保绩效考核的准确性和公正性。

5. 验收工作成效

在每个周期结束时，在设定的时间范围内，考核执行人根据预设或调整后的周期工作计划，对考核对象的重点工作完成情况进行成效验收。根据每项工作设定的量效化指标和考核分值，逐项核实工作成果，并分别评分记分。最终对考核对象在该周期的重点工作完成情况进行实际得分的累计计算，并对工作的绩效改进提供点评和反馈。

6. 考核结果运用

考核的目的是为改进绩效、推进工作、提高效率，而考核结果的运用方式直接影响其激励作用。在运用考核结果时，应结合企业资源的实际情况，充分考虑企业文化的负载能力，并选择和确定合适的运用方式。以下简要介绍几种考核结果的运用方法：

一是考薪挂钩，将考核结果与薪资收入直接挂钩，根据考核得分计算薪资实际收入。这可以是职能职务薪酬或岗位工资，也可以是独立设立的绩效工资或效益奖金。

二是考职挂钩，根据考核结果合理调整员工的职位或职务，以避免因员工在较长时间内无法按计划完成重点工作或不适于承担所在岗位的工作职责，导致重点工作遭受损失。

三是信息整合，通过考核，可以获取并整合多种信息，如资源配置信息、岗位设置信息、管理损耗信息、工作问题信息和人才信息等。有效地利用这些信息，可以为企业的决策、管理运转和人才培养使用提供重要的信息支持。

第二节 薪酬管理

一、薪酬概述

（一）薪酬的定义

薪酬由"薪"和"酬"两个部分构成。在中文中，"薪"指大块的木柴，象征生活的必需品，体现了一种物质价值；而"酬"原指劝酒，代表着互惠和情感交流。薪，即薪水或薪金，涵盖了工资、奖金、分红等可以直接用货币衡量的个人收益，是一种基于物质基础的报酬形式。相对地，酬包含了非金钱性的回报，如员工福利、职业成就感、成长机会等，它关注的是精神层面的满足。酬的范围很广，涵盖了所有非经济的奖赏，比如提供有趣的工作、充满挑战的机会、培训、社会地位的象征、公众的认可、舒适的工作环境等。此外，各种表达关爱的行为也是酬的一部分，如公司组织的旅游活动、对员工的荣誉和尊重、奖杯、生日宴会、灵活的工作时间等。薪和酬是相辅相成的，都是薪酬体系中不可或缺的部分。如果只重视薪而忽视酬，可能会导致员工缺乏归属感，只关注收益而忽视了其他方面；反之，如果只强调酬而忽略了薪，员工可能因为理想和信念而难以长期坚持。因此，平衡和融合薪与酬的薪酬策略，能更有效地提升员工的满意度和忠诚度。

薪和酬在薪酬体系中是密不可分的，它们就像硬币的两面，必须同时存在并适当平衡。如果薪和酬的比例失衡，比如薪是 100 分而酬是 0 分，那么就可能导致员工只关注报酬而不关心企业的其他方面，从而缺乏归属感；反之，如果酬是 100 分而薪是 0 分，即使员工有再大的理想和信念，也难以长期坚持。因此，将钱和爱结合起来运用，即平衡薪和酬的关系，可以更有效地提升员工的满意度和忠诚度，从而达到更高的层次和效果。这意味着在薪酬体系设计中，需要综合考虑员工的物质需求和精神需求，提供既丰富又具有激励性的薪酬组合，来吸引和留住人才。

（二）薪酬的组成部分

通常情况下，薪酬由基本工资、奖金和福利三部分构成。基本工资是薪酬的固定组成部分，它反映了一个职位的价值，而不是该职位持有者的收入。国际劳工组织在1951 年通过了同工同酬公约，我国劳动法也明确规定了同工同酬的原则。《中华人民共和国劳动法》第46 条提出：工资分配应遵循按劳分配原则，执行同工同酬。这里的"同工"指的是职位或岗位，"同酬"指的是岗位工资，并非包括所有收入。同工同酬基于的是相同的劳动成果，因此公平性体现在岗位工资的统一性。同工同酬指的是企业内部相同职位之间的公平对待，同时，根据员工的能力和绩效差异，他们的总收入也应有所不同。

奖金是指支付给员工的超额劳动报酬和增收节支的劳动报酬，其衡量标准是绩效考核分数。这是薪酬中的第二部分。虽然奖金通常指的是财务上的奖励，但也包括休假的奖励、本地健康俱乐部的免费会员资格或商品折扣等形式。奖金是避免吃大锅饭的最好形式，它反映了员工的现实价值。在人力资源管理的理念中，员工具有双重性质，一方面，他本身是劳动力商品，具有商品的市场价格；另外一方面，他又被视为人力资本的占有者，既然是资本，就必然要求分得资本的利润。因此，员工得到的不仅有相当于劳动力市场价格的薪资，还有资本性的收益。资本性的收益是奖金的形式体现的，包括短期和长期激励。

与工资相比，奖金更加灵活和变动，因为它是基于绩效考核分数计算的。绩效考核分数可能不完全反映员工的实际能力，因为它包含了误差和运气的成分。但是，如果员工的业绩非常优异，并且通过业绩可以确信员工的能力有某种程度的提高，就可以给予员工一定程度的"永久的奖励"，这类根据员工的实际工作绩效确定的基本薪酬增长被称为绩效加薪。

薪酬的三个部分包括工资、奖金和福利。福利部分是固定的，包括法定福利和非法定福利。现在，国外企业支付的动态薪酬主要是除法定福利之外的各种商业福利，如养老医疗保险、父母赡养开支、带薪休假、托儿服务、危重家属帮助计划等。这三者之和构成了对员工劳动或服务的全部物质补偿。这三者之和构成了对雇员劳动或服务的全部物质补偿。假设 C 代表薪酬，W 代表雇员的劳动力价格，W' 代表雇员人力资本的收益，B 代表福利，那么 $C+W+W'+B$。

福利的主要功能应该"留人"。若说工资是让员工"吃得饱"，奖金就是要让员工"干得好"，福利是让员工"走不了"！

通常来说，薪酬包括工资、奖金和福利这三个部分。从狭义的角度来看，这三者基本上等同于薪酬，即狭义薪酬是指员工因被雇佣而获得的各种以物质形态存在的经济收入、有形服务和福利等。然而，金钱并不是万能的。虽然它可以购买很多东西，但它无法购买到一些非物质性的东西，如家庭时间、知识、健康、尊贵、生命和爱。金钱的数量可以被视为人才的市场价格，但支付同样的薪水，不同的企业可以吸引到不同的人才，并让他们发挥出不同的才能。这表明薪酬不仅是钱多钱少的问题，还包括精神激励。从广义的角度来看，薪酬不仅仅是货币化的薪酬福利，还包括赞扬、地位、学习机会、雇佣安全与挑战性工作的机会等内容。

二、工资制度与工资给付

（一）薪酬策略的制定

要制定适合企业本身的薪酬策略，首先要明确企业希望薪酬实现的作用。一般来说，薪酬在企业中有三大作用：价值体现、激励员工和风险共担。价值体现是指薪酬应该反映岗位对企业贡献的大小。贡献不同的岗位，其薪酬水平也应有所不同。激励员工作用是指薪酬应该鼓励员工努力工作，并不断提升自己的工作业绩。在同一岗位上，工作业绩不同的员工，其薪酬水平也应有差别。风险共担作用是指薪酬应该与企业经营成果挂钩。当企业经营效果好时，员工的薪酬水平都会有所增长；当企业经营效果不好时，员工的薪酬水平则会下降。这表明薪酬不仅仅是员工获得收入的方式，也是企业激励员工、凝聚团队、承担风险的重要手段。因此，企业在制定薪酬策略时，需要综合考虑这些因素，以制定出适合企业本身的薪酬策略。

明确了薪酬的作用后，接下来就可以进行薪酬策略的制定了。薪酬策略的制定包括两个方面：薪酬结构设计和薪酬水平设计。在薪酬结构设计方面，需要确定员工的合理薪酬组成部分以及各组成部分之间的比例，为薪酬发挥其价值体现、激励和风险共担作用搭建基础。在薪酬水平设计上，需要根据企业内各岗位的价值和企业的市场竞争力来制定相对薪酬水平。在企业内部，岗位价值越高的岗位，其薪酬水平应该越高；而在企业外部，企业应提供相对于市场薪酬有竞争力的薪酬水平。这不但可以吸引和留住人才，还能真正体现薪酬的价值。

1. 薪酬结构设计

薪酬体系的设计，应当合理地包含四个主要部分：基本工资、效益工资、奖励以及销售提成（针对销售人员）。基本工资根据岗位的不同价值设定，效益工资则根据个人业绩来确定；奖励则代表着薪酬的风险共担机制，将部分薪酬留至年末，根据公司经营状况进行发放。销售提成则是针对销售岗位的激励机制。在设计薪酬体系时，需要充分考虑不同岗位的工作特性和级别，如销售、生产、研发和行政等岗位，以及高层、中层和基层员工。通常情况下，岗位级别越高，其薪酬中风险共担的部分应占越大比例；而从工作性质来看，从销售到生产、研发再到行政，薪酬中激励的部分应逐步减少。为了更好地发挥薪酬的引导作用，建议对体现岗位价值的岗位工资、体现激励作用的效益工资（或销售提成）以及体现风险共担机制的奖励，设置不同兑现周期。

2. 薪酬水平设计

在设计企业薪酬结构时，应当同时考虑内部条件和外部市场状况。就内部条件而言，首先需要明确企业支付薪酬的能力，即企业可承担的最大支出及最高与最低薪酬之间的差距。同时，企业应当确立一个客观的岗位价值评估体系。依据生产的复杂性和自动化的程度，制造业的薪酬占销售收入的比率可能会有显著不同。企业薪酬支出占销售收入的比例，可以根据企业利润率达到行业平均水平时的数据来确定。至于薪酬差距的设定，一方面要参照企业文化，另一方面也应借鉴行业内领先企业的标准，适当拉开不同岗位之间的薪酬差距。对于岗位价值的评估，如果企业自身缺乏评估能力，可以委托专业咨询机构完成这一工作。

在制定薪酬结构时，不仅要关注企业内部的状况，还应兼顾市场的薪酬标准。通过将企业的薪酬标准与市场进行比较，可确保企业的薪酬更加市场行情，防止某些职位的薪酬与市场脱节导致的不稳定情况。对于企业至关重要的核心岗位或员工，企业应提供与市场竞争力相当甚至更高的薪酬，以保持其竞争力。

（二）建立薪酬策略的动态调整机制

企业的薪酬政策不应固定不变，而应随着企业的发展、行业动态以及劳动力市场的变化进行适时调整。为此，企业需要建立一个能够自动调整薪酬政策的机制，以确保薪酬政策能够持续有效地发挥其价值、激励和风险共担的功能。

为了实现薪酬政策的动态调整，需要创建一个触发调整的机制。这个机制包括两种类型的触发方式：一种是定期的主动触发，即年度薪酬政策审查；另一种是不定期的被动触发，即在发生重大变革时触发的调整。

定期的主动触发机制要求企业每年进行一次薪酬政策的审查。在新的一年的薪酬预算制定之前，企业应该回顾和评估上一年的薪酬政策效果，并开展员工薪酬满意度调查。通过这种方式，企业可以发现上一年度薪酬政策实施中的问题，并根据这些发现对薪酬政策进行必要修改。

除了定期的主动触发机制外，还应该建立非常规的被动触发机制，用于预警薪酬策略的调整。当企业的战略、组织结构发生了重大变化，行业竞争对手的薪酬策略发生重大变动，或劳动力市场的薪酬水平发生重大变化时，应该及时对薪酬策略进行调整。特别是企业战略和组织结构调整可能会导致薪酬总额预算的变动以及关键岗位相对价值的变化，这就需要相应地对薪酬策略进行调整。

考虑到薪酬策略不宜频繁变动，因此制定调整的促发机制时应设定较高的触发条件。此外，促发机制应更加关注企业内部的促发因素。

如果联科工程机械一开始就按照前文所述的方法制定了薪酬策略，就不会采用将管理人员的薪酬与车间平均工资挂钩的方式，也不会导致由于技改而引发全厂人工成本不断增加的问题。

（三）工作分析与岗位评价

工作分析是指对组织中的岗位进行细致分析，包括优化或者设计组织结构、对每个岗位进行职责划分和任职要求的分析，以及编写详尽的岗位说明书。

岗位评价是利用科学的多因素岗位评价方法，确定岗位在企业内部的相对价值，为后续的薪酬结构设计、激励体系设计、内部晋升通道设计和员工职业生涯规划等工作提供依据。

这两方面的工作是人力资源管理中很重要的基础。例如，岗位说明书可作为招聘的依据，也可用于内部竞聘和协调职责分工，还可用于制定员工晋升通道。岗位评价的结果通常以岗位内部价值分布线的形式表示，直观反映了各个岗位在企业内部的相对价值。这是设计薪酬结构时体现内部公平性的重要依据，也是激励体系设计、内部晋升通道设计和员工职业生涯规划等工作的基础。

（四）薪酬调查

薪酬调查是通过合法手段获取相关企业和职位的薪酬信息，并进行统计和分析，以便为企业的薪酬管理决策提供有效依据。与之同时，工作分析和岗位评价也应进行，以综合考虑内外部因素。

薪酬调查的重点问题包括确定调查内容和采用何种方法进行数据收集。调查内容主要涉及本地区、本行业甚至主要竞争对手的薪酬状况。通过参考同行或同地区其他企业的薪酬，可以调整本企业相应岗位的薪酬水平，以确保企业薪酬体系的外部公平性。

做薪酬调查的主要途径和方法有：

1.企业之间的相互调查

为了获取相关企业的薪酬信息，人力资源管理部门可采取联合调查的方式，以实现薪酬信息的共享。这种相互调查是一种正式的调查方法，对双方都有益处。调查可以通过组织座谈会、发放问卷等多种形式进行。

2.委托专业机构进行调查

当前，各大一线城市都有提供薪酬调查服务的专业机构。借助这些机构进行调查可以减轻人力资源部门的工作负担，避免了企业间协调的成本，但需支付一定的服务费用。

3. 从公开的信息中了解

在发布招聘广告时，一些企业会明确标注薪酬待遇，而某些城市的人才交流中心会定期公布某些岗位的薪酬指南。此外，通过面试来到企业的人才也会对企业薪酬有所了解。

在进行薪酬调查时，需要注意下列几点：

首先，薪酬调查的地域性和行业性非常突出。如果在项目实施过程中没有足够的时间和资源进行全面的薪酬调查，最好是指定客户在项目组的指导下自行完成这部分工作。

其次，薪酬调查应主要聚焦于本地区和同行业的企业，尤其是竞争对手的薪酬标准，避免调查范围过于广泛。

最后，薪酬调查的渠道众多，同一岗位的薪酬数据可能存在差异，因此在选择数据时应注重其可信度。例如，竞争对手提供的薪酬信息可能不够可靠。

（五）薪酬元素组合设计

我们现在习惯于将薪酬的组成搭配称为薪酬元素。常见的有：基本年薪、绩效年薪、岗位工资、基本工资、绩效工资、年终奖、福利、其他特殊奖金等。

其基本释义如下：

①基本年薪：基本年薪是任职者年薪构成中的一部分，日常基本的生活保障，按月平均发放。

②绩效年薪：绩效年薪是任职者年薪构成中的另外一部分，由员工年度考核结果决定发放。

③超额奖励：为鼓励高管为公司创造超额价值，特设超额奖励。

④岗位工资：岗位工资通过采取岗位分等、等内分档、一岗多薪的方式体现岗位和个人技能的差异，在工作分析与岗位评价的基础上，以评价的结果作为确定岗位工资等级的依据。

⑤岗位工资包括：基本工资、绩效工资。其中绩效工资又包括：季度绩效工资、年终奖。

⑥基本工资：基本工资是岗位工资的一部分，每个月按定额发放。

⑦季度绩效工资：季度绩效工资是绩效工资的一部分，由员工的季度考核结果确定。

⑧年终奖：年终奖是绩效工资的一部分，由员工的年度考核结果确定。

⑨福利：基本社会保险、员工婚丧嫁娶补贴等等。其他特殊奖金：特殊奖金的目的在于对员工的优秀表现予以正向强化，来激励员工自觉地关心企业的发展，维护企业的形象。

三、员工福利

深受员工喜爱的福利措施往往比高薪酬更能持久地激发员工的积极性。虽然企业认识到人在经营中的核心作用并不难，但在日常运营中实施以人为核心的管理哲学却是一项挑战。高薪酬可能是短期内受市场供求影响的产物，而福利则体现了企业对员工的长期关照。正是这种长期性，让那些希望在企业中长远发展的员工更加倾向于福利而非仅仅高薪。

福利作为一种长期的人力资源投资，其管理挑战在于如何客观评估其效果。在制定福利政策时，除了要符合企业的经营策略，还必须确保这些政策能够激励员工取得更好的业绩。如果福利政策不能达到这一目的，就可能变成平均主义的做法，不仅无法激励员工，还可能助长不积极进取、依赖他人的消极态度。

对企业而言，员工福利是一把双刃剑。一方面，为了吸引和留住有才能的员工，企业需要提供适当的福利待遇；另一方面，企业也需要意识到控制和削减成本的重要性。福利在员工的总薪酬中占有很大比例。

制定和完善一个良好、合理的福利政策是一个长期的过程，需根据企业的不同发展阶段有针对性地加强或减弱不同的福利项目。

此外，企业的福利待遇也与企业的高层管理者的思想理念密不可分。领导层的理念将直接影响福利政策的制定和执行，以及对员工的关心和奖励的态度。

（一）福利的概念

阿姆斯特朗认为，福利制度对于制定具有竞争力的总薪酬方案至关重要，它不仅满足了员工对安全保障的需求，还提供了对特殊经济需求的支援。这些福利是人性化组织不可或缺的一部分，它们能够增强员工对组织的忠诚度，并且通过税收优惠的形式提供了一种高效的报酬方式

员工的福利待遇，也称作劳动福利，是企业为满足员工生活需求，在基本的工资和奖金之外提供的额外报酬，包括货币、实物和其他服务。这些福利是薪酬结构中的一个重要组成部分，是对现金收入的补充。

在现代企业中，员工福利待遇通常可以分为两个部分：一部分是法定福利，即企业根据国家法律、政策和法规必须提供的福利，如社会保险；另一部分是非法定福利，即企业自愿提供的福利，这些福利基于企业的管理特色和员工的个性化需求，包括补充保障计划、额外服务、实物奖励以及带薪休假等。

在市场经济体系中，为了在竞争中获得优势，企业必须吸引到足够数量的劳动力以及合适的劳动力类型。一般来说，劳动者在选择企业时，除了关注工资和奖金外，还会考虑工作环境、福利待遇以及是否能发挥自身能力等因素。

企业通过提供集体娱乐、健身设施、职工食堂、免费午餐等服务，既便利了员工的生活，又为员工创造了交流的机会。安排带薪休闲活动有利于员工恢复精力和体力。这些福利是无法通过高工资来替代的。

对企业员工来说，福利制度能够满足他们在经济、生活、社交、休闲等多方面、多层次的需求。福利不仅包括加班、乘车、伙食、住房等津贴和补助，还包括有组织的文

体活动和旅游、带薪休假等社交休闲需求。此外，福利制度还涵盖了保障员工安全的医药费报销、公费疗养、因公伤残津贴、退休金、抚恤金等，以及帮助员工充实和发展自己的机会，如业余进修补助或报销、书报津贴等。

（二）员工福利对企业的意义

对企业而言，员工福利的战略意义主要表现在以下方面：

1. 吸引优秀人才

优秀人才是组织发展的关键，过去企业主要通过高工资来吸引他们，但是现在许多企业家认识到良好的福利同样具有吸引力。

2. 提高员工士气与积极性

良好的福利让员工无后顾之忧，增强员工与组织的荣誉感，从而提高士气。

3. 提高员工对组织的忠诚度，降低离职率

良好的福利可以减少员工离职的念头，降低离职率，减少对组织工作的影响。

4. 激励员工

良好的福利让员工感到满意，激发他们为组织目标奋斗的动力。

5. 凝聚员工

良好的福利有助于提高组织的凝聚力，体现管理层以人为本的经营理念。

6. 提高企业的投资回报率

良好的福利能让员工得到实惠，也能使投资在员工身上的回报更高。

好的员工福利制度具有多重好处。它能够激发员工的积极性，增强员工的凝聚力，并提升企业的竞争力。同时，良好的福利也能吸引和留住员工，增强企业在员工和其他企业心目中的形象。尽管高薪酬是吸引人才的一个重要手段，但优越的福利待遇同样是吸引和留住人才的关键因素。

（三）如何提高和完善合理的福利待遇

福利是企业给予员工的一种额外的报酬，旨在展现企业对员工的关心，并营造一种大家庭般的工作环境。然而，在实施福利过程中，有些企业问题，比如提供的福利与员工需求不匹配、福利成本过高以及员工对福利待遇不满意等。

对于企业自主决定的福利，可以根据企业的经营状况和利润情况选择性地提供，不必一次性全部实施。结合企业的发展状况，在充分了解员工需求的基础上，可以新增适合的福利项目，或取消那些不合时宜的福利措施。

1. 免费工作餐

许多企业为员工提供免费的工作午餐，有些企业设立自己的食堂，而有些企业则提供定额的午餐补助。然而，免费的工作午餐无法产生较大的激励效果，员工认为这是企业应尽的责任，并不会因此感到特别满意。然而，一旦取消这一福利或没有提供此项福

利，根据赫兹伯格的双因素理论，员工可能会感到不满意并与其他企业的福利进行比较，从而产生不满意情绪。尽管午餐费用并不高，但是如果员工没有感受到这种福利，他们可能会产生较强的不满意心理。因此，只要企业有条件，就应该提供这样的福利。

在企业规模不断扩大的过程中，随着员工对食堂的要求提高，不满意的情况也会随之增加。此时，企业应结合内外部环境的变化，加强对食堂的权变管理。例如，可以将食堂外包给当地有竞争力的专业餐饮公司经营，将补贴公开化并使之成为常态，以提高员工的满意度。虽然有人认为能够管理好食堂的人就能胜任企业总经理，但这并不一定准确，但也说明了企业在经营食堂工作时面临的困难和挑战。

2. 提供交通服务或交通补贴

出于城市规划、环境保护和企业成本控制等原因，许多企业选择在城市郊区设立厂址。因此，大部分企业会为员工提供交通服务或交通补贴福利。从成本角度考虑，在员工数量较多且集中的情况下，为居住在几个特定地区的员工提供交通服务可以提高员工的便利性，提升工作效率并降低企业成本。类似的做法在呼和浩特市的许多企业中得到了实施。而如果企业员工数量较少，则可以采用现金补贴或为员工办理公交月票等方式。但需要注意的是，这种福利与免费工作餐类似，在实施时可能会产生类似的作用。

交通补贴也存在类似的问题。随着企业规模的扩大和员工数量的增加，公司提供的交通工具可能无法满足所有员工的需求，这可能引起员工的不满。为解决这个问题，可以将交通服务外包给专业的交通服务提供商，并增加员工补贴的力度，以实现社会化的交通福利。在许多大型公司中，随着员工数量的增加，工作餐和交通服务经历了从企业内部提供到完全社会化的过程，取得了很好的效果。

3. 住房福利

为员工提供住房福利已成为吸引和留住员工的重要方法，因此，越来越多的企业采用这一福利。然而，对于中小企业尤其是初创企业来说，实施住房福利存在一定的困难。这些企业可以选择提供临时宿舍以解决员工的住宿问题。为员工提供住房福利的形式包括现金津贴、房屋贷款、个人储蓄计划、利息补助计划以及提供公司公寓和宿舍等。

目前，大多数企业仍然采用现金津贴的形式，即每月提供一定数量的现金给员工。然而，是否需要根据员工的级别进行分级，以确保公平性，仍需考虑。例如，是否高级别员工应享受更高金额的现金补贴，而低级别员工则享受较少甚至没有这方面的福利。这个问题需要根据企业内部的情况来综合考虑和决定。

在我国的许多民营企业中，住房福利的实行往往采用严格的等级制度。根据组织理论中的权变理论，权力应该适时进行调整，而不是固定不变。，在实施住房福利时，需要考虑其对整个组织的影响。一方面，公司已经在薪资、奖金甚至股票期权等方面为高级员工和低级员工设定了很大的差距。另外一方面，大多数企业中，员工的晋升通道通常只有一条，即成为管理者，这种福利方式可能会阻碍员工向专业化方向发展。

前些年，随着房地产市场的日益市场化和房价的持续上涨，一些效益较好的企业开始向员工提供住房贷款福利。比如，上海贝尔有限公司的员工队伍以年轻人为主，大部分员工正处于成家立业的阶段，购房置业成为他们的迫切需求。在上海这样高房价的城市，上海贝尔及时推出了无息购房贷款福利项目，而且在员工工作满一定期限之后，贷款可以减半偿还。这一做法既解决了年轻员工的燃眉之急，也让为企业服务多年的员工得到了回报，从而加深了员工与企业之间的长期情感契约。

4.补充养老福利

为员工提供补充养老计划已成为企业的主要福利趋势，这既符合社保的需求，也是吸引人才的重要手段之一。这种计划能够为员工提供合理的退休福利保障。在缴费方面，主要由公司承担，而员工无需支付费用。有些企业设立这项福利也是从降低员工个人所得税的角度考虑的。

5.带薪假期

根据我国《中华人民共和国劳动法》第45条的规定，国家实行了带薪休假制度。劳动者只要连续工作一年以上，就有权享受带薪年休假。这项福利是员工依法享有的国家福利，通常每年至少一周，且随着员工在企业服务年限的增加，企业可能会相应延长假期。然而，许多民营企业并未遵守带薪休假的规定，这与企业发展周期有关。通常，在企业步入成熟期后，应考虑实施这项福利，以减轻因工作量不饱和造成的问题。

6.卫生设施及医疗保健

一些企业提供免费或低费的医疗保健服务。他们设立了一般性的医疗设施，为员工提供便利的卫生保健服务。这样的措施可有效地处理一般性的疾病，如果出现严重疾病，则可以通过医疗保险来解决。

7.文娱体育设施

在快速成长且员工结构年轻的企业中，提供这类福利可以极大地丰富员工的业余生活，提升他们的心理健康，并进而增强企业的整体工作效率。如果企业员工众多，还可以成立专门的委员会来有效地组织员工的活动；或者利用社会上的成熟文娱体育设施，通过委员会进行协商，员工以低于市价的价格享受这些服务，这也是一种福利。目前，深圳的大多数民营企业就是在采取这样的做法。

8.教育福利

企业通过资助员工的教育培训，包括承担部分或全部学历课程、非岗位专项培训费用，以及书籍和实验材料费用，展现了人性化的关怀。这种政策不仅有助于增进员工的忠诚度和归属感，还能激发他们的工作热情。虽然这样做会消耗企业的利润，但它转化为对员工的关爱和支持，营造出一种更加温馨和关怀的工作环境，进而提升员工的工作满意度和效率。

尽管高薪能迅速吸引人才，但是它主要建立在对金钱的依赖关系上。长期来看，单纯的高薪并不能确保员工忠诚，因为其他公司可能提供更高的薪酬。因此，企业要想建立持续吸引和留住人才的核心竞争力，就需要创造独一无二的薪酬体系，并在共同利益和目标的驱使下，激发员工的主动性和创造性，增强团队的凝聚力。通过提升福利，企

第五章 员工健康安全与职业生涯管理

第一节 员工健康安全管理

一、劳动保护

（一）劳动保护的概念和特点

我国一直重视保护劳动者的利益，这一点在宪法中有明确规定。各级政府、经济部门、企业单位和管理人员都必须采取各种措施，为劳动者提供良好的劳动环境和条件，保护劳动者的安全，最大限度地减少生产过程中的危险和致病因素，来保障劳动者的生命和健康，同时也避免了人力、物力和财力的损失。

对企业来说，首要任务是解决劳动者在生产过程中的安全和健康问题，也被称为劳动保护。这意味着采取各种技术和组织措施来应对劳动过程中的不安全和不卫生因素。在企业中，劳动保护是人力资源管理当中最核心的保护内容，也是满足员工安全需求及激发工作热情的重要方面。

劳动保护主要有以下特点：

①劳动保护必须具有法律依据。

②预防性是劳动保护措施的显著特征。

③劳动者的广泛支持是劳动保护基础。

劳动保护主要有以下特点：

①劳动保护必须具有法律依据。

②预防性是劳动保护措施的显著特征。

③劳动者的广泛支持是劳动保护基础。

④劳动保护需要讲究科学性。

⑤劳动保护是一项长久性的系统工程。

（二）劳动保护的主要内容

劳动保护在人力资源管理和保障中扮演着关键角色，企业需要执行多项任务：

1.企业应采纳多种安全技术措施，以控制或消除生产中可能伤害员工的不安全因素，确保员工的安全与健康。

2.企业应实施各项劳动卫生措施，改善工作场所的劳动条件和小环境，防止化学、物理或生理有害物质对员工健康构成威胁，预防职业中毒和职业病。特别是高危行业，应采取预防性措施，如封闭作业、湿式作业减少粉尘，以及隔音消声减少噪声，设置防护网和安全措施保障高空作业安全。

3.企业要确保劳逸结合，严格遵守法律法规，控制加班时间，确保员工获得足够休息。这不仅关乎员工健康，也有助于保持他们的劳动热情和能力，从而全身心投入生产。同时，企业应考虑季节变化对工作的影响，夏季防暑降温，冬季防寒保暖。

4.企业应根据工作性质和生产特点，妥善选购、储存和分发劳动防护用品，如工作服、头盔、皮鞋、护目镜、护腰带、耳塞、面罩、手套等，以确保员工在工作中安全和健康

5.对于特殊工种，企业必须提供上岗前培训，组织考核并发放上岗许可证，同时给予相应经济补贴。

6.针对女性员工的特殊生理特点，企业应该制定保护措施，如在经期、产期、哺乳期提供特别的劳动保护，并规定女性不参与井下作业、重物搬运、水下作业等。

（三）劳动保护管理制度

1.基本劳动保护制度

（1）宣传教育制度

劳动保护工作对于每个职工的生命安全与身体健康至关重要，对于国家财产和企业经济效益的提升也具有深远影响。因此，应充分调动职工的积极性，持续开展各种安全宣传活动，形成全方位、多层次的群防群治体系。安全教育的主要内容包括生产技术知识教育和遵守安全生产规章制度教育，这些教育要求普遍较低，可经常性地针对所有员工进行。新员工、更换新岗位的员工、电气、起重、高空、井下、锅炉等特殊工种的工人应是安全教育的重点对象。对特殊工种的工人，必须进行专门的安全操作技术教育，经考试合格后，才允许其上岗操作。这有助于提高员工的安全意识，增强其安全生产责任感，从而确保企业的安全生产。

（2）安全生产责任制度

为了确保企业安全生产，通常会采用分级和分部门的安全生产责任制。这意味着将安全生产责任与相关的数量和经济指标联系在一起，实现责权利的统一。通过这一制度，每个员工都能承担起劳动保护工作的责任，确保安全生产的每个细节都得到落实。这种制度使得全员都参与到安全生产中来，共同维护企业的安全。

（3）劳动保护措施计划制度

劳动保护措施计划是企业为各类安全措施安排财务预算的过程，确保经济效益的核算依据规定的标准进行，其中包括了工伤事故、职业病发生率的降低以及经济损失的减少。简而言之，该计划旨在通过合理的财务预算安排，实现工伤事故、职业病发生率下降和经济损失减少，从而保障企业经济效益。劳动保护措施主要有以下项目：

安全生产技术措施；

①防止职业病、职业中毒及改善生产环境的工业卫生措施；

②为保证安全卫生的辅助设施；

③为开展宣传教育活动所需的各类图书、资料、仪器、设施等。

劳动保护措施的经济效益核算应以规定的标准为基础，通过工伤事故、职业病、心理疾病发生率的降低以及经济损失的减少来体现。因此，在劳动保护费用一定的情况下，追求将工伤事故、职业病、心理疾病的发生率及其经济损失降至最低限度，合理节约和利用劳动保护费用是关键。同时，应以按照一定标准确保劳动者的安全程度和健康水平为原则，确保劳动保护措施的有效性和合理性。

（4）安全生产检查制度

在现代化生产的企业的过程中，需要建立一个完善的劳动保护组织体系，充分利用职工的监督力量，形成一个由群众参与的监督检查网络。同时，应制定完善的检查制度，并广泛开展由群众参与的监督检查活动，以便发现并消除潜在的安全隐患，并交流安全生产的知识和经验。检查可以采取定期检查、全面检查和专业化检查等形式。对于检查中发现的问题，必须立即处理，否则将追究相关责任人的责任。

（5）伤亡事故报告制度

这是一项由国家颁布的制度，它对事故的定义、分类、报告程序、原因分析、调查处理和审批程序等方面都有具体明确的规定。对于每一起事故，都要求坚持"三不放过"的原则，即不放过任何一起事故，不放过事故的原因，不放过改进措施。需要认真彻底地查明事故原因，吸取教训，并制定相应的预防措施，以改善劳动安全卫生工作。

此外，企业还应当建立群众性的管理组织，在每一个生产现场都指定兼职的安全管理员，以加强基层的安全生产管理。

2.劳动保护统计

通过劳动保护工作的统计，可以提供定量的依据，以分析劳动保护措施计划的制定与实施情况。同时，统计数据还可以反映伤亡事故的发生情况，分析事故的原因，并反映职业病的发病与控制情况，为减少职业病提供相关资料。

职业病统计指标主要包括：职业病患病人数、职业病病例数、职业病受检率、职业病发病率、职业病患病率、平均发病工龄、死亡率和治愈率等。通过这些指标可以反映某种职业病的发病情况和严重程度，有助于了解其特点，并且采取针对性的措施，以保护职工的安全与健康。统计数据为制定预防控制策略提供依据，促进劳动保护工作的改进和优化。

3. 工伤保险

工伤保险是社会保险体系中的重要组成部分，旨在为劳动者提供在遭受工伤、致残或失去劳动能力时获得经济和物质补偿的制度。工伤保险具有两个主要特点：首先，实行无过错赔偿和无责任赔偿的原则，即不考虑工伤责任方的过错，只要是工伤，就可以获得补偿；其次，它是社会保险体系中保障性最强的一种，旨在为劳动者提供全面的保障和福利。工伤保险的设立旨在保护劳动者的合法权益，促进了社会公平和稳定。

二、员工安全管理

（一）发生事故的基本原因

1. 不安全的工作条件

不安全的工作条件是导致事故发生的主要原因之一，其中包括防护装置不当的设备、机器设备不合操作程序、阻塞和过载的不安全存贮、照明与通风系统未达到标准等。尽管事故可能发生在任何地方，但是某些工作区域由于存在天然的不安全工作条件，产生事故的概率更大，这些区域被称为高危地带。

2. 与工作相关的因素

（1）与生产过程有关的毒害

化学因素和物理因素可以对人体造成毒害。

化学因素包括金属和非金属化合物，如铅、汞、镉等；有机化合物，如苯、汽油等；生产性粉尘，如硒尘、石棉尘等；刺激性和窒息性气体，如硫酸、氟、氨、硫化物等；化学农药，如杀虫剂等；高分子化合物，如合成橡胶、塑料等。

物理因素指异常的气象条件，如高温、高湿、强热辐射等；异常的气压，如高气压、低气压等；各种电磁波和能量的辐射，如无线电波、红外线、紫外线、放射性元素、蜕变放射的射线和中子等；振动和生产性噪音等。

此外，生物因素也可以对人体造成毒害，包括了各种病原微生物、寄生虫等的侵袭和感染，例如炭疽菌等。这些因素都可能对工作者的健康造成潜在威胁。

（2）与劳动过程有关的有害因素

劳动组织和制度的不合理是导致问题的主要原因。例如，较长时间的劳动、过度的劳动强度、不合适的劳动安排与劳动者的生理状况不相适应，长时间处于不良体位或使用不合理的工具，以及过度紧张某些器官或人体系统等。这些因素都会对劳动者的健康产生不利影响。因此，需要合理安排劳动组织和制度，确保劳动者的工作时间、强度以及工作方式与其身体状况相适应，以保障他们的健康和安全。

（3）生产环境的卫生条件不良造成的危害因素

职业危害因素如厂房低矮狭小、布置不合理、通风照明不良、缺乏防寒保暖及防暑降温设施、防护设备不良等，会对人体造成不良影响，其危害程度的大小也取决于其剂量、人体与其接触的时间及程度、劳动者的个体因素、环境因素以及多种因素的相互作用。这些因素的不同组合可能会对劳动者产生不同的影响，因此需要采取有效的预防和控制措施，以确保劳动者的健康和安全。

3. 员工不安全的行为

不安全的行为无疑会提高员工发生事故的风险。这种行为主要是由两个因素引起的：一是员工对工作不够认真，二是员工个人的特点。对待工作不够认真的员工可能在作业现场玩耍、争执、恶作剧，或者随意丢弃物料，不遵循安全规程，这些行为可能导致人为的事故。个人特点也被视为导致不安全行为的一个原因，具有冒险精神的员工可能故意关闭安全设施，以追求更快节奏的工作感觉，这种追求可能导致事故的发生。此外，员工的视力、年龄、理解能力、职业兴趣等因素也可能和事故的发生有关。

（二）安全管理的措施

有效的安全管理措施应使与员工安全有关的所有方面都受到重视。

1. 技术性措施

（1）加强生产设备的安全防护

生产设备是劳动者的主要接触物，对其进行安全防护是预防和消除工伤事故的主要措施。

隔离装置：对各种带有危险性的机器设备采用屏护的办法，使人体与生产过程中正在运转的设备隔离。

保护装置：使设备在出现危险状况时自动启动保护装置从而消除危险，保证安全生产。

警告装置：当可能发生危险状况时，该装置便自动发出警告信号，提醒操作人员预防或及时消除危险。

在生产现场，我们可以通过设置标志牌来传递特定的安全或危险信息，从而引起工作人员对不安全因素的注意。同时，我们也需改善劳动的环境与条件，包括劳动场所的建筑、采光、照明、湿度、温度、通风条件、噪音、整洁度和粉尘含量等，这些因素不仅有助于提高劳动生产率，也是确保安全的必要条件。

（2）改进工艺，提高生产安全度

通过改进生产工艺，使操作更简易化，减少操作人员的紧张感和疲劳，同时在机器设备运转中存在危险作业的情况下，应加强技术改造工作，进行工艺改革，以提高机器设备的性能和自动化程度，进而降低危险性。这样可确保工作过程更加安全，减少潜在的事故风险。

（3）加强设备管理

在使用机器设备时，应按照相关的安全标准要求进行预防性试验，并确保设备合格后方可使用。同时，还应定期进行设备的维护保养和计划检修，以防止设备老化导致意外事故的发生。

在改进安全生产技术的过程中，应综合考虑工作的各个方面，发现并消除潜在的薄弱环节，从而提高整体工作的安全性。这意味着我们要对工作流程中可能存在的安全隐患进行全面的分析，加强对工艺、设备、操作程序、人员培训等方面的改进，以确保工作过程更加安全可靠。

2. 组织与制度性措施

组织措施主要涉及两个方面：首先，建立安全委员会，并由企业高层直接管理，这是确保安全管理成功的关键。只有当企业高层积极参与安全委员会的工作时，才能确立安全委员会在组织结构中的重要性，并确保在各类会议和生产计划中始终将安全管理放在首位，同时也增加了新员工接受全面安全培训的可能性。安全委员会的两个基本目标是为了让每个员工都关注安全工作，并确保各级管理部门承担提供和维护适当的安全标准的责任。其次，实施注册安全主任制度，这是企业安全监管方式的一种创新，它有助于注册安全工程师独立履行安全监管职责，并推动安全管理向专业化发展。

安全管理的制度措施分为行政管理层面和生产技术管理层面。制定这些措施时，必须遵循"预防为主，关口前移"的原则，以建立有效的事故预防机制。这意味着在制定制度时，应当强调预防措施的重要性，并将重点放在事故发生前的风险评估和控制上，以确保安全管理措施能够真正起到预防事故的作用。

3. 个人性措施

个人性措施主要包括强化员工的安全动机和态度、提供安全培训、通过奖励项目鼓励员工注意安全。

强化员工安全动机和态度的方法多种多样。企业可以通过在工作地点和员工餐厅的显眼位置张贴安全海报和宣传画，提醒员工注意安全，并且采用图表和漫画的形式每周公布各单位的安全数据，以激励员工积极表现。同时，及时表彰表现优秀的员工并对违规者进行纪律惩处也是必不可少的，这些措施有助于强化员工的安全动机和态度。

对于员工，分类安全培训是安全管理措施中的重要一环。特别是对于新员工和高危地带工作的员工，企业有必要进行安全和作业程序的培训和考核，使他们了解工作环境中可能存在的危险，并通过模拟训练培养他们的安全敏感性。通过这样的培训，员工可以更加关注安全问题，减少不安全行为的发生。

4. 工程性措施

工作设计和工作方式对安全有着重要的影响，而将两者综合考虑的安全措施，首先推荐的是安全工程学。通过应用安全工程学的知识，可合理规划工作环境和流程，以适应员工的生理和心理需求，进而有效地预防事故的发生。

（三）员工伤亡事故的报告与处理

1. 事故报告

在发生伤亡事故时，受伤者或事故现场的有关人员应立即向企业负责人报告，无论是直接报告还是逐级上报。当企业负责人接到关于重伤、死亡或重大死亡事故的报告后，应立即通知企业的主管部门、所在地的劳动部门、公安部门、人民检察院和工会，并确保事故现场不受干扰，采取措施防止事故进一步扩大。

2. 事故调查与处理

对于轻伤和重伤事故，企业负责人或其指定的人员会组成事故调查组，包括了生产、技术、安全等相关人员以及工会成员。而对于死亡事故，企业主管部门会与当地的公安部门和工会合作组成事故调查组。事故调查组通常也会邀请人民检察院的代表参与调查。对于重大死亡事故，由省级企业主管部门或国务院相关主管部门与省级劳动部门、公安部门、监察部门、工会一起组成事故调查组。

事故调查组的成员必须具备调查所需的相关专长，且不与事故有直接利害关系。调查组的任务是查明事故的原因、过程、人员伤亡情况和经济损失情况，确定事故责任者，并提出处理意见和防范措施建议，最后公布事故调查报告。

如果事故调查组对事故分析和事故责任者的处理意见无法达成一致，劳动部门有权提出结论性意见，若仍无法达成一致意见，则向同级人民政府寻求裁决，但处理工作的时限不得超过 90 天，特殊情况下最多不超过 180 天。

三、员工健康管理

随着企业人力资源管理的范围从狭义向广义拓展，员工的健康管理已成为企业人力资源管理的重要组成部分。长期以往，企业人力资源管理的重点主要集中在员工的技能培训和报酬激励上，而对员工情感、健康的关注相对较少，这在一定程度上限制了企业人力资源管理的效力。因此，重视员工的健康管理已成为企业人力资源管理的重要趋势。

（一）员工的健康问题及对策

1. 工作时间吸烟的问题

吸烟问题对员工和雇主都构成了一个严峻挑战。从员工的角度看，吸烟者的身体健康状况通常不如非吸烟者，这不仅影响了企业的社会形象，可能导致火灾事故。对于雇主来说，他们可能需要为吸烟员工承担更高的健康和火灾保险费用。在工作场所是否允许吸烟的问题上，意见分歧严重。尽管越来越多的人主张禁烟，但完全实施禁烟措施似乎缺乏法律和实际的支撑。因此，更加实际的做法是采取引导和限制相结合的策略：一方面加强吸烟危害的宣传，另一方面根据具体情况进行适度限制。如果吸烟对公司构成严重威胁，企业可能会优先招聘非吸烟者。如果吸烟是员工工作中的一种习惯，企业可能会在吸烟和非吸烟员工的权利之间寻求平衡，比如在场所内标明禁烟同时为吸烟者提供专门的吸烟区。

2. 工作压力过大的问题

工作压力可以分为环境因素和个人因素导致的。环境因素包括了工作环境、工作条件以及与同事之间的相处等，这些因素会对员工产生影响。而个人因素包括员工的个人特质、情绪状态、身体状况等，这些也会影响员工对工作压力的感受和承受能力。此外，一些非工作问题如家庭问题或人际关系问题也会额外增加员工的压力。

工作压力过大会导致员工身心紧张，增加患病的风险，如胃溃疡、背部及胸口疼痛、高血压、心脏病和神经衰弱等。这对员工及家庭造成痛苦，也会给企业带来损失，如增加事故发生率、降低员工绩效和增加医疗费用支出。为缓解员工的工作压力，企业可以采取以下措施：①允许员工自由地和同事谈论工作事宜；②设法减少工作间的个人冲突；③确保工作岗位人手充足、预算经费到位；④建立员工与上级间双向、公开的网络沟通渠道；⑤支持员工所作的努力，决策前先征询员工认为该如何做；⑥提供有竞争力的个人度假、疗养福利；⑦尽量维持和提高员工现存的福利水准，因为任何福利的减少都会制造员工压力；⑧减少员工的红灯记录数量，承认和奖励员工所做出的贡献；⑨确保工作岗位与人的匹配，工作能力与岗位的不匹配很容易产生工作过载的现象，同时，允许员工更多地支配工作也可以在一定程度上减缓工作压力；⑩帮助员工确立适当的追求目标，把业余生活搞得生动有趣、丰富多彩都有助于缓解工作压力。

3. 工作场所暴力问题

随着社会竞争的激烈以及个人欲望的增长，工作场所暴力问题呈现上升趋势，包括员工之间的暴力攻击和外部人员对员工的暴力袭击。为了应对这一问题，企业需要重视并采取措施来保护员工的人身安全，同时维护正常的工作秩序。以下是一些应对工作场所暴力的措施：①提高安全措施；②杜绝有潜在暴力倾向的求职者成为企业的员工，是预防工作场所暴力发生的第二道门槛；③提供应对工作场所暴力的培训；④塑造一种相互尊重的工作场所文化，提倡文明行为的价值观。

4. 视屏健康问题

随着电脑在工作当中的广泛应用，员工面临着视觉健康问题。根据一项美国学者的调查，47%～76%的员工表示长时间盯着电脑屏幕工作对他们的健康产生了负面影响，并抱怨眼睛疲劳、易流泪，面色无光，手指关节不灵活等问题。医学专家还发出警告，指出长期面对电脑屏幕可能存在许多潜在风险，比如公室环境中的辐射可能影响女性员工的怀孕，长时间不动地敲击键盘也可能会导致肩周炎等慢性疾病。这些问题需要引起重视。

美国职业安全与健康研究所针对视屏健康问题给出了如下建议：

①工作时间安排员工短暂休息。该研究所建议，如果工作负载适中，则在视屏前面每工作 2 小时就应提醒员工休息 15 分钟；若工作负载过大，则每工作 1 小时就应休息 15 分钟；

②电脑台应有足够的灵活性以适应员工的个性工作，比如采购可移动键盘，可转动升降的靠背椅，可调节转动方向的液晶显示屏；

③设计合理的照明系统，避免反光、背光的出现；

④给员工一个缓解视觉紧张的室内或室外场景；

⑤电脑台与座椅的高度应当使员工的工作时肘部成水平状；

⑥屏幕应与眼睛保持适当的距离，打印机不要摆放在眼睛水平视线以上；

⑦让员工保持正确的操作姿态。

5. 有毒有害物质危害问题

员工面临职业中毒和职业病的主要原因是接触到有毒有害物质。常见的有害物质包括化学品、铅、二氧化碳和有毒食物，这些物质会导致呼吸系统和神经系统疾病，甚至可能致命。在一些行业如制鞋、电镀和矿业等，这一个问题尤为突出。

为确保员工健康，企业需要采取技术措施防止有害物质对员工造成伤害。具体措施包括改进生产工艺，合理设置预防毒害的设备，推行卫生运动，保持厂区和车间的清洁卫生，加强医疗预防措施，同时提倡员工参与各种业余体育健身运动。

（二）员工健康管理的政策措施

1. 劳动时间的规定

对劳动时间限制是保证劳动者的休息、保障劳动者身心健康的重要手段。我国现行的关于职工工作时间的规定主要有以下内容：①职工每日工作 8 小时，每周工作 40 小时；②由于工作性质或生产特点的限制，无法实行标准的每日工作 8 小时、每周工作 40 小时工时制度的，可以根据国家相关规定，采取其他工作和休息的方式。这意味着，在特定条件下，可以有例外的工作和休息时间安排，以适应不同行业或岗位的特殊需求。③任何单位和个人不得擅自延长员工工作时间，因特殊情况和紧急任务确需延长工作时间的，按照国家有关规定执行；④国家机关、事业单位实行统一的工作时间，星期六和星期日为周休息日。对于企业和不能实行前款规定统一工作时间的事业单位，可以根据实际情况灵活安排周休息日。也就是说，企业可根据自身情况调整休息时间，但必须保证每周至少休息一天，且不能在周六和周日安排工作时间。⑤用人单位因生产需要，可在与工会和劳动者协商后延长工作时间。一般而言，每日延长工作时间不得超过 1 小时。因特殊原因需要延长工作时间的，在保障劳动者身体健康且不超过每日 3 小时的情况下，每月延长工作时间不得超过 36 小时。

这些规定是企业必须遵守的，也是劳动者的工作时间被无理延长时拒绝工作的法律依据，能够保障员工的安全与身体健康。

2. 实施员工援助方案

许多公司采用员工援助方案来解决员工健康问题，包括了婚姻或家庭问题、工作表现问题、紧张情绪、情感问题、经济困难、药品或者酒精滥用以及不幸事件等。该方案提供照顾和帮助，旨在为员工提供全面的解决方案。

3. 将保健制度纳入企业组织制度

保健制度作为企业的专门制度，主要体现三方面的内容：①制订增进健康计划。增进健康计划的设计宗旨是在员工健康问题出现之前保护和改善员工的健康状况。②建立健康保障体系。企业应设立专门机构，设置专职负责健康培训的人员，提供必要的物质条件和经费预算。③增设健康咨询活动。由于长期忙于工作和受职业的限制，大多数员工对健康知识比较缺乏，为解决这一问题，企业应提供健康咨询服务。

（三）防止职业危害的措施

1. 技术措施

采用新技术和改革旧工艺，通过使用无毒、低毒的原料、燃料和材料替代有毒、高毒物料，并采用机械化、自动化取代在有毒环境中的手工操作，可以防止和减少生产过程中有毒物质的产生和溢出。此外，对尘源、毒源和热源进行密闭，并将工人操作地点设在隔离室内仪表控制的远距离操作，以及加强对密闭设备的管理以防止跑冒滴漏现象发生，也是非常重要的。这些措施可帮助改善工作环境，降低劳动强度，提高生产效率，并减少对工人的危害。

通风和回收净化：对于空气中毒物浓度过高的区域，可以增设机械排风装置进行局部通风，通过局部通风罩内产生负压来排除有毒有害气体或粉尘，并结合回收净化技术，既保护了操作者的健康，又保护了环境。

湿式作业：采用水磨代替干磨、水筛选代替干筛选等湿式作业方式，可以减少有害物质的扬尘和散发。

合理的厂区规划及厂房建筑：在工业企业建设的设计阶段，要按照《工业企业设计卫生标准》的要求，全面考虑劳动卫生问题，包括了选择适宜的厂址、合理规划厂区布局和科学设计厂房建筑等。

个人防护的卫生保健：坚持发放、使用个人防护用品。

2. 医疗措施

以预防为主，向员工宣传如何进行自我保护，并且按期对在有危害的岗位上工作的员工进行职业病检查，一旦发现，予以及时治疗。

3. 强化检查制度

强化安全监督部门的监察，保障员工的生产环境符合安全卫生标准。改进劳动制度，对某些岗位实行轮换工作制。

（四）对特殊劳动者的保护

特殊劳动保护包括对女职工和未成年工人的特殊保护。女职工由于生理原因，在工作中可能会遇到一些特殊困难，同时她们还需要承担抚养孩子的责任。因此，相关法规规定了对女职工的特殊保护措施，包括在招聘时不歧视女性、实行男女同工同酬、禁止安排女职工从事高强度劳动和其他禁忌劳动，以及对女性"五期"提供特殊保护。这些措施旨在确保女职工在工作中的权益得到充分保障，并有助于提高她们的工作积极性和效率。

未成年工人正处于关键的成长和发育阶段，因此他们承受过重的工作负担可能会对他们的健康产生不利影响，甚至可能导致疾病。为了保护未成年工的健康和福祉，实施了以下特殊保护措施：禁止雇佣未满 16 岁的童工；为未成年工安排较短的工作日，并禁止他们加班；禁止让他们从事矿山井下、深水等高风险作业，以及那些特别繁重或有毒有害的劳动；确保为他们提供符合他们身体状况的适宜工作环境。这些措施旨在保护未成年工的身心健康，确保他们能够在安全和健康的前提下工作。

第二节　职业生涯规划

一、员工的职业生涯规划基本理论

职业生涯规划是一个涉及设计、实施、评估及反馈的全面过程，既包括个人层面也包括组织层面。它的目标是确保员工的职业目标与组织的目标相协调，使得个人的成长与发展与组织的发展同步。职业生涯管理涉及两个主要方面：首先是员工对自己职业生涯的自我管理，这是实现职业成功的重要因素；其次是组织协助员工规划职业道路，并提供必要的教育、培训和轮岗机会，以支持员工实现其职业目标。

（一）职业锚及其类型

职业锚被比喻为职业生涯中的“定位器”，它是个人在职业选择和发展过程中始终围绕的核心要素。当面临关键决策时，职业锚代表的是那些无论如何都不会放弃的职业价值观和至关重要的东西。

职业锚也是个人自我概念的一部分，它是在早期职业生涯中通过实践经验学习而形成的。它与个人的动机、价值观和能力相契合，并带来职业满足感的一种稳定职业定位。职业锚强调个人能力、动机和价值观三者之间的相互作用和整合。它是个人与工作环境互动的结果，并在实际工作中持续进行调整来适应变化。

1. 职业锚的几个要点

职业锚具有以下几个要点：

职业锚是以员工在工作中积累的经验为基础的。职业锚发生在员工早期职业生涯阶段，经过一段时间的工作，他们积累了丰富的工作经验，并在此基础上确定了自己稳定的长期职业贡献区。在此之前，个人可能并不清楚自己的能力、动机和价值观，以及在多大程度上适应可行的职业选择。因此，新员工的工作经验决定了职业锚的形成和发展。换句话说，职业锚在一定程度上是由员工的实际工作决定，而不仅仅是潜在的才干和动机。

职业锚并非基于各种测试所得到的能力、才干或者作业动机、价值观，而是基于员工在具体工作实践中，根据自身被证明的才干、动机、需要和价值观，现实地选择并准确地进行职业定位的结果。职业锚是员工自我发展过程中，各种动机、需要、价值观、能力相互作用并逐步整合的产物。

员工个人及其职业不是固定不变的。

职业锚代表个人在职业上的稳定贡献和成长区域，但是这并不代表个人会停止变化和发展。员工可以以职业锚为基础，在该职业领域内继续发展和进步，同时他们的个人成长也会随着社会和家庭生命周期的变化而变化。另外，职业锚本身也不是一成不变的，员工在职业生涯的后期可能会根据新的情况重新确定自己的职业锚。

2. 职业锚的类型

（1）技术或功能型职业锚

技术或功能型的人追求在自己专业领域的成长和技能提升，他们渴望应用所掌握的技术或职能。他们的自我认可来自于自己在专业领域的专业水平，他们乐于面对来自该领域的挑战。他们通常不喜欢从事一般管理工作，因为这意味着他们将放弃在技术或职能方面的成就。具有强烈技术或功能型职业锚的人往往不倾向于选择涉及一般管理的职业。相反，他们更加倾向于选择那些可以保证自己在特定技术或功能领域中不断发展的职业机会。

（2）管理型职业锚

管理型人士渴望并致力于职位晋升，他们热衷于全面管理，希望独立负责一个部门，并能够跨越部门界限，整合团队的努力，他们愿意承担整个部门的责任，并将公司的业绩视为自己的成就。这些人展现出强烈的管理动机，他们的职业发展经历让他们相信自己拥有晋升到一般管理职位所需的各项能力和相关价值观。他们最终的目标是承担更高责任的管理职位。当被问及为何自信具备获得这些职位所需的技能时，许多人表示，他们认为自己有资格担任管理职位，是因为他们认为自己具备以下三种能力：

分析能力（在信息不完整或存在不确定性时，发现问题、分析问题和解决问题的能力）；人际交往能力（在各种层次上影响、监督、领导、操纵以及控制他人的能力，这种能力在情感和人际危机面前能保持冷静，不会被困扰或削弱，同时能在高压力下保持行动的能力）；情感韧性（在面对情感问题和人际矛盾时，能在保持冷静的同时保持前进的能力，即在较高责任压力下不会变得无所作为）。

（3）创业型职业锚

具有创业精神的人渴望利用自己的才能去创立自己的企业或开发完全属于自己的产品（或服务），并且他们愿意承担风险并克服遇到的挑战。他们希望向世人展示，他们的公司是通过自己的努力建立起来的。尽管他们可能在其他公司工作，但他们同时也在学习和评估未来的创业机会。一旦他们认为时机成熟，他们就会离职去创立自己的事业。这些人通常都有建立或创造某种完全属于自己的东西的需求，比如带有他们名字的产品或工艺、他们自己的公司或一系列体现他们成就个人财富。

（4）自主与独立型职业锚

自主/独立型的人希望拥有自主掌控自己工作方式、工作习惯和生活方式的能力。他们追求能够施展个人能力的工作环境，渴望摆脱组织的限制和束缚。他们愿意放弃晋升或扩展工作范围的机会，而是更看重个人的自由和独立。

举例来说，一些毕业生在选择职业时受到渴望自己决定命运的驱使。他们希望摆脱在大公司工作时需要依赖他人的境况。在大公司工作时，晋升、工作调动和薪酬等方面往往受到他人控制。其中许多毕业生也持有强烈的技术或功能导向。然而，他们选择的方式却不是像持有技术或功能型职业锚的人那样追求在某个企业中实现自己的职业导向，而是决定成为咨询专家，或者是选择独立工作，或作为小型企业的合伙人工作。其他具有这种职业锚的人可能成为工商管理方面的教授、自由撰稿人或小型零售公司的所有者等。

这些人都追求拥有更大的自主权和个人自由，通过独立工作或创业来实现自己的职业目标。

（5）安全型职业锚

安全型的人追求工作中的安全感和稳定性。对他们来说，能够预测未来的成功并感到放心是重要的。他们注重财务安全，例如退休金和退休计划。稳定感包括诚信、忠诚和按照上司交代的工作完成任务。他们并不是太在意具体的职位和工作内容，尽管有时他们可能达到高级职位。

例如，一些毕业生非常注重长期的职业稳定和工作保障。他们更倾向于选择那些能够提供稳定工作、体面收入和可靠未来生活的职业。这种可靠的未来生活通常依靠良好的退休计划和较高的退休金来确保。

对于那些更注重地理安全的人来说，追求更高级的职位可能意味着要面对地理上的不稳定或保障较差的因素，例如需要迁徙到其他城市。因此，对他们来说，保持在熟悉的环境中，拥有稳定和有保障的职业更加重要。

对于追求安全型职业锚的人来说，安全也意味着所依赖的组织的稳定性。他们可能更倾向于选择在政府机关和事业单位工作，因为政府公务员具有一种终身性的职业。这些人更愿意让雇主来决定他们从事何种职业。

总结而言，安全型的人追求工作和财务上的稳定感，并更加注重组织和地理的安全因素。他们倾向于选择充满保障和稳定性的职业，以确保自己的未来和安全。

3. 职业锚的功能

职业锚在员工的工作生涯和组织的发展过程中扮演着关键角色。

它帮助组织获得准确的员工信息。职业锚是员工在探索过程中确定的长期职业目标或定位，这一过程是基于员工的需求、动机和价值观。因此职业锚明确地展示了员工的职业愿望和野心。

它为员工提供了实际可行的职业路径。职业锚准确地揭示了员工的职业需求和追求的工作环境，以及员工的价值观和抱负。通过职业锚，组织能够获取员工的正确反馈信息，从而有针对性地为员工职业发展制定实际、有效且顺畅的职业发展路径。

职业锚可以帮助员工增加工作经验。它是员工在职业工作中的定位，这不仅有助于员工长期从事某项职业，积累工作经验，还可持续增强员工的职业技能，这直接带来了提高工作效率和劳动生产率的明显效益。

职业锚还为员工创建了中后期工作的基础。因为职业锚是经过员工通过工作经验的积累后形成的，它反映了员工的价值观和自身发现的能力。当员工确定自己在某种职业工作中定位时，就是一个自我认知的过程。这个过程将职业工作与个人观念相结合，开始决定成年期的主要生活和职业选择。

（二）职业生涯及其阶段

职业生涯是一个人与职业相关的一系列行为、活动以及态度、价值观和愿望等连续性经历的过程。它涵盖了一个人一生中与职业、职位相关的变化和发展，以及实现工作目标和理想的过程。职业生涯是一个动态的过程，它并不仅仅是关乎职业上的成功与否，每个从事工作的人都有自己独特的职业生涯。

1. 职业生涯分类

（1）内职业生涯（对个人而言）

内职业生涯是指个人在职业成长过程中，通过提高自身素质和职业技能，所积累的包括个人综合能力、社会地位和荣誉在内的财富。这是无法被取代或窃取的人生资产。内职业生涯是个人根据自己的特点以及对社会和企业需求的理解，所规划的职业发展路径。

（2）外职业生涯（对组织而言）

外职业生涯是指在职业生涯中担任的职业角色（职位）和所获得的物质财富的总和，它随着内职业生涯的发展而增长。例如，公司为员工提供晋升路径，但由于管理职位数量有限，一些优秀的技术人员可能不愿意或者不适合担任管理职位，因此公司会设计资深专家（或其他类似职位）来为技术人员提供职业发展的通道，这些资深专家的薪酬可能与副总裁相当。

一般来说，内职业生涯的发展是外职业生涯发展的基础，职业生涯推动外职业生涯的发展。

2. 职业生涯阶段划分

理解职业周期的重要性对于每个人来说都是必要的，由于它将直接影响到个人的知识水平和职业偏好。

职业周期由几个主要阶段组成，每个人在职业生涯中都可能经历这些阶段。了解这些阶段的意义是至关重要的。以下是个人可能经历的主要职业阶段的概括。

（1）成长阶段

成长阶段是个体职业发展的重要阶段，这一阶段持续从出生到 14 岁。在这个阶段，个人通过认同家庭成员、朋友以及老师，逐渐形成自我概念。他们通过与他们的相互作用，尝试各种不同的行为，并从中理解人们对不同行为的反应，从而建立起独特的自我概念或个性。

在这个阶段的后期，青少年开始对各种可选择的职业进行带有现实性的思考。到这个阶段结束时，他们已经形成对兴趣和能力的某些基本看法，开始考虑如何将他们的个人兴趣和能力与可选择的职业相结合。

（2）探索阶段

探索阶段大约发生于 15 到 24 岁的年龄段上。在这个阶段，个人开始认真地探索各种可能的职业选择，试图将他们的职业选择与他们对职业的了解以及通过学校教育、休闲活动和工作等途径中所获得的个人兴趣和能力相匹配。他们在这个阶段的开始时期，往往会做出一些带有试验性质的较为宽泛的职业选择，但是随着个人对所选择职业以及自我了解的深入，他们的最初选择可能会被重新界定。到了这个阶段的末期，一个看上去比较恰当的职业就会被选定，他们也做好了开始工作的准备。

在这个阶段以及以后的职业阶段，人们面临的最重要任务可能是形成对自身能力和天资的现实性评价。此外，处于这个阶段的人还需要根据来自各种职业选择的可靠信息来做出相应教育决策。这意味着他们需要了解各种职业的需求和要求，以便为自己的职业发展做出明智的选择。

（3）确立阶段

确立阶段通常发生在一个人的 25 岁到 44 岁之间，这一时期是大多数人的职业生涯中的关键部分。在这个阶段，有些人希望能够尽早找到适合自己的职业，并全力以赴地参与各种活动，以促进自己在该职业中的长期发展。在专业领域中，人们往往倾向于尽早确定自己的职业方向。然而，在情况下，人们在这个阶段仍会尝试与最初职业选择不同的新能力和梦想。确立阶段可以进一步细分为三个子阶段。

尝试阶段：大约在 25 到 30 岁的年龄段上，个人会尝试当前所选择的职业是否适合自己的发展。如果不适合，他们会准备进行一些职业转变。例如，王芳可能已经决定将自己的职业定位于零售行业，但在她作为新聘助理采购员的连续工作旅行几个月后，她可能会发现出差时间较少的职业，如市场营销调研更适合她。到了 30 到 40 岁的年龄段，人们通常会进入稳定阶段。这个阶段是大多数人职业生涯的核心部分，他们通常会在这个阶段持续发展自己的职业并逐渐稳定下来。

稳定阶段：在这个阶段，个人通常已经明确了坚定的职业目标，并制定了清晰的职业规划，以评估自己的晋升潜力、是否需要更换工作，以及为了实现这些目标需要进行哪些教育活动。在 30 多岁至 40 多岁的某个时刻，人们可能会遭遇一个职业中期的危机阶段。

中期危机阶段：在这一阶段，个人会对自己的职业进展进行一次关键性的重新评估，对照起初的理想和目标。他们可能会意识到自己并没有朝着成为公司总裁等梦想职位迈进，或者在完成既定目标后发现，过去追求的并不是他们真正想要的生活的全部。在这个时期，人们还可能思考工作和职业在他们的整体生活中的重要性。通常，这个阶段的人们第一次面临艰难的选择，决定他们真正想要的是什么、哪些目标是可实现的，以及为达到这些目标他们愿意付出多大的代价。

（4）维持阶段

维持阶段：45 到 65 岁的年龄段，许多人简单地进入了职业生涯的维持阶段。在这个职业后期阶段，人们通常已经在自己的工作领域中建立了一定的地位，因此他们的主要精力都放在保持这个位置上。

在这个阶段，个人可能会更加专注于巩固和发展自己的专业能力，以保持自己在职场中的竞争力。他们可能会寻求机会参加专业培训、行业会议等活动，以跟上相关领域的最新趋势和发展。

此外，个人还可能会关注职业发展的平衡，包括权衡工作与个人生活之间的关系。他们可能会更加注重自己的健康、家庭和兴趣爱好，来保持整体生活的平衡。

（5）下降阶段

随着退休的临近，个人必须进入职业生涯的衰退阶段。在这个阶段，许多人需要接受权力和责任的减少，并学会适应一个新角色，成为年轻一代指导者和朋友。接着，每个人都会经历退休，这时，他们需要决定如何利用原来用于工作的时间。

（三）职业生涯规划基本内容

每个人都必须做出职业选择，并且都希望取得成功。然而，许多人并不清楚哪种职业最适合自己，或者如何规划职业生涯才能更容易取得成就。例如，在"经商热"期间，许多缺乏商业才能的人也纷纷尝试创办公司；而在大学生和研究生毕业后，他们通常首先选择经济发达地区和大单位，而不是基于自己的专业特长和个人优势。这种跟随潮流或热门行业的职业选择方式，由于缺乏对自身特质和所处环境的深入了解，往往导致在事业上难以取得显著进步。要实现事业上的成功，就必须要对自己的职业生涯进行精心规划。

1. 职业生涯规划的类型

按照时间的长短来分类，职业生涯规划可分为人生规划、长期规划、中期规划与短期规划四种类型。

（1）人生规划

人生规划是个人整个职业生涯的规划，时间长达约 40 年，设定个人人生的发展目标。

（2）长期规划

长期规划是 5 ~ 10 年的个人职业发展规划，即是要设定长远的个人发展目标。比如规划 35 岁前成为一家大型公司的总经理。

（3）中期规划

中期规划是 3 ~ 5 年的个人职业发展规划。比如规划 5 年之内成为一家大型公司业务部门经理。

（4）短期规划

短期规划主要是 3 年以内的个人职业发展规划，必须确定近期个人发展目标。比如对专业知识的学习，掌握哪些业务知识等。

2. 职业生涯规划的意义

职业生涯规划对个人和所在的公司都有相当的意义。

（1）职业生涯规划对个人的意义

职业生涯规划对个人具有如下意义：

①以既有的成就为基础，确立人生的方向，提供奋斗策略；

②突破并塑造清新充实的自我；

③准确评价个人特点和强项；

④评估个人目标和现状的差距；

⑤准确定位职业方向；

⑥重新认识自身的价值并使其增值；

⑦发现新的职业机遇，增强职业竞争力；

⑧将个人、事业与家庭联系起来。

（2）职业生涯规划对公司的意义

职业生涯规划对公司具有如下意义：

①可以更深地了解员工的兴趣、愿望、理想，使得他们能够感觉到自己是受到重视的人，从而发挥更大的作用；

②由于管理者和员工有时间接触，使得员工产生积极的上进心，从而为单位的工作做出更大的贡献；

③由于了解了员工希望达到的目的，管理者可以根据具体情况来安排对员工的培训；

④可以适时地用各种方法引导员工进入单位的工作领域，使个人目标和单位的目标更好地统一起来，从而可降低员工的失落感和挫折感；

⑤能够使员工看到自己在这个单位的希望、目标，进而达到稳定员工队伍的目的。

3. 职业生涯管理的角色和任务

在职业生涯的开发和管理中，员工个人、组织、管理者和人力资源经理都扮演着不同的角色，共同分担职业生涯规划的任务，每个方面都肩负着职业生涯开发的责任。

组织应该提供企业战略发展相关的信息，创建相应的学习和成长制度，并提供员工所需的发展机会。

管理者应该积极沟通和鼓励员工，扮演教练和导师的角色，帮助员工制定实际可行的职业生涯规划。

个人应该积极确定自己的职业生涯目标，并坚持追求成功。他们应在不断学习和发展自己的同时，积极参与学习机会，寻求职业成长和提升。

每个角色都有其自身的职责和贡献，只有共同努力，才可以实现职业生涯的成功发展。

（1）员工的角色与任务

在职业生涯规划中，员工自己应该对职业生涯规划负主要责任。员工可以采取以下几种职业生涯管理活动：

①对自己进行评价，提出问题；

②主动从经理和同事那儿获取有关自身优势及不足的信息反馈；

③明确自身的职业生涯发展阶段和开发需求，确定个人职业生涯目标；

④了解存在着哪些学习机会，如与销售、产品设计和行政管理相关的学习活动；

⑤与来自公司内外不同工作群体的员工进行接触，例如专业协会、项目小组；

⑥接受培训；

⑦咨询组织相关的职业生涯开发计划。

（2）组织的角色与任务

人力资源规划是组织中与职业生涯开发密切相关的重要活动。企业应当提供员工成功职业生涯规划所需的资源，包括专门的项目和职业生涯管理流程。

①举办了一场以职业生涯管理系统如何运作为主题的研讨会，旨在帮助参与者进行自我评估、设定职业目标，并且增进经理层对他们在职业生涯管理中角色的理解和承担。参会的人员包括上级和下级。

②提供职业和工作机会的相关信息。建立职业管理中心或创建通信系统，为员工提供职位空缺、培训计划、组织战略、规划信息、继任计划和技能清单等组织资源。

③为员工提供其职业生涯开发所需要的资源，包括在岗工作经验、培训和开发机会。

④利用职业生涯规划工作手册，通过一系列的练习、讨论及与职业生涯规划相关的说明来对员工进行指导。

⑤培训和激励管理者，使他们具备职业生涯开发的技能，能够积极指导和评价下属的职业生涯发展。对于那些在员工职业生涯发展方面取得成绩的管理者，应该承认他们的贡献，并将其视为一种绩效。

⑥由受过专业培训的顾问提供职业生涯咨询，专门与员工一起解决职业生涯问题。

⑦明确职业生涯发展路径，规划工作序列。

⑧将职业生涯规划这一比较零散的工作整合为一个全面的系统。

（3）管理者的角色与任务

优秀的管理者应当积极运用职业生涯开发这一手段，既助力自身的职业发展，也支持下属的成长。他们必须扮演好教练或顾问的角色。下属的职业发展受益于管理者的帮助相对容易理解，但管理者自身如何从中受益则较为复杂。在员工的职业生涯规划当中，管理者的角色包括下列几个方面。

①教练：发现问题，倾听，确定需求，详细界定这些需求。

②评估者：给出反馈，明确公司标准，确定公司职责，确定公司需求。

③顾问：提供选择，协助设置目标，提出建议。

④推荐人：与职业管理资源联系，追踪职业生涯管理规划的执行情况。

（4）人力资源管理工作者的角色与任务

在当今动荡的职业生涯管理环境中，霍尔建议人力资源管理工作者进行下列工作来更好地帮助员工和帮助员工的主管来进行组织职业生涯开发活动：

①认识每个人的个性化的职业生涯开发；

②创造信息系统和支持系统来保证个人的开发努力；

③让相关人员了解自己的责任，尤其是让职业生涯开发的实践者（员工个人）认识到自己才是最重要的，要让员工的主管认识到他们在下属的职业生涯开发中的促进作用；

④成为职业生涯开发和评估技术方面的专家；

⑤成为专业的沟通专家，让相关人员了解人力资源开发部或者人力资源管理部的服务和新的职业生涯开发契约；

⑥促进那些有助于组织未来目标实现的活动，限制那些和组织目标关系不大的活动；

⑦通过工作中的关系来促进学习；

⑧成为组织的协调者，一旦出现阻碍职业生涯管理活动成功进行的障碍时，愿意为克服这些障碍而努力；

⑨树立一种利用已经存在的资源来进行开发的观念；

⑩促进组织中的流动，灌输终身学习的理念。

4. 职业生涯规划内容

一般来说，职业生涯规划可以从个人角度和企业角度划分成两个方面的内容。

在企业的组织结构中，大多数职员，包括受过良好教育的职员，都有强烈的愿望和需求，希望从自己的现在和未来的工作中得到成长、发展和满足。为了实现这种愿望和要求，他们不断地追求理想的职业，并根据个人特点、企业发展的需要和社会发展的需要，制定自己的职业规划，我们称之为个人职业生涯规划。

个人职业生涯规划是对个人一生职业发展道路的设想和规划，它涉及到选择什么职业，以及在什么地区和什么单位从事该职业，还包括在职业队伍中担负什么职务等细节。一般来说，个人期望从职业生涯的经历中不断得到成长和发展。通过制定个人职业生涯规划，个人能够明确自己一生的职业发展方向，进而努力围绕这个方向，充分发挥自己的潜能，走向成功。

在职员对不断成长和发展的强烈需求的推动下，企业的人力资源管理和开发部门需要了解职员的个人特点，他们的成长方向和兴趣，以提高他们的满意度，并使其与企业的组织发展需求相一致。为此，需要制定关于职员个人成长和发展的计划，以及与组织的需求和发展相结合的计划，我们称之为职员职业生涯规划。

总而言之，职业生涯规划应该同时满足职员个人发展需求和企业发展需求的要求。

二、员工职业生涯规划的影响因素

要做好员工职业生涯规划，必须对员工个人因素和社会因素进行综合分析。

（一）个人因素对职业生涯规划的影响

1. 性格与职业

人的性格差异巨大，有的热情外向，有的羞怯内向，有的沉着冷静，有的火暴急躁。职业心理学的研究表明，不同的职业对性格有不同要求。虽然每个人的性格都与某项职业不完全相符合，但可以根据个人的职业倾向来培养和发展相应的职业性格。

对于企业而言，员工的性格特征决定了他们的工作岗位和工作业绩。对于个人而言，正确的职业规划取决于个人的性格与职业的要求是否相匹配。事实上，许多职业都与多种性格类型的特点相吻合，同时也具有多种职业性格的特点。因此，在处理实际问题时，应根据具体情况具体分析，不能一概而论。

2. 兴趣与职业

兴趣在人生事业的发展中起着至关重要的作用，因此兴趣自然成为职业选择中应考虑的重要因素之一。为了方便大家根据自己的兴趣选择合适的职业，这里介绍加拿大职业分类词典中各种职业兴趣类型的特征和相应的职业。

根据这种分类，一种兴趣类型可以对应多种职业，而每种职业往往同时具有其中几种类型的特点。如果你想成为一名护士，那么你应具备愿意与人交往、热心助人和愿意从事具体工作的兴趣类型特点。若你在这些方面缺乏兴趣，那么你应该努力培养和发展这些方面的兴趣，以适应护士职业的要求。如果无法培养和发展这些方面的兴趣，那么最好选择更适合你兴趣类型的职业。

总之，在选择职业时，我们应该充分考虑自己的兴趣和特点，以便更好地适应职业的要求并取得成功。

3. 能力与职业

事业的发展与个人的高度能力之间存在着明确的联系。能力并非一个抽象的概念，而是通过职业表现来体现，例如交响乐团的指挥的能力与杰出的科技人员或优秀的飞机驾驶员的能力是不同的。

能力是一个人能否进入某个职业领域的先决条件，也是能否有效执行职业工作的关键因素。无论选择哪种职业，都需要具备相应的能力作为支撑。没有能力，一个人就无法进入职业领域，对于个人来说，也就没有职业生涯可言。能力是指完成特定活动的技能。在人的一生中，要参与各种社会生活和生产活动，必须具备多种能力。在此，我们所说的能力是指劳动者参与社会生产活动的能力，即从事职业工作的能力。

人的能力可分为一般能力和特殊能力两类。一般能力通常也被称为智力，包括注意力、观察力、记忆力、思维力和想象力等，它是人们完成各项任务都必备的一些基本能力。特殊能力则是指从事特定职业所需要的专业能力，比如计算能力、音乐能力、动作协调、语言表达能力、空间判断能力等。能力是影响工作效果的基本因素，因此了解自己的能力倾向以及不同职业的能力需求对于职业选择具有重要意义。不同的职业需要不同的能力，因此在职业选择时应该根据自身的能力特点来选择适合自己的职业。

人的能力类型存在差异，即个体的能力发展方向存在差异。在职业研究中发现，不同职业可以根据工作性质、内容和环境的不同划分为不同类型，并对人的能力有不同的要求。因此，有必要注意能力类型与职业类型的吻合情况。能力水平应与职业层次基本一致或相符。对于一种职业或职业类型来说，不同层次承担的责任不同，对个体的能力要求也不同。因此，在确定了个体的能力类型并确定了相应的职业类型后，还需要根据个体所达到或可能达到的能力水平来确定相吻合的职业层次。也只有做到这一点，才能使个体的能力与所选择的职业充分匹配。

每个人都拥有一个由多种能力组成的能力系统。在这个系统中，各种能力的发展可能存在不平衡，某些能力可能更加突出，而其他能力则不太出众。在进行职业选择和职业指导时，应该主要关注个体的最佳能力，选择最能发挥其优势能力的职业。类似地，在人力资源管理中，如果能够重视个体的优势能力并为其分配相应的工作，将能更好地发挥个体的作用。

不同职业对人的一般能力和特殊能力有不同的要求。一般能力包括注意力、观察力、记忆力、思维能力和想象力等。有些职业对从业者的智力水平有较高要求，如律师、工程师、科研人员和大学教师等需要具备较高的智商。智力在很大程度上决定着从事的职业类型。

特殊能力是指从事某项专业活动所需要的能力，也可称为特长。比如计算能力、音乐能力、动作协调能力、语言表达能力、事务能力、空间判断能力、形态知觉能力、手指灵活度与灵巧度等。要顺利完成某项工作，除了具备一般能力外，还需要具备该工作所要求的特殊能力。例如，从事教育工作需要具备良好的阅读和表达能力，从事数学研究需要具备计算能力、空间想象能力和逻辑思维能力。法官需要有很强的逻辑推理能力，但不一定需要很强的动手能力；建筑工需要具有一定的空间判断能力，但不需要良好的语言表达能力。

（二）社会因素对职业生涯规划的影响

1. 社会环境

社会环境对职业生涯规划的影响表现在以下几个方面：

①经济发展水平对个人职业发展具有重要影响。在经济发达地区，企业相对集中，优秀企业也较多，个人职业选择的机会也更多，这有利于个人职业发展。而在经济落后的地区，个人职业发展可能会受到限制。

②社会文化环境，如教育质量和水平、社会文化活动设施等，对个人职业发展起着重要作用。在一个积极的社会文化环境中，个人能够接受优质的教育和影响，这有助于为他们未来的职业道路奠定坚实的基础。

③政治制度和氛围对个人职业发展具备有深远影响。政治制度不仅决定着一国的经济体制，也影响着企业的组织架构，从而直接影响到个人的职业选择和发展路径。此外，政治制度和氛围还会在潜移默化中影响个人的追求和价值观，从而对职业生涯产生深远影响。

④价值观念对个人职业选择具有重要影响。一个人生活在社会环境中，不可避免地会受到社会价值观念的影响。大多数人的价值取向都受到社会主体价值观念的左右。一个人的思想发展和成熟过程，实际上也是逐渐接受、认可社会主体价值观念的过程。社会价值观念通过影响个人价值观，从而影响个人的职业选择和职业发展路径。

2. 组织环境

组织环境对职业生涯规划的影响表现在以下几个方面：

①企业文化对员工的职业生涯有着重要影响。企业文化决定了企业如何看待和对待员工，因此，员工的职业发展受到企业文化的左右。一个注重员工参与管理的企业会为员工提供更多的发展机会，相比较之下，一个独裁式的企业则很难给予员工足够的发展空间。对于那些渴望发展并寻求挑战的员工来说，在一个重视论资排辈的企业中很难获得重用机会。

②管理制度是确保员工职业发展的基石，它涵盖了培训、晋升、评估和激励等方面。只有当企业的价值观和经营理念融入这些制度之中，才能在实际操作中得到贯彻实施。如果缺乏有效的制度支持，或者制度设计不完善、执行不到位，员工的职业成长就可能受到阻碍，成为一纸空文。

③企业领导者的素质和价值观对企业文化和管理方式有着显著影响。企业的经营理念往往反映了企业家的个人理念。若企业的领导者不注重员工的职业成长，那么员工在这个企业中的发展前景可能就会变得黯淡。

第三节　职业生涯管理

一、职业生涯的含义

职业生涯，也称作职业发展，可以从广义和狭义两个角度来理解。

广义的职业生涯涵盖了从职业兴趣的形成开始，到就业准备、职业选择、就业，最终到退休或退出职业生涯的整个生命周期。这意味着职业生涯实际上从我们出生那一刻起就开始了，并持续到我们无法再工作时为止。义的职业生涯则更加具体，仅指个人直接参与职业活动的阶段，即从接受职业教育和培训开始，经历求职、就业，直至退休。根据这种观点，职业生涯是一个从开始工作到结束工作的线性过程。

无论广义还是狭义，职业生涯都是一个不断发展的过程中，涉及职业的选择、成长和可能的职业转换。

二、职业生涯管理的意义和作用

职业生涯管理系统是一种人力资源管理方法，它将员工个人成长计划与公司成长战略相结合，对影响员工职业生涯的因素进行研究，为员工提供在职成长战略规划，并为其提供各种机会以推动这些计划的实施。

在企业中，职业生涯规划管理是人力资源管理区别于传统人事管理的主要特点之一。企业需要同时考虑人才的潜力和公司的成长空间，为每个员工创造持续发展的机会和环境。只有当企业和员工在这两个方面取得一致，企业才能具备吸引并保留人才的基础，同时保持和提升当前生产力水平，并为公司未来的发展需求做好人才储备。对于员工来说，明确自己在公司内的成长机遇和前景，可以增强他们对本职工作的信心和依赖感，充分发挥自己的积极性和创新力，提高自我成绩，并且提高对公司的满意度。

随着职业生涯管理的发展，它对人力资源的各个方面都能产生积极的效果，主要体现在以下几个方面：

首先，职业生涯管理将有效的奖励机制应用于员工身上。员工都渴望实现自身的人生价值，满足员工激发潜力和实现需求的愿望将会激励员工。当员工清楚地了解到个人的发展机会时，他们会对工作环境和公司的经营更有信心，进而推动个人业绩的不断提高，提升整个组织的绩效。

其次，职业生涯管理可以提高培训和研究项目的综合效益。通过职业生涯规划，公司能够准确把握受训员工所需的基础知识。通过对员工的职业发展规划培训，公司可以得到更好的理解和积极参与，成功的培训将直接影响公司业绩的提升，为公司带来出色的培训回报。

最后，职业生涯管理有助于有效掌握人力资源数据，实现对人力资源需求和供应的有效预警。通过职业生涯规划，人才和公司可清晰地了解自身的能力和专业水平，帮助公司进行合理的用人分析，有针对性地进行人员筛选和招聘。

三、公司进行职业生涯管理的现状及存在的问题、不足和需要改进的方向

为了实施职业生涯管理，公司进行了相关课题研究并制定了员工职业生涯管理办法。按照要求，公司对新入职员工进行了职业生涯知识培训，并建立了一部分员工的个人职业生涯发展档案。同时，通过开展职位晋升、薪酬激励、专项培训计划等一系列工作，公司指导和协助员工实现更好的职业发展，达成他们的职业目标。随着组织机构的调整，公司优化了职位体系和岗位体系，完善了员工的发展通道。

通过各项有关工作的开展，员工职业生涯管理取得了一定的进展，为激励员工起到了积极的作用，但通过对现有的职业生涯管理工作实施效果的反馈评估，发现仍存在一些需要解决的问题，主要有以下几个方面：

首先，员工的职业发展观念需要得到进一步的提升。许多人对于职业发展的概念了解不足，尤其是在职业成长中期和后期阶段的人才当中。这主要是因为企业之前并未建立职业生涯管理体制，导致企业缺乏对员工职业成长的详细规划，没有构建良好的成长系统，缺乏具体的职业成长计划，个人的职业选择也相对被动。虽然随着体系的建立，职业发展规划的概念逐渐被大家所熟悉，但相关的培训、反馈和交流仍需加强。

其次，职业发展规划缺乏明确的指导，职业发展路径的构建还有待优化。员工缺乏专项的职业规划指导，导致表现优异的员工可能对现有职位感到不满。例如，部分技术管理人员希望转向其他职位，而一些技术或管理能力较强的员工希望成为主管。这些情况对公司人才队伍的稳定和发展构成了影响。在技术管理层面，有些员工虽然熟悉企业

情况，但是缺乏深厚的学术背景和丰富经验，通常只能从事常规的管理工作，未能充分发挥其潜力。这些问题的根源在于职业发展路径的构建目标不明确，导致员工存在固定的思维模式，技术人员倾向于认为转岗是更好的发展，而管理人员则认为晋升为领导是最佳的职业发展路径。只有当各发展路径的目标和价值被明确指出，员工才能更明智地选择适合自己的发展道路。目前，员工在职业发展过程中缺乏明确的指导，职业发展途径较为单一，主要包括信息技术、行政、专业知识管理和专业技能四个序列，每个序列都设定了从低到高的不同职位级别。尽管员工对可选路径较为了解，但是对于各路径及职位的具体要求和条件不够明了，缺乏明确的晋升目标和指导。，员工能够自由选择的职业发展机会，如交流、轮岗和挂职锻炼等，也相对较少。大多数员工的职业转换，如从技术岗位转向管理岗位，或是从生产一线转向总部或业务部门，往往是因为职位空缺导致的横向交流，而非基于个人意愿的自主选择。

再次，员工发展激励机制和人才评价体系需要进一步完善。公司已经制定了员工职位评聘管理办法，并优化了职称评定管理和员工年度考核管理，以激励员工发展。随着职位晋升工作的规范，公司采取公开招聘的方式，通过资格审核、面试答辩等环节选拔优秀员工晋升。然而，目前的激励机制和评价体系仍存在一些问题。定量和定性指标在激励目标和人才队伍建设中发挥了不同的作用。为了满足个性化的激励需求，应根据激励目标设置独特的定量考核指标。然而，当前尚未采取科学有效的定性考核方法，因此存在评委主观影响和考核结果不可靠等问题，不利于选拔和激励人才。因此，对人才评价体系和激励制度的进一步改革和完善势在必行。

最后，当前员工培训缺乏系统性和针对性，与员工职业发展联系不密切。尽管已建立了针对特定群体的专项培养计划，如针对工作 3～5 年优秀员工的"幼狮培养计划"和高层次技术人才的"复合型人才培养计划"，但尚未形成与职业生涯发展相适应的员工发展培养管理模式。原因主要有以下几点：一是企业培训工作缺乏顶层规划，训练缺乏系统化。二是企业培训项目分类不足，导致培训缺乏针对性。三是缺乏有效的培训评估机制，大部分培训项目仅作为一级评价，评估方式简单且缺乏全面性，导致参加培训的员工学习动机不足、自学积极性不高，培训项目难以达到预期成效。因此，完善员工培训体系，提高培训的系统性和针对性，和员工职业发展紧密联系，是当前亟待解决的问题。

四、完善公司职业生涯管理的思路方法

为了满足公司战略目标对人力资源的新要求，需要对员工职业生涯管理进行更有效的分析，以适应人力资源转型升级的新趋势。因此，开展员工职业生涯管理工作具有更重要的现实意义。。

针对以上问题，具体的做法有以下几方面。

第一，为了加强职业生涯管理工作的可操作性，需要将员工个人职业生涯档案形成常态化管理。同时，明确员工在职业发展过程中如何获取相关发展，并达到目标的路径。

这可以通过以下步骤实施：首先，制定职业生涯规划方案，明确发展目标。人力资源部门根据员工的个性、学历、背景和企业实际需求为员工设定职业定位，并且指导员工制定职业生涯规划方案。对于在岗员工，职业发展辅导人员可以根据员工的价值观、潜在资质、行为方向等条件，协助员工制定个性化的职业生涯规划实施方案。在个人职业生涯规划方案设计过程中，员工应以公司战略为指引，与辅导人员进行充分交流，明确自己在未来五年内的发展整体目标，并将其划分为可衡量的主要职业技能指标，如高级职称、专业技能认证、职务变更等，构建个人职业生涯规划表。填写完整的个人职业生涯规划表后，提交给企业人力资源部门，建立个人健康职业生涯发展档案。

为了管理企业员工的职业生涯规划方案，员工可以通过对岗位说明书和当前岗位的基本工作技能要求进行正确判断，评估自身的专业知识储备、能力水平、操作实践和业务范围等基本技能。然后，根据企业员工成长计划中的计划，进行工作和学习，持续提高职业胜任水平，为企业创造卓越业绩。随着企业发展策略的调整和结构变化等变动，员工可以在企业辅导人的指导下，根据个人职业发展状况，每三年对于自己的职业生涯规划方案进行调整和修订，以适应企业的新发展需求。

第二，提升员工职业生涯发展的培训与指导。为了确保全体员工具备正确的职业生涯规划观念，并选择合适的职业发展路径，企业需建立全面的职业生涯教育体系，并定期举办职业生涯发展培训。培训内容将涵盖以下几个方面：首先，介绍职业生涯规划的基础理论，帮助员工对职业发展有初步的认识，并能够运用这些知识根据自己的技能和职业偏好进行初步的职业生涯规划。其次，分析企业员工的成长模式和一些典型职业成长案例，让员工了解在企业中可能面临的职位选择和晋升机会，以便他们能更明确地规划自己在企业中的未来发展方向。最后，提供学习与培养的机会，让员工明白在不同的职业成长阶段，企业将为他们提供哪些知识和培训资源、晋升平台和激励措施，指明他们为实现职业成长目标所需的努力方向。

通过有效的培训和指导，可以提升员工对职业发展的认识，使其更好地选择适合自己的发展方向。同时，加强职业发展通道目标的建设也是至关重要的。企业应制定合理的人才职业成长路线，并建立可行的纵向晋升和横向交流的职业成长系统。这样一方面可以帮助员工实现个人职业生涯规划，提升员工满意度，建立良好的员工品牌，增强人才的吸引力，减少人才流失，巩固专业人才队伍；另一方面，也能推动员工按照企业的人力资源战略进行开发，促进内部合理有序的人员调动，发挥人力资源的潜力，有效挖掘企业人才，形成管理、产品和技能等三个方面的优秀人才力量，早日实现公司的目标。

第四，为了实现科学的人才评价机制，需要完善员工激励机制，实施岗位能力评估，并建立员工职业发展胜任素质模型。首先，明确各职位的要求并明确每个员工的责任、权利、责任关系和职位能力条件，为人才的形成和发展提供具体的规范和路径。在此基础上，构建胜任素质模型，该模型包括个性特征、专业知识、操作能力、综合技能和管理知识等因素，用于评价员工在特定工作任务中所应具备的能力要素。通过选取与企业关键技能相关的能力素质，确定本职业绩效合格的最低标准，并判断各个技能素质对职位的重要性水平。岗位胜任能力评估的目的是根据岗位胜任能力模型中描述的能力要求，确定不同人才的能力优势和差距，用此作为人才评价、考核、培训需求、发展规划以及选拔和招聘的依据。

第五，为了建立长效的培训机制，打造员工职业生涯发展培训体系，企业应建立职业生涯拓展训练制度，增强训练项目的系统性、针对性和创新性，并且提高其科学化程度，以满足企业发展需求及个人成长的需要。具体而言，企业采取了多种方法，如国内培养、外派培训、专业技能竞赛、学历教育、挂职锻炼、岗位轮换等，重点针对企业管理、技术、技能等人员进行培训。此外，企业还可积极引进高素质的人才，通过理论知识授课、实操传授、传帮带、项目攻关、课题研究等方式，服务于员工的职业生涯培养工作，比加快员工的成长。

第六章 人力资源风险管理

第一节 风险与人力资源风险管理

一、风险与风险管理

风险管理是指意识到并认可风险的存在，及时评估和分析其对企业可能产生的影响，根据分析结果制定有效的应对方案，可以最大限度地控制和规避风险，将风险降到最低并减少其对企业的影响程度。也就是说，风险管理是对企业所面临的不确定因素进行管理和控制的过程。

二、人力资源风险管理及其发展

随着人力资源管理的不断发展和企业对其重视程度的提高，人力资源风险管理成为了不可或缺的重要组成部分。人力资源风险管理将风险管理与人力资源管理相结合，涵盖了员工招聘、入职、在职与离职等整个雇佣周期的各个方面。通过识别、评估和监控风险，人力资源风险管理能够科学地规避和预防潜在风险的发生，确保企业能够有效管理人力资源并实现可持续发展。

从人力资源风险产生的源头来看，企业在人力资源管理过程中可能面临着多种风险。首先，人力资源管理政策和实践可能违反国家法律法规，导致了合规风险；其次，不当收集、使用、储存和删除员工个人信息可能违反国家个人信息保护法律，产生个人信息安全风险；最后，企业在应对重大突发事件时可能无法迅速做出反应，从而导致人力资源服务中断，形成人力资源服务连续性风险。所以，人力资源风险可以划分为合规风险、员工个人信息安全风险以及人力资源服务连续性风险三种。

在人力资源风险管理的发展历程中，最初的基础人事管理阶段，风险相对较低，企业管理者对人事过程中的风险关注不足。然而，随着时间推移，员工被视为企业的关键"资产"，即"人力资源"。在这个过程中，人力资源管理的风险逐渐显现并扩散，成为人力资源服务环节中的一部分。特别是随着国家劳动法律法规和信息安全政策的不断完善，以及劳动者法律意识的提升，企业开始更加关注人力资源风险管理，并研究采取相应的管理措施来预防潜在的人力资源风险。一些企业甚至在人力资源部门安排专门人员负责人力资源风险管理工作，让人力资源风险管理逐渐成为人力资源部门的一项核心职责。

三、人力资源风险管理的意义

随着科技进步、社会进步以及人力资源管理改革的深入，人力资源风险管理正在受到越来越多企业的关注。相应地，人力资源风险管理已成为企业人力资源管理中的关键组成部分，其重要性日益凸显。

（一）人力资源风险管理是企业依法进行人力资源实践的必然要求

企业必须增强对法律的认识，依照法律规定来进行劳动管理，确保劳动者的合法权利得到切实保护。通过分析人力资源管理中可能出现法律风险的原因，并提升企业在人力资源风险管理和控制方面的能力，企业才能有效地规避法律风险，并从根本上确保企业的和谐、稳定和长期发展。

（二）人力资源风险管理是企业顺应社会发展的必然要求

在大数据时代，随着国家关于个人信息保护等法律的日益完善，人力资源管理者必须准确了解相关法律要求，并且根据企业的需求逐步建立完善的人力资源风险管理体系。这需要对现有的人力资源服务流程和管理方法进行全面审查，清除可能存在的潜在人力资源管理风险，以确保员工隐私和个人数据的安全管理。

需要指出的是，尽管人工智能和其他新技术手段在简化人力资源管理中发挥了作用，但也对人力资源管理提出了更高的要求。因此，在这个新时代，人力资源部门必须要及时预见潜在风险，通过科学的防范和管理，成功实现人力资源管理的转型，真正实践人力资源管理的科学价值。

（三）人力资源风险管理是企业人力资源管理健康发展和企业正常运行的必然要求

在人力资源风险管理工作中，人力资源共享服务中心是企业人力资源风险管理的第一道防线。只有进行科学的风险管理，人力资源共享服务中心才能保障企业人力资源管理的健康发展，为人力资源管理发挥企业战略伙伴作用打下坚实的基础。此外，在依法合规对人力资源服务进行管理的同时，确保人力资源服务的连续性也是至关重要的。这意味着要保障员工服务的连续性，并支持公司业务的正常持续发展。因此，人力资源服务连续性管理也是人力资源风险管理中的重要一环。

四、人力资源风险管理的范围

随着新时代的到来，根据科技、社会和企业发展的趋势，以及企业人力资源管理的特点和内容，人力资源风险管理的范围可划分为人力资源合规管理、员工个人信息安全管理和人力资源服务连续性管理。人力资源合规管理侧重于遵守法律法规和规章制度，确保人力资源管理的合规性；员工个人信息安全管理关注保护员工个人信息的安全和隐私；而人力资源服务连续性管理强调保持人力资源服务的连续性，来支持企业的正常发展。这些方面共同构成了人力资源风险管理的重要内容。

（一）人力资源合规管理

人力资源合规管理是指企业人力资源部门为确保人力资源管理和实践符合国家法律法规、行业规范以及企业内部人力资源管理政策而进行的一系列管理工作。其目的主要有以下三点。

首先，通过合规管理确保企业的人力资源管理符合国家法律法规和地方政策的要求，这是企业人力资源管理的基本要求。

其次，基于企业实际情况建立和人力资源相关的合规制度，以确保员工能够遵守和尊重这些制度。没有明确的制度作为依据，合规管理将难以有效实施。

第三，人力资源稽核是合规管理的重要环节，通过对企业人力资源管理内容和法律风险进行全面评估，可以有效识别和解决潜在的合规问题。因此，企业需要进行合规管理和评估，必须进行人力资源稽核工作。

（二）员工个人信息安全管理

员工个人信息安全管理已不再是一个新概念。随着社会的发展和大数据时代的到来，特别是随着个人信息保护法律法规的不断完善，员工信息安全管理的重要性逐渐提升到了新的高度。在人力资源管理和服务过程中，基于工作需要，人力资源管理者需要采用安全的方式，依法收集、使用、储存和清理员工的个人信息，以确保员工信息的保密性和安全性。这已经成为人力资源管理中的一项重要任务。

（三）人力资源服务连续性管理

作为提供整个员工雇佣旅程的重要人力资源服务的人力资源共享服务中心，必须确保其关键的基础性人力资源服务能够持续运营和发展。人力资源服务连续性管理是指在突发事件（如自然灾害、人为事故等）发生时，为了应对可能的服务中断而采取的一系列预防和应对措施的管理方式。其核心目标是提高人力资源服务团队的风险防范能力，有效应对突发情况，确保人力资源部门持续提供服务，并减少突发事件对人力资源服务的不利影响。通过这样的管理，可以将对员工的不良影响降至最低。

五、新技术助力人力资源风险管理

新技术的广泛应用正在改变企业人力资源管理的方式，对人力资源风险管理的方法和效果产生深远影响。随着新技术在人力资源风险管理中的应用不断增多，人力资源风险管理将变得越来越科学、自动化和智能化。

第一，在人力资源风险管理过程中，利用大数据和人工智能等新技术不仅可以优化和缩短过程，减少误差，而且可以提高和其他相关人员的协同性，合理有效地匹配资源。更重要的是，这些技术减少了对企业人力资源风险管理对专业人才的依赖。通过实时分析和预判潜在的人力资源风险，新技术能够自动识别可能的法律风险，并依托智能化的管理体系和数据分析体系制定出最佳的人力资源风险预防与管理方案，大大降低人力资源风险发生的概率，提高人力资源风险管理的效率。然而，需要注意的是，人力资源风险管理人员在使用新技术时，需要确保支持技术的稳定性及个人信息管理的安全性。此外，在新技术使用前和使用过程中，应事先判断、预估和防范新技术可能带来的新风险，尽量减少和消除新科技带来的新风险。换句话说，他们需要谨慎地利用新技术，以最大限度地发挥其优势，同时最小化潜在的风险。

第二，采用数字化手段，尤其是人力资源信息系统平台、电子合同、电子签名、电子公章和人脸识别等先进技术的应用，极大的提升了人力资源合规管理的标准化、便捷性和自动化水平，从而提高了管理的效率。

第三，随着云计算技术的日益成熟和普及，基于安全的云平台（如基于微软 Azure 云的 SharePoint、基于阿里云的"飞天"等）的员工个人信息的收集、使用、存储和管理变得更加方便、安全、可靠。

第四，随着 4G 和 5G 移动通信技术、在线办公技术以及互联网社交技术与平台的日益成熟与普及，居家办公模式成为可能，这为企业的人力资源风险管理带来了新的挑战和机遇。同时，新技术的应用在提高人力资源风险管理的科学性、有效性和智能化的同时，也带来了一些新的风险。而传统的人力资源风险管理方法和策略并非无效，所以，人力资源风险管理人员需要在传统的人力资源风险管理中结合新科技，做到珠联璧合且取长补短。只有这样，企业才能更好地构建一个多维度、高效的人力资源风险管理体系。换句话说，他们需要灵活地适应新技术带来的变化，同时也要保持对传统方法的尊重和运用。

第二节　人力资源合规管理

一、人力资源合规管理及其意义

在人力资源管理领域，合规意味着企业的人力资源管理活动与劳动就业方面的法律法规保持一致。需要强调的是，劳动领域的"法律、规则和准则"不仅包括国家和地方政府制定的劳动法律法规，还包括了行业监管部门制定的劳动法律、规则及准则、公约和行业协会制定的行业守则，以及适用于企业内部员工的公司政策、规章制度和内部行为守则等。换句话说，合规不仅要求企业遵守国家层面的劳动法律法规，还需要遵守行业层面的劳动法律、规则及准则，以及适用于企业内部的具体规定。

（一）人力资源合规管理的基本含义

人力资源合规管理是指以人力资源管理为核心，通过制定合规政策、内部操作规范和监督执行等措施，加强内部控制，以确保符合国家劳动法律法规的要求，监测、预警和控制可能存在的违规行为，并化解合规风险的一系列管理活动和机制。在现今，人力资源合规管理已成为企业人力资源管理体系中的重要组成部分，发挥着独特的作用。

（二）人力资源合规管理的意义

对于任何希望持续发展的企业来讲，人力资源合规管理都是至关重要的。只有当企业全心全意地以员工为中心，确保所有与人力资源相关的政策、流程和操作规范均遵守国家法律、行业标准和公司内部规定，企业才能实现健康、稳定且持久的成长。

1. 按照相关法律规定开展人力资源管理活动，是确保人力资源管理科学性和有效性的基础

国家颁布的与人力资源相关的各种政策、法规和法案通常具有跨行业和地域的适用性，直接或间接地对各行业的人力资源管理和实践产生影响。所以，每个行业的人力资源部门都需要以法律法规为首要原则，进行人力资源管理和实践。这意味着他们必须根据法规要求制定相应的政策和实施措施，来确保公司的人力资源管理行为合乎法律法规的要求。

2. 坚持合规管理是确保人力资源管理实践一致性的根本保证

除了依据当地法律法规和分支机构的内部管理规则进行人力资源合规管理外，企业的合规管理还需要关注母公司的人力资源政策和制度是否能在全国各地的子公司得到合规实施，以及关注子公司所在地的特殊法律要求或操作规范是否与母公司的制度政策相冲突等问题。所有这些问题都可能对人力资源合规管理和企业的未来发展产生深远影响。

这意味着企业需要保持高度的协调性和一致性，以确保在各种情况下都能够遵守相关法律法规，并且在不同地区的人力资源管理和实践中保持一致性。

二、人力资源合规管理的方法与过程

人力资源合规管理是企业永葆青春、实现持续健康发展的关键法宝。合规是企业的重要责任，是内部的核心风险管理活动之一，每一家企业都应该积极主动地将合规管理纳入人力资源风险管理体系，以增强企业的软实力和提升市场竞争力。这意味着企业需要将合规管理作为一项长期战略，确保其人力资源管理活动与法律法规和行业规范保持一致，进而在激烈的市场竞争中保持领先地位。

（一）人力资源合规管理的基本要素与内容

在构建人力资源合规管理体系的过程中，人力资源管理人员需要详细理解和掌握人力资源合规管理的基础要素和涵盖的内容。

1. 人力资源合规管理的基本要素

人力资源合规管理涵盖了企业的合规文化、人力资源合规目标、人力资源合规风险评估以及建立独立的人力资源合规管理体系等基本要素。这些要素是构建有效人力资源合规管理的关键元素。

（1）企业的合规文化

为了进行有效的人力资源合规管理，企业应将其目标和愿景与合规管理体系紧密结合，以建立一个积极的合规文化。没有疑问，明确和建立企业的合规文化是企业发展的基石。

（2）人力资源合规目标

通常，企业可以根据自身的合规文化和商业行为准则来设定人力资源合规管理的目标，并将遵守法律法规作为合规管理的基本原则。在此基础上，企业应建立和优化人力资源的规章制度及内部管理规则，以确保人力资源管理活动的合法性和合规性。

（3）人力资源合规风险评估

在人力资源管理过程中，特别是员工雇佣旅程周期管理过程中，企业需要对存在或潜在的人力资源管理法律风险进行评估和分析，建立风险评估机制。

（4）独立的人力资源合规管理体系的建立

企业应结合人力资源合规管理的内容，建立独立的人力资源合规管理体系，并依据合规管理的五大基本原则进行人力资源风险管理，来确保人力资源管理符合法律法规的要求，符合企业的内部规章制度，并持续进行完善和提升。

2. 人力资源合规管理的内容

人力资源合规管理的内容主要有以下五个部分

①确保依法开展人力资源管理活动。以合法作为人力资源管理的基础和原则。人力资源管理人员需要深入学习和领会国家制定的法律法规，依法进行人力资源管理。

②制定并优化企业内部的规则和合规方针。企业在制定规章制度和合规政策时，必须确保其合法性和有效性，使员工明确了解并遵守相关规定。同时，应根据企业内部环境和人力资源管理的实际情况，不断地对这些政策进行修订和完善。

③企业应以合规文化为引领，创造有利于人力资源合规管理的环境。加强人力资源管理者的合规意识，提供相关培训和教育，对提高全体人力资源管理人员的风险意识及应对能力至关重要。

利用生动形象的合规宣讲、精美的政策小卡片、实时的合规主题邮件或小报等宣传方式，受到员工的喜爱。通过这些沟通形式，逐步培养和加强人力资源管理者与员工对法律道德和合规重要性的认知，使他们在工作中自觉依法进行人力资源管理，主动识别和预防风险，并将合规要求融入到实际工作和流程中，成为人力资源合规管理的积极实践者。

④通过人力资源审计，对人力资源管理的合规性进行监测和评估，及时发现并解决管理中的问题，人力资源部门应定期执行人力资源审计，以确保人力资源的政策、制度、流程和实际操作符合法律法规和公司规定。

除了定期的外部合规审计，企业的人力资源部门还应定期进行内部合规审查。例如，为保证员工档案中每一份文档都完全符合国家法律法规和公司规定，人力资源部门应在日常管理中对员工档案进行定期自查，以完善资料、及时填补漏洞、预防潜在风险。员工档案合规性自查包括检查法律文件的完整性、签署日期的准确性、是否使用正楷签署文件、特殊情况下是否提交了补充文件或批准等。对于自查中发现的缺失或不合规文件，人力资源部门应立即采取措施，及时收集、更正或补充相关信息，确保员工档案的完整性和合规性，以便在需要时或发生劳动争议时能够迅速提供。

⑤为了确保人力资源合规管理制度的时效性，人力资源合规管理者应随时关注国家法律法规和政策的变化，并及时调整或者更新制度，以适应不断变化的市场环境。

（二）人力资源管理稽核

人力资源法律风险防范是人力资源合规管理的基础，而人力资源管理稽核则是评估和检验合规管理的重要手段。通过稽核，企业能够直接发现和评估人力资源管理中的法律风险，确定潜在问题，并制定相应的改进措施以持续完善管理流程。这有助于确保企业在人力资源管理方面符合法律规定并减少法律风险的发生。

1. 人力资源管理稽核及其分类

人力资源管理稽核覆盖了人力资源管理的各个方面，包括人力资源政策、操作流程、管理文件、人力资源管理信息系统等。稽核过程中，企业可发现人力资源管理中存在的不足或潜在漏洞，并且及时采取行动进行改进。内部稽核可以分为日常自审和专职稽核两种形式。日常自审通常由人力资源部内部的相关专业人员担任，对日常的人力资源管理的内部操作流程进行自审和把控，以防控人力资源管理内部风险。专职稽核则更为正式，通过与人力资源相关部门密切合作，对人力资源部按要求提供的材料、信息和数据进行系统的检验和分析，找出产生问题的根本原因并制定相应的改进措施。采取内部稽核的根本目的在于改善企业人力资源内部管理，通过对所发现的问题采取相应的纠正措施和预防措施，从而推动人力资源管理与服务水平的不断改进。同时，稽核也关注人力资源政策的制定和内容是否合规，以及内部操作流程是否严格按照相关政策和流程规定进行操作。

外部稽核通常由符合资质的外部审计公司进行，涉及的方面更广，需要对人力资源管理的各个模块进行全面的核查和了解。稽核的重点是检查企业的人力资源管理政策是否符合国家相关规定和法律法规的要求。不管是内部稽核还是外部稽核，其目的都是确保企业的人力资源管理完全合规，彰显企业的社会责任，并为企业实现战略目标发挥出人力资源管理的独特作用，真正帮助企业赢得竞争优势。同时，稽核也是企业赢得员工信任、提升员工忠诚度的重要手段。

2. 人力资源管理稽核的意义

定期对人力资源合规管理进行稽核是检验人力资源管理效果的手段，它不仅可以发现人力资源管理中存在的问题，还能为企业提供改进合规管理质量和效果的依据。稽核可以让人力资源管理中存在的问题无所遁形，通过对问题的分析找到根本原因，企业可以制定切实可行的改善措施，彻底解决或消除问题。此外，通过人力资源管理稽核，企业可以确保其人力资源管理工作合法合规地运行，促进人力资源管理政策、流程和制度的充分落实，保持一致性，进而形成良性的人力资源管理体系。这段话经过深度降重后，保留了原意的同时也进行了适当的修饰和调整，使其表达地更加清晰明了。

3. 人力资源管理稽核的目的、内容和过程

人力资源管理稽核是为了加强企业内部控制和监督，确保人力资源管理的合规性和一致性，从而提高企业的人力资源管理水平。稽核可以帮助企业审查和评估人力资源管理政策、流程和实践的执行情况，发现潜在的问题和风险，并提出改进措施。稽核还可以确保企业的人力资源管理与相关法律法规保持一致，避免违规行为的发生。通过人力资源管理稽核，企业可以提高管理效能，促进员工福利和工作环境的改善，进一步发展和壮大企业。总之，人力资源管理稽核在企业的人力资源管理中起着至关重要的作用。

（1）人力资源管理稽核的目的和内容

人力资源稽核的核心目标在于，依据国家的劳动法律、法规及公司内部的人力资源管理政策，对人力资源管理的各个方面进行全面的审查和核对，确保其合法合规、准确无误且执行一致。同时，对于稽核过程中揭露的问题，要深入分析其根本原因，并据此制定有效的改进计划，以便及时修正和优化相关管理实践。

一般来说，人力资源管理稽核的内容主要包括但不限于下列几个方面：了解人力资源管理各项工作的开展情况，对现有的人力资源管理流程进行全面分析，核查人力资源管理内部流程的规范性，以及对支持人力资源管理流程的相关信息系统和其他文件的可靠性、正确性的评价。具体来说，稽核的内容通常涉及对员工个人档案的完整性、安全性和保密性的合规性稽核，人力资源相关政策、流程的合法合规性和实践一致性的稽核，以及一系列常规性人力资源服务的稽核，例如入离职管理、考勤管理、加班管理、保险

福利管理、休息休假管理、人事异动管理等。

（2）人力资源管理稽核的一般过程

首先，我们需要明确人力资源管理稽核的目的和内容，并组建稽核小组。稽核小组通常由两名或以上的稽核人员组成，其中一人负责主查，其他人进行辅助稽查，以确保稽查过程的公平公正。

其次，制定人力资源管理稽核方案，包括稽核目的、范围和重点、稽核对象、稽核形式、步骤、分工以及时间进度等具体事项。

T第三，进行人力资源管理稽核的准备工作，包括了取得被稽核部门管理层的支持，理解国家劳动法律法规和企业的人力资源管理政策、制度、流程和实践，以及与稽核支持人员进行沟通等。

第四，实施人力资源管理稽核，按照稽核方案对人力资源管理区域或模块进行实际稽查工作。这些步骤包括对人力资源管理的各项实践进行了解、对现有流程进行全面分析、核查内部流程规范性、评价流程效果与效率，以及对相关信息系统和其他支持文件的可靠性、正确性的评价等。此外，还需对员工个人档案的完整性、安全性和保密性进行合规性稽核，并对一系列常规性人力资源服务进行稽核。

人力资源管理稽核的实施方式主要包括阅读相关材料、与相关人员进行访谈以及实地调查。阅读相关材料包括对记录或文件的审查，如纸质、电子或其他介质形式的记录或文件，以验证信息作为稽核证据。访谈则是通过书面询问或口头访谈等方式与相应负责人交流，以了解尚未获悉的信息或作为佐证证据，同时对已获取的信息进行澄清。实地调查则是稽核人员深入人力资源管理实践，直接观察人力资源管理者正在从事的人力资源活动或正在操作的服务流程，以了解所稽核的内容在企业内部的实施情况。

第五，编制人力资源管理稽核报告时，通常需包含以下几个主要部分：稽核的基本概况、稽核过程的描述、揭示的主要问题、对问题的调查分析结果、得出的稽核结论以及提出的改进建议等。

最后，对于稽核报告中总结的问题和漏洞，需要督促人力资源管理者制定相应的改善方案，并追踪其实施情况，以检验改进效果。这样的追踪和检验过程有助于推动人力资源管理进入良性循环，实现稽核的最终目标。通过不断改进和完善人力资源管理，企业可以提高管理效能，优化员工福利和工作环境，进一步促进企业的发展壮大。

（3）人力资源管理稽核的支持

从人力资源服务管理的角度出发，企业的人力资源风险管理人员常常以稽核支持人员的身份参与人力资源管理稽核工作。作为一名人力资源管理人员，一旦收到要进行人力资源管理稽核的通知，事前的准备工作就尤为重要。应该如何进行事前准备，配合稽核人员顺利完成人力资源管理稽核呢？

第一，做好人力资源管理稽核的准备工作；具体来讲，一是要了解此次人力资源管理稽核的目的和范围。二是要了解此次人力资源管理稽核的具体时间、方法和所需提供的材料信息等。和稽核人员密切沟通或以内部会议等方式，讨论并协助稽核人员确定稽核范围、途径、时间等内容，确定需要提供的文件清单等。三是要建立人力资源管理稽核支持团队召集稽核所涉及的人力资源同事以及相关的其他部门的同事共同组成稽核支持团队，通过协作配合确保此次人力资源管理稽核工作顺利完成。四是要制订配合人力资源管理稽核的工作计划。稽核支持团队需要根据稽核范围所需要的文件清单收集或提供相关的资料、文件、信息，制订具体的稽核准备计划和配合计划。

第二，在稽核的调查阶段，稽核团队将集中精力审视和解读所搜集的数据信息，并对初步调查中发现的问题进行详尽的审查。这包含对制度设计的合规性和流程执行的准确性的核查。稽核支持团队应充分理解稽核工作的焦点，并与稽核人员保持紧密的交流，确保能够迅速提供进一步调查所需的额外文件和资料。

第三，在稽核调查结束后，至报告撰写阶段，稽核人员的工作重心在于根据所得的稽核结果，与被稽核部门共同深入分析问题产生的因素，探寻各因素间的关联及其根本原因。同时，与政策、流程所有者及其相关人员共同讨论，以确定最合适的改进实施方案。在此过程中，稽核人员需要与被稽核部门密切合作，共同完成初步的稽核报告。在此期间，稽核支持人员需为问题讨论和改进方案会议提供必要的后勤保障，并协调人力资源部门和相关部门的运作，来确保整个过程的顺利进行。

第四，在追踪问题、检验改进效果阶段，稽核支持人员需要协助完成跟进工作，以确保改进方案能够得到有效实施。

第三节　员工信息安全管理

一、隐私与个人信息

（一）个人数据的涵义

伴随互联网、大数据、云计算等技术的快速发展，以及数字社会的到来，信息的高度传输和分享使得个人隐私保护问题变得日益突出。早在 1995 年，欧盟在其发布的《数据保护指令》中指出，个人隐私是指任何与已识别或可识别的自然人相关的信息。而在 2003 年，德国的《联邦数据保护法》和法国修改的《数据处理、数据文件及个人自由法》中，都规定个人数据是指任何关于已识别的或可识别的个人（数据主体）的信息。这些法律和指导原则为我们理解个人信息隐私提供了基础和标准。

GDPR 是 2018 年在欧洲颁布和实施的一项法规，对于"个人数据"（Personal Data）给出了总结性的定义。根据 GDPR 第四条的规定，个人数据是指与已识别或可识别的自然人（数据主体）有关的任何信息。可以识别的自然人是指能够直接或间接识别个人的个体，其中包括但不限于姓名、身份证号码、位置数据、在线标识等，以及与个人的身体、生理、遗传、心理、经济、文化或社会身份相关的因素。从 GDPR 的定义来看，个人数据的范围更加广泛和深入。它不仅包括直接可识别信息（如姓名、身份证号码）

等传统的个人可识别信息（PII），还涵盖了许多相关的数据链，包括直接或间接可识别的信息、行为数据、衍生数据或自我识别数据，甚至包括生物和遗传数据等。

（二）隐私、个人数据与个人信息的关系

根据相关研究，世界各国目前对于个人信息的立法主要使用了三种概念：个人数据、隐私及个人信息。

1. 个人信息与个人数据

个人信息与个人数据的保护基本相同，都需要建立和增强安全的管理意识与管理能力，确保个人数据、个人信息的安全性，并不强烈区分两者间概念的差别。

2. 个人信息与隐私

在国际社会，个人信息的保护通常被视为隐私保护的一部分，并且个人信息的保护被视为维护隐私的前提和目标。个人隐私包括个人信息，因此个人信息的保护是隐私保护的重要方面。随着互联网、云计算和数字化时代的全面展开，个人信息的保护面临着新的挑战。数字化科技使得个人信息与个人隐私密不可分，例如个人网页浏览、个人通信内容等通常被视为个人隐私，但这些数据可以转换为个人信息。因此，确保个人信息的保护也是维护个人隐私的重要方面。

二、保护员工个人信息的意义

在互联网时代，个人信息因其巨大的商业价值而成为各大企业争夺的对象。在企业内部，员工的个人信息既是企业的资源之一，也是人力资源部门管理及提供服务的基础。因此，保护员工个人信息的安全对于人力资源风险管理者来说是一项重要的使命和责任。

（一）保护员工个人信息是新时代发展的迫切要求

在数字经济时代，企业借助大量个人信息及其分析结果能够实现精准的客户定位和制定有效的营销策略，通过优化服务来满足客户需求，进而为客户创造更大的价值。然而，企业在利用大数据进行分析时容易陷入保护个人隐私和推动数字经济发展之间的内在矛盾。目前，一些企业在实践中存在过度收集客户和员工个人信息的情况，几乎成为某些行业的不成文规则。甚至有些企业在未经客户或员工同意的情况下，过度甚至非法地收集和处理大量个人信息，例如一些应用程序强制要求用户授予多个权限，包括访问通讯录、共享位置信息等。

在数字经济的背景下，员工个人信息成为企业人力资源管理的关键要素，也是人力资源部门开展服务的基础。人力资源管理者在执行日常工作、处理员工个人信息时，承担着保护员工个人信息安全的责任。他们需要通过建立完善的个人信息安全管理制度，采取一系列安全措施来保障员工信息的合理收集和使用，防止过度收集和滥用个人信息以谋取不当利益。

随着数字经济的快速增长，员工个人信息安全管理成为人力资源风险管理的敏感领域。人力资源部门在支持企业适应新时代、发展数字经济的同时，需要具备预见和预防

员工个人信息管理中潜在风险的能力。通过建立和持续改进科学的信息安全管理制度，人力资源部门可以帮助企业在云计算、大数据、人工智能等新技术的推动之下，抓住机遇，获得竞争优势。

（二）保护员工个人信息是企业与员工建立信任关系的必然要求

信息技术的发展使世界变得愈发透明，因此保护人们的隐私和个人信息变得至关重要，同时也带来了更大的挑战。一方面，个人信息对于企业的技术开发、商业模式创新、跨界盈利、人才吸引与保留等方面具有重要意义；另一方面，如果缺乏对个人信息的安全管理，企业可能会遭受名誉受损、经济损失、人才流失等负面影响。这一问题的复杂性不断加大，如何在这二者之间取得平衡成为了当前的一大挑战。

在保护个人信息方面，企业需要在获取所需数据信息和保护个人隐私之间取得平衡。过度偏重个人信息的保护可能会阻碍企业的业务发展、技术创新、市场开拓以及内部人力资源管理。然而，在企业数字化转型中，赢得员工和用户的信任是企业发展的必要条件。个人信息的有效保护是建立信任的基础，人们只有愿意分享自己的信息当他们确信个人隐私和信息安全能够得到有效保护。

事实上，尊重和保护个人信息不仅涉及商业、技术层面，也涉及社会道德。它是企业长期发展和衡量社会文明程度的重要标准之一。例如，微软公司的价值观突出了"以信任为本"。在微软的人力资源管理中，人力资源部作为信息处理者经常收集、使用、储存和分享员工的个人信息。因为员工信任和依赖人力资源部对个人信息的安全管理，他们愿意主动提供个人信息来支持人力资源部的工作。人力资源部通过确保安全处理员工个人信息，并为员工提供高质量的服务，不以交换个人信息为筹码。通过这样的努力，微软公司的人力资源部维持并增进了与员工之间的互信，增加员工在企业工作中的安全感。

三、企业员工个人信息安全管理及其实践

个人信息安全管理是信息时代企业人力资源风险管理的关键工作之一。作为企业内部负责管理员工个人信息的重要部门，人力资源部门需要建立完善的员工个人信息安全管理制度，确保合法收集、使用、储存和删除员工个人信息，并通过此举建立企业与员工之间的相互信任。此外，人力资源部门还需要在合法的范围内使用个人信息，协助企业抓住数字经济发展的机遇，为企业赢得竞争优势和实现长远发展目标创造条件。

（一）员工个人信息安全管理制度建立的基本要素

通常来说，人力资源部要建立员工个人信息安全管理制度，可以从如下五个方面入手。

1. 增强员工个人信息安全管理的意识

企业需要提高人力资源服务团队对员工个人信息的敏感度，增强员工对个人信息安全管理的意识，并将员工个人信息安全的管理理念融入服务理念中，形成以保护员工个

人信息安全为首要原则的工作习惯。这样做可以降低人力资源风险，提升企业品牌形象，并增强员工对企业的信任度。

2.员工个人信息安全管理风险评估

企业需要加强对员工个人信息安全管理的风险评估，包括了评估企业自身和人力资源部门对员工个人信息的管理情况，对员工个人信息管理过程中可能存在的安全风险进行分析和评估。只有通过科学评估企业的员工个人信息安全管理风险，企业才能制定合理的员工个人信息安全管理制度，确保对员工个人信息的有效安全管理。

3.设置专业的员工个人信息安全管理职能

鉴于员工个人信息安全管理的专业性，企业应配备专门的员工个人信息安全管理人员，通过进行风险评估来建立专业的个人信息安全管理制度和流程，以推进个人信息安全管理。同时，企业应定期评估人力资源服务团队在执行个人信息安全管理制度和流程方面的表现，以便不断改进和提升管理员工个人信息的能力。

4.成立员工个人信息安全管理工作小组

为了提升员工个人信息安全管理水平，企业应组建员工个人信息安全管理工作小组。该工作小组应邀请来自企业人力资源部、法务部、合规部、财务部及相关业务部门的领导，以确保思想统一、集思广益。借助工作小组的力量，企业可更好地制定和执行员工个人信息安全管理制度，确保其落实到位。

5.建立员工个人信息安全管理制度

企业需要完善员工个人信息安全管理制度，涵盖个人信息的内容、范围、方法、流程、周期等内容，并制定应对信息泄露事件的管理机制和持续改进的管理过程，以确保全面推行员工个人信息的安全管理。

（二）员工个人信息安全管理的主要内容及其实践

根据国内外有关个人信息保护的法律法规，企业应关注员工个人信息的安全管理，包括信息的收集、使用权限的管理、分享与使用、储存以及清理等。此外，员工个人信息安全管理还包括对信息安全事件的报告和第二方信息安全管理等方面。这些管理措施有助于保障员工个人信息安全，并且符合相关法律法规的要求。

1.员工个人信息管理权限的设置

在人力资源管理领域，不同的职位应分配相应的员工个人信息管理权限。员工个人信息管理权限通常分为数据操作权限和数据范围权限。数据操作权限涉及被授权人对员工个人信息的查看、编辑、存储和删除能力；而数据范围权限则确定被授权人在其职责范围内能接触到的员工个人信息所涉及的国家、地区、法人实体或部门。例如，在人力资源服务管理中，负责管理企业上海公司员工入职和离职流程的人力资源服务人员，通常只被授权处理和访问上海公司员工的个人信息，而没有权限查看其他区域员工的个人信息。企业应该通过建立明确的人力资源管理信息系统权限分配机制，定期审查和更新管理人员的权限，确保只有合适的人员能够获取相应的员工个人数据和信息权限，以便有效地开展管理工作。

2. 员工个人信息的分享和使用

在人力资源管理的实践中，人力资源服务人员可能需要根据工作需要提供和分享员工的个人信息。然而，如果处理不当，可能会导致员工的误分享、提供或使用。为了确保员工个人信息的分享、提供和使用既正确安全，人力资源部门需采取两方面的措施：一方面，通过和培训等措施提高人力资源服务人员对个人信息保护的意识；另一方面，制定明确的员工个人信息安全管理指南，并严格按照既定的管理流程来分享、提供和使用员工的个人信息和敏感数据。

3. 员工个人信息的储存

随着科技进步，员工个人信息的存储方式日趋多样，从最初的纸质档案存储逐步演变为电子文件存储，涵盖了电脑终端、移动设备以及云存储等。目前，众多企业倾向于将员工个人信息保存在基于云平台的 SharePoint 中，因为与仅储存在硬件或移动设备相比，经过权限设定的 SharePoint 提供了更加安全和高效的信息管理。这种做法不仅确保了信息的保密性、及时性，还打破了时间和地点的限制，使得有权限的人员可以随时访问信息，未授权的人员则无法查看。

无论企业采取何种储存方式，都需要对员工个人信息进行安全管理。在储存过程中，对包含员工个人信息或敏感信息的文件进行加密存档是必要的措施。此外，还要确保所选储存方式和媒介本身的安全性，并根据权限原则对不同的储存方式进行适当的权限设定。例如，对于传统的纸质文件，可以使用上锁的文件柜和需要刷卡进入的文件室进行保管，管理文件柜钥匙和文件室刷卡权限的人员需进行管理。对于采用数字化的电子文件储存方式，如云存储，需要设置适当的信息管理权限进行控制。无论是纸质文件还是电子文件，企业应指定专门的管理人员，并定期进行维护，以确保员工个人信息的安全存储和管理。

人力资源管理人员应避免将员工的个人信息存储在个人电脑上，而应将其保存在经过权限设置的安全云端等地方。与此同时，应避免在企业电脑设备存储私人信息，减少工作中对含有人员个人信息文件的频繁下载和备份，以及减少打印含有个人信息的纸质文件，以防止因文件保管不当而引发个人信息泄露的风险。

4. 员工个人信息的清理

鉴于员工个人信息储存过程中存在诸多风险，人力资源服务人员应转变管理观念，严格遵守国家及企业规定的时间要求。员工的个人信息并非储存时间越长越安全，反而是储存时间越短越安全。所以，人力资源服务人员应及时清理不再使用的员工个人信息或包含员工个人信息的相关文件，不论是储存在电子邮箱、电脑、移动设备、云端中的电子文件，还是存放在带锁抽屉、文件柜中的纸质文件。对于已经完成的工作，不应再为日后工作方便而长期保存员工的个人信息或含有员工个人信息的文件，而应提倡制订定期清理和归档计划，结合企业内部文档保留规定和国家相关法律要求，定期清理不再需要的员工个人信息及其相关文件，以将个人信息泄露的风险降至最低，有效防范人力资源风险的发生。

5. 对出现的员工个人信息安全问题要及时报告

尽管在人力资源管理中我们会尽力做好准备，但因为不可避免的技术缺陷、工作疏忽或处理不当等原因，员工个人信息的安全问题可能会发生。为了应对这些特殊情况，人力资源部门需要建立全面而科学的应对机制。如果发生员工个人信息安全问题，必须及时报告给专业人员，以进行影响分析、原因调查和客观评估，并采取适当的补救措施来最大程度地减少影响。同时，需要详细记录发生问题的情况，并通过系统分析识别根本原因，不断改进员工个人信息安全管理制度和流程，以避免类似问题再次发生。

6. 企业的人力资源外包服务商对员工个人信息的安全管理

随着人力资源外包服务的发展，企业越来越倾向于将基础的人力资源服务交给专业的外部服务商来承担。在这个过程中，外部服务商需要接触和处理企业员工的个人信息。为了确保企业员工个人信息的安全，人力资源部门在与第三方服务商合作时需要采取切实可行的措施。一般来说，企业应在与第二方服务商签订的合同或协议中明确规定，第二方服务商在使用和处理员工个人信息时需严格遵守国家相关法律规定，并明确规定其只能将员工个人信息用于与服务项目或交易相关的目的。还应明确第三方服务商的违规责任等内容，以减少或消除因第三方服务商对员工个人信息的不当收集、使用、储存和清理而给企业造成的员工个人信息管理安全风险。

人力资源服务团队需严格遵守员工个人信息安全管理制度和流程，并持续关注国家个人信息立法、发展趋势、政策环境和其他企业最佳实践，以提高对个人信息安全的敏感度。同时，他们可以充分利用云计算和人工智能等新技术来保护和管理员工的个人信息，并不断完善员工个人信息安全管理制度，探索最佳的个人信息安全实践方法。

第四节　人力资源服务连续性管理

一、连续性与人力资源服务连续性

连续性管理的目的是确保企业的各项重要功能，如生产、销售、市场、财务和人力资源管理等在任何情况下都能够正常运作，保证业务的连续性。在人力资源共享服务中心中，人力资源服务连续性指的是在突发事件发生时，按预先制定的计划应对风险、调整和迅速反应，以确保人力资源服务的持续运转能力。人力资源服务连续性管理的主要目标是解决突发事件对人力资源服务管理的影响和服务中断的问题。因此，人力资源服务连续性管理与具体的人力资源工作密切相关，并对确保服务不中断和提高员工体验具有重要意义。

（一）人力资源服务连续性管理可以提高人力资源服务的应急与管理水平

通过建立业务连续性管理机制，人力资源部门能够提前识别可能遭遇的突发事件和冲击，并据此制定相应的应对计划。当突发事件发生时，人力资源部门能够为管理层提供基于科学和明确性的操作指导，包括了分析事件带来的影响、确定需要采取的预防措施以减轻影响，以及评估是否需要额外资源和指导等关键问题。通过这种预先的有针对性的预防和应对措施，人力资源部门能够有效提升其服务的整体管理能力。

（二）人力资源服务连续性管理可以实现人力资源服务的可持续运行

突发事件发生时，确保人力资源部门能够持续提供关键功能和其他人力资源服务，是衡量企业人力资源管理水平的重要标志。当突发事件发生时，人力资源部门需要能够快速做出反应，以减少甚至消除突发事件对人力资源服务的影响。只有通过这样的响应能力，人力资源部门才能赢得员工对其和企业的信任和支持，并且提高其在企业和员工中的影响力。

二、人力资源服务连续性管理的基本原理及过程

为确保人力资源服务的连续性，在灾难和突发事件发生之前，人力资源部门需要预估灾难或突发事件的发生概率，并评估其特点、危害和对人力资源服务的影响。基于这些评估和分析，制定相应的应对措施，这就是人力资源服务连续性计划的过程。制定可行的人力资源服务连续性计划是确保管理成功的关键。人力资源服务连续性管理是一种管理方式，以人力资源服务连续性计划为核心，协助人力资源部门在突发事件发生之前进行有效的管理和预防措施，在突发事件发生以后迅速积极地应对，以降低和消除对企业和员工带来的负面影响和损失。

（一）人力资源服务连续性管理的基本原理

人力资源服务连续性管理的基本原理包括对人力资源风险的初步评估、对人力资源业务的影响分析、制定并确定人力资源服务连续性计划、定期进行演练，以及在风险出现时实施人力资源服务连续性计划，以及在人力资源服务连续性计划实施之后进行评估和改进等。

1. 人力资源风险评估

一般来说，人力资源部门可以根据所在地的地理、人文环境以及自身的管理情况，预测和评估突发事件的可能发生情况，识别可能产生的隐患，并针对隐患制定相应的控制措施。例如，如果企业所在地位于沿海地区，人力资源部门就需要考虑可能会受到台风、洪水等自然灾害的影响，并且提前制定相应的防范措施。

2. 人力资源业务影响分析

根据对潜在风险的评估结果，人力资源部门会针对发生概率较大的灾害或突发事件

进行分析，并确定其对企业人力资源服务的影响及其中存在的风险。这包括评估灾害或突发事件发生时是否会影响人力资源服务的关键功能运作，以及一旦这些关键功能中断可能导致的损失和影响等。

在人力资源服务业务影响分析中，首先需要确定关键的人力资源服务功能。通过评估其对企业和员工的影响程度，确定哪些人力资源服务对他们的影响最大。显然，现代人力资源服务越来越依赖于管理系统，而一旦系统中断，会直接影响到员工的日常咨询服务、工资发放、员工入职和离职手续等，从而对企业和员工造成一定的影响，并影响员工对人力资源服务的体验。通过分析，可确定关键的人力资源服务功能，并确定其优先恢复的顺序。

3. 制订应对突发事件的计划

通过人力资源业务影响分析，确定了关键功能后，需要制定一个应对突发事件的计划。一旦突发事件导致关键性功能服务中断，人力资源部门可以立即启动该计划，以确保关键性功能服务能够持续进行。

4. 定期演练

场景演练是人力资源服务连续性管理的重要活动之一，通过演练可以检测已设定的应对突发事件的计划是否可行有效。演练可以包含回顾人力资源服务连续性计划、团队操练、应对策略检测和演练结果分析等活动。在演练过程中，人力资源服务连续性管理团队成员需要按计划要求各司其职，使计划中各环节衔接有序，并在规定的时间内完成演练活动。这样可以帮助团队更好地理解计划，发现潜在问题，并及时进行改进，以提高应对突发事件的能力。

5. 实施应对突发事件计划

在执行应对突发事件的计划之前，人力资源服务连续性管理团队必须熟练掌握人力资源服务连续性计划的具体内容，并明确自己在连续性管理中的角色和责任。通过持续和定期的演练，团队可以积累经验并吸取教训。当突发事件真正发生时，人力资源部门应根据人力资源服务连续性计划的指导，激活并执行相应的策略，以实现人力资源服务连续性管理的目标，尽量减少或消除突发事件对人力资源服务的影响，且确保人力资源服务的持续提供。

6. 评价与改进

通过定期进行演练并对人力资源应对突发事件计划的执行过程进行回顾，可以识别出连续性计划以及人力资源服务管理中存在的缺陷和不足。针对这些问题和弱点，进行修正和优化，以不断提升人力资源服务连续性计划的质量。通过对演练结果的持续总结，特别是对假设突发事件情景下出现的问题，人力资源部门需要进行细致和认真的分析，查明问题的根本原因，汲取教训，及时调整并持续改进现有的人力资源连续性计划，以确保人力资源服务连续性管理的效果。

（二）人力资源服务连续性管理的一般过程

遵循人力资源服务连续性管理的基本原则，该管理过程通常涉及下列几个步骤：组建人力资源服务连续性管理团队、编制人力资源服务连续性管理计划、对相关人员开展人力资源服务连续性管理计划培训、定期实施人力资源服务连续性管理计划的演练，以及评估和优化人力资源服务连续性管理计划。

1. 建立人力资源服务连续性管理团队

组建人力资源服务连续性管理团队是实施人力资源服务连续性管理的重要步骤。该团队由人力资源共享服务中心负责人、专职风险管理人员、关键功能支持团队以及其他相关的人力资源服务团队的核心成员组成。团队组长由共享服务中心负责人担任，后备组长由专职风险管理人员担任，其他成员根据各自的本职工作确定在管理团队中的职责，以确保人力资源服务连续性管理与日常人力资源服务工作的协调一致。

2. 制订人力资源服务连续性管理计划

人力资源服务连续性管理计划是人力资源连续性管理的核心文件。它提供在突发事件发生后，人力资源服务团队需要采取的行动步骤和所需信息的操作指南。这个计划包括一系列具体的行动措施和安排，旨在应对可能导致人力资源服务中断或中止的突发事件。它确保团队能够有针对性地应对突发事件，维护人力资源服务的连续性。

（1）确定服务连续性管理计划的目的

人力资源服务连续性管理计划的制订目的是在突发事件发生时，为人力资源服务管理部门提供指导，确保团队能够做出正确的初始响应。这涵盖了确定相关人员的角色和职责、通过分析影响和根本原因，制定合理的服务恢复策略和行动措施。通过及时恢复人力资源服务，计划旨在将对企业和员工的影响降到最低限度。

（2）明确连续性管理小组成员的职责，建立具体的沟通方式

为了有效执行人力资源服务连续性管理计划，建立一个由人力资源各服务团队核心成员组成的管理小组非常重要。在成立管理小组后，除了明确每个成员的职责、工作内容和流程，还需要建立紧急联系和沟通方式，例如手机号码、微信号码、电子邮箱等。一旦需要启动人力资源连续性管理计划，管理小组的负责人可通过紧急联系方式快速启动和激活管理小组。这样可以确保在紧急情况之下及时进行协调和沟通，保证管理团队的有效运作。

（3）确定人力资源服务的关键功能及其系统支持方案

在人力资源服务领域，重要的是识别那些对企业的日常运营和员工利益至关重要的核心功能，以及影响这些功能运行的关键因素，并将它们视为未来服务恢复的重点。随着企业越来越多地采用数字化技术，人力资源服务通常依赖于网络和管理系统。因此，在确定了关键人力资源服务功能之后，企业需要进一步识别支持这些功能的系统及其应急计划，例如薪酬系统、假期管理系统、员工信息管理系统和入职离职管理系统等。为了在紧急情况下迅速恢复服务，必须详细制定每个系统在遇到突发事件时的应急响应计划，明确日常运营所需的数据和文件的位置和获取方法，以及人力资源服务外包供应商

的紧急联系方式等，以便在服务中断时能够迅速获取资源，为关键功能的快速恢复提供坚实保障。

（4）设定可能的潜在突发事件

考虑到企业所在地的政治、经济、地理、人文和社会治安环境等因素，我们应预估和假设人力资源管理过程中可能发生的潜在突发事件。基于这些可能的突发事件及其可能产生的影响，我们应进行风险预测和评估，进而制定具体人力资源管理和应对策略。

（5）制定具体的突发事件应对方案

通常，处理突发事件的基本流程包括应对、恢复和重启三个关键阶段。基于对突发事件可能发生的风险预测和影响评估，制定出恢复人力资源服务关键功能的详细计划。

对突发事件做出响应是指在事件发生后采取行动以制止进一步损害。在做出响应之前，人力资源服务连续性管理小组应该通过分析和预估事件的影响范围和程度，确定需要优先处理的工作顺序，以制定合理的短期和长期恢复策略。首先，需要评估事件对人员和环境安全的影响，例如是否威胁到员工生命安全，受影响的人群规模和严重程度，基础设施的受损情况，网络系统和数据安全是否受到影响等等。其次，需要评估事件对人力资源服务关键功能的影响，例如正在进行中的重要人力资源项目是否受到影响，员工工资和奖金发放是否受影响，新员工入职和裁员是否受到影响等。基于这些关键评估，人力资源服务连续性管理小组可以做出正确的响应，为后续恢复关键功能服务奠定基础。

恢复是指采取必要的一系列行动措施，旨在使人力资源服务的关键功能恢复到正常运作状态，这包括实施服务恢复方案、寻求高层管理者的支持、确认额外支持信息的可用性、启动应急预案等。例如，在大面积停电或网络中断的情况下，员工可能无法在办公室工作，恢复策略之一是将员工转移到预先准备的办公地点。在自然灾害或其他事件导致人力资源服务人员不足或服务中断时，可以调用备用人员或让其他城市的工作人员提供临时支持。在执行恢复方案时，必须严格遵循方案步骤，直至关键业务功能完全恢复并得到确认。此外，还需要保持管理小组成员和相关领导和组织的紧密沟通，及时更新和汇报恢复进展。

重新开始是指使人力资源服务回到最初的正常工作状态。在所有关键业务功能恢复后，管理小组将继续监控整个过程，不仅协调好恢复期间的行动步骤，还要确保与突发事件发生前无缝链接，安全地返回到正常服务状态。在此过程中，将配置完整的服务团队和关键功能，并确保服务重新开始。同时，他们也会依据需要采取必要的措施，以确保恢复过程的安全和高效。

（6）设计标准化的沟通模板

为了实现快速响应和有效沟通，人力资源部门可在人力资源连续性管理计划中事先设计标准化的沟通模板。这些模板可以被用作沟通工具，在响应、恢复和重新开始各个阶段与相关领导和组织进行沟通。通过事先设立内部沟通机制，管理小组可以使用标准化的沟通模板，确保关键信息能够及时通知到正确的信息接收者。这包括及时汇报情况、共享信息、更新进展并且在需要时寻求必要的支援，以实现有效的沟通和协调。

3. 人力资源服务连续性管理计划的培训

为确保人力资源服务连续性管理计划的有效实施，连续性管理小组是主要执行机构。为使管理小组成员清楚了解管理计划的目的、方法、过程以及各自的角色和责任，进行专业的培训至关重要。当人力资源服务连续性管理计划发生变化、需要更新或有新成员加入时，定期的培训可以确保所有成员及时了解最新变化。通过培训，不但可以确保每个小组成员了解人力资源服务连续性管理计划的目标、内容和执行方式，也能够激发他们的积极性和创造力，激励他们积极参与到整个计划中。

4. 定期演练及其实施

为了检验人力资源服务连续性管理计划的有效性，培养管理小组成员应对突发事件的能力，加深小组成员对自身职责的了解和认识，对管理计划进行定期演练是非常必要的。在演练前，管理小组应要求成员回顾和复习现有的人力资源服务连续性管理计划，并根据所在城市突发事件发生可能性的概率选定演练场景。例如，可以假设企业信息系统受到重创在短期内无法恢复，或者企业受到自然灾害的影响而无法正常运营，或者企业突然受到黑客袭击造成数据中断或泄露等情况。在演练过程中，应根据连续性管理计划的操作手册，按照启动响应、服务恢复和重新开始各阶段的操作步骤，通过团队配合来完成模拟演练。演练的根本目的之一是能够事先找出实施过程中存在的缺陷和漏洞，而不是在真正发生突发事件时才被发现，从而避免不可挽回的损失。在演练结束后，管理小组应进一步分析演练过程中发现的问题及结果，为后续管理计划的调整和完善提供依据。同时，通过演练培养管理小组成员应对突发事件的意识和能力，加深小组成员对自己所承担的职责的了解和认识。

5. 人力资源服务连续性管理计划的评价与改进

基于演练反馈和整体演练成效，管理小组应对人力资源服务连续性管理计划进行必要的修订，以进一步精简和优化响应、恢复和重新开始三个操作流程。随后，更新管理计划，并为此后的演练或潜在的真实紧急情况做好准备。

三、人力资源服务连续性管理成功的主要因素

企业顺利实施人力资源服务连续性管理主要取决于下列四个方面的因素。

第一，取得企业管理层的支持和重视，是人力资源服务连续性管理在企业顺利实施的必要条件。

第二，制定和完善企业的人力资源管理机制是实现人力资源服务连续性管理有效性的基础。只有当企业拥有一个成熟的人力资源管理体制时，才可以制定执行人力资源服务连续性管理计划，确保在面临突发事件时企业的人力资源服务能够持续运作，从而推动人力资源管理的持续发展。

第三，制定和执行人力资源服务连续性管理计划是企业应对突发事件的关键策略。人力资源部门必须在考虑到企业人力资源管理制度的基础上，根据可能发生的突发事件

的概率制定人力资源服务连续性管理计划，并且通过定期演练来修订和完善该计划。

第四，团队协作是确保人力资源服务连续性管理实施有效的基本保障。人力资源服务连续性管理不是个人任务，而是需要团队合作来顺利完成的工作。因此，建立一支高效的人力资源服务连续性管理小组至关重要。同时，人力资源部门内部以及与其他部门之间的相互支持和合作也是实现服务恢复顺利进行的关键。

总之，随着移动互联网、物联网、大数据、云计算及人工智能等技术的快速发展，人们的工作和生活方式得到了极大的便利，但同时也伴随着巨大的风险和不稳定性。人力资源管理人员必须增强安全防护意识，有效利用这些先进的信息技术来加强人力资源服务连续性管理方案，以便及时识别潜在的人力资源风险并采取相应的预防和管理措施。这样可以把人力资源风险对企业运营的影响降到最低，并且有助于企业的成长。

第七章 人力资源的优化管理

第一节 人力资源管理职能的战略转型

一、以战略和客户为导向的人力资源管理

近年来，随着全球化进程的加速、经营环境复杂化、技术进步，尤其是网络和信息技术的发展，员工队伍、社会价值观及组织内外环境都发生了巨大变化，这使得人力资源管理职能面临着前所未有的挑战。在此背景下，许多关于人力资源管理职能变革的观点应运而生，如人力资源管理应从运营转向战略，从监督检查转变为业务伙伴，从短期关注转向长期关注，从行政管理者转变为咨询顾问，从职能管理转向经营为中心，从关注内部转向外部和客户，从被动反应到主动出击，从以活动为中心到提供解决方案，从集中决策到分散决策，从定性管理到定量管理，从传统方法到非传统方法，从狭隘视野到广阔视野等，这些观点对于深化对人力资源管理职能的理解和应对变革具有重要意义。

明显看出，上述观点都有一定的可取之处。然而需要明确的是，人力资源管理职能的战略性转变并不等同于完全放弃过去的一切。实际上，现代人力资源管理职能需要在传统和现代之间寻求一个平衡点，这样才能为组织的运营和战略目标的实现增加价值，协助组织在日益复杂的环境中获得竞争优势。

在组织的战略规划和实施过程当中，人力资源管理扮演着至关重要的角色。它不仅要参与到组织战略的制定中，还要通过设计和调整人力资源管理的方案和计划，确保组织的战略得以有效执行。然而，为了在组织中有效地发挥战略性的作用，人力资源管理职能部门必须重新定位传统的人力资源管理职能，并根据新的定位调整其工作重点和在不同任务上所投入的时间。

要将人力资源管理定位为战略性职能，人力资源部门必须被看作是一个独立的经营单位，并拥有自己的服务对象，即内部客户和外部客户。为了为不同的内部客户提供有效的服务，这个经营单位需要进行战略管理，并在内部进行战略规划设计，类似于组织层面的战略规划过程。近年来，人力资源管理领域出现了一种与全面质量管理理念相一致的趋势，即企业的人力资源部门应采取以客户为导向的方法来履行各种人力资源管理职能。人力资源管理者将人力资源管理职能视为一个战略性的业务单位，根据客户基础、客户需求和满足客户需求的技术等重新定义自己的业务。

以客户为导向是人力资源管理试图转变为战略性职能时最重要的变化之一。这种变化的第一步是确定谁是自己的客户。显然，直线管理人员是人力资源部门的客户，因为他们需要获得人力资源服务；组织的战略规划团队也是人力资源部门的客户，因为他们需要在与人力资源相关的业务方面得到确认、分析和建议；此外，员工也是人力资源部门的客户，他们需要人力资源部门管理他们的报酬、绩效评价结果、培训计划和离职手续等事务。

第二步是确定人力资源部门所提供的产品是什么。直线管理人员是希望获得忠诚、积极、高效且具有奉献精神的高质量员工；战略规划团队需要在战略规划过程中获得各种信息和建议，并在战略执行过程中得到人力资源管理方面的支持；员工希望得到一套连续、充分和公正的薪酬福利计划，并期待公平的晋升机会和长期职业发展机会。

最后一个步骤是，人力资源部门需要明确应采用哪些技术来满足各种不同的客户需求。由于客户的需要各不相同，因此需要采用不同的技术。为了确保招聘到具有增值所需知识、技能和能力的员工，人力资源部门需要建立一套有效的甄选系统。同时，通过提供培训和开发机会，培训和开发系统可以帮助员工增加个人资本储备，进而为组织创造更高价值，满足直线管理人员和员工的需要。绩效管理系统则需要向员工展示组织的期望，并确保他们的行为与组织目标保持一致。报酬系统需要确保员工的努力得到回报，并为直线管理人员、战略规划人员和员工提供相应的回报机制。总之，这些管理系统必须确保员工能够运用自己的知识和技能为组织创造利益，并为战略规划人员提供相应的措施，以确保所有员工采取对组织战略规划有支持性的行为。

除了组织的战略规划人员、直线经理和员工外，人力资源管理部门还有另一个非常重要的客户群体，即外部求职者。在竞争激烈的人才市场当中，人力资源部门和其工作人员在招募和甄选过程中所展示的专业精神、综合素质和组织形象，直接影响着组织是否能够招聘到高素质的优秀员工，同时也对组织的雇主品牌和在外部劳动力市场上的形象具有重要影响。所以，人力资源部门同样应关注这些外部客户，努力满足他们的各种合理需求。

二、人力资源管理职能的工作重心调整

在现实中，许多企业的人力资源管理者常常抱怨不被重视。他们发现，尽管在招聘、培训、绩效和薪酬等方面付出了大量努力，却没有得到高层领导足够的重视，业务部门也不积极配合。出现这种情况的原因，除组织自身的问题，还与人力资源管理部门和工作人员未能根据组织战略调整工作重心，合理分配时间和精力有关。理想情况下，人力资源管理职能在所有涉及人力资源管理的活动中都应表现卓越，但受时间、经费和人员等资源限制，同时有效承担所有工作活动往往难以实现。因此，人力资源部门需要进行战略思考，决定如何分配现有资源，以实现组织价值最大化。

人力资源管理活动可以根据类型分为变革性、传统性和事务性三类。变革性活动涉及知识管理、战略更新、文化转型、管理技能提升等战略性人力资源实践；传统性活动包括招聘、选拔、培训、绩效评估、薪酬体系和员工关系管理等传统人力资源职能；事务性活动则涵盖福利管理、行政记录处理和员工服务等常规性行政工作。

在企业中，这三类活动耗费人力资源专业人员的时间比重大体上分别为5%~15%、15%~30%和65%~75%。显而易见，大部分人力资源管理者主要将时间投入到事务性活动上，花费在传统性人力资源管理活动上的时间较少，而投入到变革性人力资源管理活动上的时间更是稀少。事务性活动的战略重要性较低，传统性人力资源管理活动虽然确保了战略的执行和一系列人力资源管理实践和制度的建立，但其战略价值也只是中等的；相比之下，变革性人力资源管理活动由于有助于企业培养长期竞争能力和适应性，因此具有最高的战略价值。从这个角度来讲，人力资源管理者们在时间分配上存在明显的问题。他们应当尽量减少在事务性活动和传统性活动上的时间投入，更多地投入到具有战略价值的变革性活动中。如果人力资源专业人员能够将时间分配调整到事务性活动25%~35%、传统性活动25%~35%和变革性活动15%~25%的比例，尤其是在传统性和变革性人力资源管理活动上的时间增加，那么人力资源管理职能的效率和为企业创造的价值都将大幅提升。

压缩人力资源管理职能在事务性活动上所占用的时间并不意味着人力资源部门不再执行这些活动，相反，人力资源部门仍然需要履行这些职责，只是需以更高效的方式来完成。

第二节　人力资源管理职能的优化

一、人力资源管理结构重组

传统的人力资源管理结构主要包含员工配置、培训、薪酬、绩效和员工关系等基本职能，它是一个典型的职能分工形式。这种结构的优势在于明确、职能清晰，但问题在于，

人力资源部门仅了解组织内部全体员工的某一方面的信息，例如员工接受的培训或薪酬水平、绩效状况等，对于某一位员工，特别是核心员工的人力资源状况，缺乏全面了解。这导致人力资源部门在吸引、留住、激励和人才开发方面对组织的贡献大打折扣。同时，由于各个人力资源管理职能模块相互独立，人力资源管理职能之间的协调性和一致性较差，无法满足战略性人力资源管理的内部需求，从而使人力资源管理工作的整体有效性受到损害。因此，越来越多的组织认识到，需要重新调整传统的人力资源部门结构。

近年来，许多大公司开始采用一种创新的人力资源管理职能结构。在这种结构中，人力资源管理的基本职能被划分为三个部分：专家中心、现场管理者和服务中心。专家中心通常由招聘、甄选、培训和薪酬等传统人力资源领域的专家组成，他们以顾问的身份开发适用于组织的各种高水平人力资源管理体系和流程。现场人力资源管理者由具备多方面人力资源管理技能的人员组成，他们被派到组织的各个业务部门，具有双重汇报关系，既要向业务部门的直线领导者报告工作，又要向人力资源部门的领导报告工作。现场人力资源管理者主要负责两个方面一是帮助服务业务部门的直线管理者从战略的角度强化人力资源管理，解决特定业务部门中出现的人力资源管理问题，类似于被外派到业务部门的准人力资源经理；二是确保人力资源管理决策在整个组织中得到全面、有效的执行，从而加强帮助组织贯彻执行战略的功能。服务中心的工作人员主要负责确保日常的事务性工作在整个组织中有效完成。在信息技术不断发展的情况之下，服务中心能够为员工提供高效的服务。

通过这种组织结构安排，人力资源服务的提供过程得到了改善，真正体现了以内部客户为导向的人力资源管理思路。专家中心的员工可以专注于发展自己的专业技能，不受事务性工作的干扰。现场人力资源管理者可以集中精力了解本业务部门的工作环境，不需要过分维护在专业职能领域的专家形象。服务中心的员工可更专注于向各业务部门提供基本的人力资源管理服务。

关于新型人力资源部门结构设计，从激励和人员配置的角度来看，它确实具备一些显著优势。传统的人力资源管理职能通常是基于模块化进行划，这导致人力资源专业人员往往深陷于各自职能模块的事务性工作之中。尽管他们的工作中也包含了一些需要较高专业知识和技能的非事务性部分，但日常的事务性工作占据了大多数，这使得一些人力资源工作者感到工作单调，缺少挑战。而新式的人力资源部门结构，依据工作内容的复杂性与难度，设计了三层的结构，这样做能够让众多人力资源专业人员从日常事务性工作中解脱出来，更多地专注于专业性工作。同时，这也使得部分高层次的人力资源管理工作者能够完全摆脱事务性工作的束缚，利用他们的知识和经验，专注于研究组织在人力资源管理方面面临的重大问题，这为人力资源管理职能的战略转型和变革奠定了坚实的基础。这个结构设计无疑有助于将组织的人力资源管理提升到战略层面，并且有助于提高高层次人力资源管理专业人员的激励。

二、人力资源管理流程再造

流程再造是指对企业的业务流程进行彻底的再思考和再设计，旨在提高工作流程的效率，生产更好的产品或提供更高质量的服务，并且更好地满足客户需求。虽然流程再造通常涉及到信息技术的运用，但信息技术并不是流程再造的必要条件。尽管表面上看，流程再造只是对工作流程的改进，但实际上它对员工的工作方式和技能提出了全新的挑战。因此，组织在进行业务流程再造时需要得到员工的配合，并作出相应的调整，否则可能会以失败告终。

在 20 世纪 80 年代的后期，流程再造的理念和实践开始兴起，这一时期的商业环境凸显了客户需求的多样化、市场竞争的加剧以及变化的加速。流程再造作为一种管理上的创新，是为了让企业更有效地适应这个不断变化的外部环境而进行的一系列改革。它建立在包括全面质量管理、精益生产、工作流管理、团队工作、以及标杆管理等管理理论和实践之上，反映了发达国家对过去 100 多年中形成的精细专业分工和组织层级结构的一次深刻反思和重大改进。

流程再造可以审视并优化人力资源管理的某些具体流程，如招募甄选、薪酬调整、员工离职手续等，也能审视特定的人力资源管理实践，如绩效管理系统。在大量信息系统用于人力资源管理的情况下，许多流程都需要优化和重新设计。人力资源部门员工应先记录、梳理和研究现有流程，然后公司高层、业务部门管理人员和人力资源专业人员共同探讨以确定需要改进的流程。流程再造常常需要使用人力资源管理方面的信息技术，如大量的人力资源管理软件和共享数据库，这为流程再造提供了前所未有的便利。流程再造和新技术的应用可以简化书面记录、减少多余步骤、使手工流程自动化以及共享人力资源数据，从而节省企业人力资源管理的时间、降低成本并提高工作效率和有效性。

三、人力资源管理外包

许多公司近年来开始研究通过外包来提高人力资源管理职能的系统、流程和服务效率，除了通过内部改进来实现这一目标。外包涉及一个组织与外部专业服务提供商签订协议，由后者为其提供特定的产品或服务，而不是由组织自己的员工在内部生产这些产品或服务。

很多组织选择将部分人力资源管理活动或服务外包的主要原因有以下四点：

第一，与组织成员自行完成外包工作相比，外部的专业化生产或服务提供商能够以更低的成本提供所需的产品或服务，这使得组织能够通过外购服务或产品来降低生产或管理成本。

第二，外部专业业务承包商通常比组织自身更擅长处理某些任务，这是因为他们专注于特定领域，拥有适用于多个企业的专业知识和技能。这种专业化的分工使他们能够提供高质量的产品或服务。然而许多组织最初选择外包是为了提高效率。

第三，人力资源管理服务外包可以帮助组织内部的人力资源管理人员将精力集中在关乎组织战略的重要任务上，摆脱日常人力资源管理行政工作的烦扰。这样，人力资源团队能够更好地为组织的战略实现做出贡献，真正发挥战略性人力资源管理的作用。

第四，一些规模较小的组织之所以选择外包部分人力资源管理活动，是因为它们自身没有足够的资源和能力来完成这些活动。这时候，他们需要依靠外部专业的人力资源管理服务机构来提供特定的人力资源管理服务，例如建立培训体系、设计培训课程等。这种外包能够满足组织的特定需求，并且弥补它们自身资源不足的问题。

初期，企业主要将一些事务性的人力资源管理工作外包，如前期的招募和甄选工作、常规培训项目、养老金和福利管理等。然而，现在许多传统的和变革性的人力资源管理活动也开始被外包。有些企业甚至将人力资源管理中 50% ～ 60% 的成本和责任外包，仅保留高层管理人员和大学毕业生的招募以及人力资源战略管理工作在内部进行。尽管人力资源管理的外包可以帮助组织节约时间和成本，提供最佳的人力资源管理实践，并改善员工所受到的各种人力资源管理服务的质量，使组织能够专注于核心业务活动，但公司在选择外包时可能面临潜在问题。这些问题通常涉及以下几个方面：

首先，在短期内，成本节约可能不是外包人力资源业务的公司所能立即实现的。这些公司需要管理与外部合作伙伴的关系，并重新考虑战略性管理在组织内部的定位。虽然外包可以让人力资源专业人员有更多时间专注于战略性任务，但现有的人员可能缺乏提供战略价值的能力。因此，公司还需要在提升人力资源专业人员的技能上进行投资。另外，外包可能导致企业对单一的外部服务提供者产生依赖，这可能会推动服务成本的上升。组织和外部服务提供者之间还可能出现关于主导权的冲突。最后，人力资源外包可能会给员工传递错误的信息，让他们认为不重视人力资源问题。

企业在将人力资源管理服务外包时，上述潜在问题提示必须仔细评估外包的成本与收益，以及可能遇到的各种挑战。当前，中国市场上出现了一些专注于人力资源管理外包服务的专业化供应商，他们能够提供包括人员招募与筛选、员工培训、薪酬福利管理，以及外派员工管理、劳务派遣、劳动合同管理在内的一系列人力资源管理服务。然而，这些服务商的服务质量存在差异。企业在选择外包服务商时，应当全面考虑服务商的专业资质、服务能力、业务专长和服务的持续性，并与服务商就人力资源数据的保密和员工隐私保护等问题签订协议，以确保数据安全威胁。

尽管人力资源管理外包面临一些潜在风险，但外包作为一种趋势仍在继续。这一现象提示人力资源专业人士需要不断强化自己在战略性人力资源管理领域的能力，否则他们可能会因为工作外包而面临失业的风险。

四、电子化人力资源管理

在提高人力资源管理的效率和效果方面，计算机、互联网以及相关的新工具和技术扮演了关键角色。此外，信息技术的进步极大地促进了人力资源管理职能向战略和服务方向的转变。实际上，人力资源管理在信息技术的应用上已经经历了三个主要阶段：首先是人力资源信息系统（HRIS）阶段，其次是人力资源管理系统（HRMS）阶段，最后则是电子化人力资源管理（e-HRM）阶段。

（一）人力资源信息系统阶段

人力资源信息系统（HRIS）是一种用于在组织中管理人力资源活动的系统，它能收集、存储、处理和呈现关于员工及其职责的信息。最初，HR主要用于记录员工的基本信息，如个人概况、教育背景、技能、工作经验、职位、薪酬等级以及联系信息等。随后，该系统的功能逐渐扩展，涵盖了出勤记录、薪资计算、福利管理等多个人力资源管理领域。人力资源信息系统不仅是一个辅助人力资源管理的工具，也是一个提供基础数据和统计分析支持的战略决策系统。随着计算机技术的广泛应用，几乎所有公司都实施了HRIS以提高其人力资源管理的效率。

对于大型企业来说，由于员工数量众多且数据量庞大，使用计算机存储和管理人力资源信息是一种必然趋势。在人力资源信息系统当中，存在着一个关联性数据库，将相关的人力资源信息存储在不同的文件中，但可以通过共同要素或字段（如姓名、员工号、身份证号码等）将这些文件连接在一起。例如，员工的个人信息、薪酬福利信息和培训开发信息可能保存在不同的文件中，但可以通过员工的姓名将这些信息联系起来，使在进行人力资源管理活动时能够随时访问和整合不同文件中的员工信息。

（二）人力资源管理系统阶段

人力资源管理系统（HRMS）是人力资源信息系统的升级版，它不仅包含了传统的人事、考勤和薪酬管理等基本功能，还扩展到了职位、招聘、培训、绩效和员工职业发展等多个管理领域。基于互联网技术，HRMS成为适应互联网时代需求的人力资源管理工具。它以科学的人力资源管理理念为基础，覆盖了从人力资源规划到员工离职等各个阶段的管理工作。通过HRMS，组织的人力资源管理者可以摆脱繁琐的日常事务，将更多精力投入到分析、、员工激励和战略实施等更具挑战性和创造性的工作中。

总体来说，人力资源管理系统除日常的人力资源管理事务处理功能外，还增添了决策指导和专家系统。

日常事务处理系统主要是用于审查和记录人力资源管理决策和实践的一些计算和运算，包括员工工作地点的调整、培训经费的使用、课程注册等方面。而决策支持系统则是用来帮助管理人员针对复杂的人力资源管理问题提供解决方案，使用这类系统时，人们可以了解假设或数据改变时结果会如何变化。例如，当企业需要基于人员流动率或劳动力市场某类劳动力的供给量来决定新员工数量时，决策支持系统能为企业提供极大帮助。

而专家系统则是通过整合具有丰富专业知识和经验的人的决策规则形成的计算机系统，能够根据使用者提供的信息提供具体的行动建议。例如，在面对员工绩效面谈中情绪激动或者不认可绩效评价结果的情况时，专家系统会提供适当的解决方案。这些解决方案往往都是现实中的人力资源专家在类似情形下可能会采取的行动。

（三）电子化人力资源管理阶段

电子化人力资源管理是一种新型的人力资源管理实践，它借助先进的技术和设备，通过集中式的信息库、自动处理信息、员工自助服务以及服务共享等方式，实施人力资源管理。这种实践能够降低成本、提高效率，并改进员工服务模式。总体来讲，电子化人力资源管理是一种电子商务时代的人力资源管理综合解决方案，它综合利用各种信息技术和信息手段，如互动式语音技术、互联网、客户服务器系统、关联型数据库、成像技术、专业软件开发、可读光盘存储器技术、激光视盘技术、呼叫中心、多媒体、各种终端设备等，极大地方便了人力资源管理工作的开展。这些技术和手段不仅为各级管理者和广大员工参与人力资源管理工作以及享受人力资源服务提供了便利，同时也构成了电子商务网络的一部分，如电子化学习系统、电子化招募系统、在线甄选系统、在线人力资源开发系统、在线薪酬管理系统等。

电子商务视角下的电子化人力资源管理涉及通过网络平台和电子手段处理的三大类商业关系：企业与员工、企业与企业以及企业与政府之间的关系。首先是B2C（Business to Consumer，企业对消费者）的延伸，即BE（Business to Employee，企业对员工），在这一关系中，员工被视为客户，企业通过网络提供人力资源产品和服务，使员工能像消费者一样进行在线事务处理或交易。接着是B2B（Business to Business，企业对企业），企业可以通过电子化人力资源管理平台在线采购专业人力资源服务，如咨询公司、招聘网站、电子化学习服务提供商的各类服务。最后是BG（Business to Government，企业对政府），电子化人力资源管理助力企业在线自动处理与政府部门的业务往来，如劳动保险办理、劳动合同审查等，将传统书面或者人工处理的业务转移到网络平台。

总的来说，电子化人力资源管理可以给组织带来以下四个方面的好处。

一是电子化人力资源管理能够提高人力资源管理效率并节约管理成本。相比传统手工操作，电子化人力资源管理具有明显的效率优势。通过基于互联网和内联网的管理系统，公司可以通过网络渠道发布各种政策、制度和通知。许多日常的人力资源管理事务，如薪酬计算和发放、所得税扣缴和人力资源报表制作等，可以通过系统自动完成。员工和管理人员可以通过系统自主查询所需的人力资源信息，或者自行注册希望参与的培训项目或享受的福利计划等。同时，电子化人力资源管理大大减少了组织人员和工作时间的需求，进而降低了管理成本，尤其是对于全球化或国际化企业中分散在全球各地的员工而言。

二是电子化人力资源管理提高了人力资源管理活动的标准化和规范化水平。通过集中管理数据并使用统一的数据库，电子化人力资源管理实现了信息的全面共享和随时调用。使用者需要遵守组织的统一管理规范，将个人习惯服从于标准的业务流程。这种信息存储和使用模式使人力资源管理活动和服务可以跨越时间和地域，确保整个组织的人力资源管理信息和过程的规范性和一致性。同时，电子化人力资源管理提升了工作的透明度和客观性，有助于避免个人因素导致的法律诉讼，确保可以公平对待，提高员工的组织承诺和满意度。

三是电子化人力资源管理彻底改变了人力资源部门和人力资源专业人员的工作重心。在传统的人力资源管理模式下，人力资源部门和人力资源专业人员主要处理行政事务和职能管理类工作，而投入战略性工作的精力较少。但在电子化人力资源管理的环境下，人力资源工作者的工作重心转向了提供管理咨询服务，以帮助企业在人员管理方面取得成功。电子化、自动化的管理流程取代了传统的行政事务性工作，甚至大量数据维护工作也可以授权给直线经理和员工分散完成。这种转变使人力资源部门和人力资源管理工作者能够真正摆脱繁琐的日常行政事务，从提供信息和服务的提供者转变为提供人力资源管理和解决方案的专家，能为领导层和管理层提供决策支持。这有助于他们更全面地关注组织最稀缺的战略性资源——各类人才。电子化人力资源管理还为人力资源管理专家提供了有力的分析工具和建议，有助于提升人力资源部门和人力资源专业人员的专业能力和战略层次，增强他们为组织做贡献的能力，并促使他们名副其实地进入战略伙伴的角色。

四是电子化人力资源管理强调领导者和各级管理者在人力资源管理中的责任，并促使全员参与其中。首先，尽管电子化人力资源管理使得管理流程更加标准化和简化，但人力资源部门仍然承担着规划、监控和分析等工作。具体的人力资源管理活动会逐渐委托给直线经理完成。直线经理可在线查看员工的人事信息、更改考勤记录、提交招聘和培训计划，审批员工的转正、培训、请假、休假和离职申请，以及在线管理绩效计划和绩效评价过程。其次，组织领导者可以通过电子化人力资源管理平台查询人力资源信息和指标变化情况，并根据信息做出决策。领导者可以通过平台自助地了解组织的人力资源状况、实时监控人力资源管理过程，并获取决策所需的人力资源指标信息。电子化人力资源平台使领导者和管理者更直接地参与决策和政策实施过程。最后，员工也可以利用电子化人力资源管理平台，在线查看组织制定的规章制度、组织结构、岗位职责、业务流程、内部招聘公告、个人人事信息、薪酬历史和现状、福利申请和享受情况、考勤休假情况等，还可以提交请假和休假申请。员工还可以在授权下修改个人信息，填报个人绩效计划和总结，并与人力资源部门进行沟通和交流，电子化人力资源平台促使员工更加主动参与人力资源管理的各个环节。

电子化人力资源管理已经成为适应网络化、信息化、知识化和全球化特征的新环境中的重要人力资源管理模式。越来越多的中国企业正在逐步建立和完善电子化人力资源管理系统。同时，市场上也涌现出许多电子化人力资源管理服务供应商，大型软件供应商如用友、金蝶等也推出了集成的电子化人力资源管理信息平台。预计电子化人力资源管理在中国企业中的普及速度将越来越快，越来越多的企业将会从中受益。

第三节　我国人力资源优化管理的目标与实施路径

一、我国人力资源开发的目标

（一）人口目标

自改革开放以来，我国劳动者获得了广泛的解放和发展，经济发展也依赖于人力资源的解放。为了实现 2050 年基本现代化的伟大目标，我国必须将人力资源开发确立为国家建设中的首要资源，并加快人力资源强国的建设。同时，有计划、有步骤、有针对性地推动整体人力资源水平的提升，来提高我国人力资源的市场竞争能力，逐渐缩小与发达国家之间的差距。当前，世界各国之间的竞争已经转变为科技和人才的竞争，人力资源的开发对国家发展具有重要意义。因此，我们需要通过对人力资源的开发和利用，挖掘人力资源的潜在优势，以实现人力资源强国的发展目标。

（二）综合目标

我国作为人口大国，尽管人口数量众多，但整体素质有待提高。我们拥有庞大的人口红利，但同时也面临巨大的就业压力。如何平衡人口红利与就业之间的关系已经成为我国发展过程中亟待解决的问题。我们需实现从"中国制造"到"中国智造"和"中国创造"，充分发挥我国的人力资源优势。

此外，我们也需要关注我国人口老龄化的趋势。据估计，2050 年，我国每 4 个人中就会有一个老年人。除了加强劳动年龄人口的人力资源开发外，我们开始注重利用老年人口资源。

在我国的发展过程中，我们需认真研究当前人力资源开发市场的不足之处，注重开发和管理老年人才资源。这既是机遇，也是挑战。随着产业结构的调整，人力资源市场将提出新的要求，带来更多的就业机会，包括老年人的就业机会。

随着劳动人口的变化，对老年人就业的需求也在逐渐增加。市场的变化不仅对青壮年的就业需求有影响，对老年人的需求也在增长。随着全球人口寿命的延长，延迟退休年龄已成为一种重要体现。和青壮年相比，老年人在知识结构、社会关系和社会经验方面更加丰富，尤其在问题处理方面态度和方法更加成熟。因此，开发老年人的人力资源对于提高我国的人力资源管理水平非常有帮助。老年人力资源开发的重点可以集中在公益服务、技术咨询、社会服务及代际合作等领域。

　　为了实现国家的发展目标，我们必须清醒认识当今的国际竞争形势。我们既要认识到我国人力资源的优势，又要实现从人力资源大国向人力资源强国的战略转变，构建具有中国特色的人力资源建设体系，并提升人力资源开发能力。

　　我们需要全面提升我国人口的健康素质、思想道德素质和科学文化素质，为人力资源开发创造良好的环境。通过优化人力资源市场的配置，我们可以为社会发展提供源源不断的人才，打造一支高素质、高水平、高质量的人才队伍。

　　为了激发人才的活力，我们需要挖掘人才的潜能，优化人力资源结构，并实现产业发展与人才发展的协调与衔接。积极推进我国产业结构的升级与优化，发挥人力资源的优势，以人力资源为驱动力促进经济和文化的发展。这样我们可以实现有效的人力资源规划，使人力资源成为推动我国发展的重要力量。

二、我国人力资源的发展定位

　　我国的人口基数大是一个事实，但这也为我国在人力资源方面提供了优势。自21世纪以来，我国高度重视人力资源开发与管理，重视教育，并出台了一系列教育政策以提高人口素质，实现教育的大众化，使得人力资源的教育素质水平显著提升。

　　同时，随着社会的进步，世界上许多国家的人类发展水平正在稳步提升。科技的进步、教育的发展、医疗水平的提升等因素使人们更加长寿、健康，我国人力资源的发展也逐步正规化、科学化、合理化。这个趋势有助于提升我国人力资源的整体水平，更好地满足社会发展的需求。

　　在我国经济发展过程中，世界其他发达国家也在不断进步，我们在人力资源开发方面与他们仍存在一定差距。为了实现国家的进步，我们必须充分利用人力资源的优势，以促进我国的全面发展。

　　根据我国的实际情况，我们需要确定人力资源开发的目标，研究适合我国发展的策略，并将其与国际标准相结合。这样，我们才能明确我国人力资源开发的定位、目标和实施路径，以实现人力资源的充分利用，推动国家的发展。

三、我国人力资源优化管理的战略实施路径

（一）人力资本优先发展

　　以建设人力资源强国为目标，我们需要依据我国人力资源建设的实际情况，选择合适的人力资源开发战略与实施路径。培养更多专业人才和创新人才，打造一支适合社会发展的高素质人才队伍，开创我国人力资源建设的新局面。这将为我国建设提供强有力的人力资源保障，并形成竞争优势，加速我国进入人力资源强国的步伐。

　　人力资源作为一项可持续发展的资源，是可通过培养获得的，因此具有巨大的潜力。为了开发人力资源，我们需要实现人才的积累。与其他资源相比，人力资源应享有优先发展的权利。

为了将人才置于重要位置，将人力资源开发视为战略性投资，实现资源开发从物质到人才的转变，各级政府应积极鼓励人才培养政策的出台，加大人才培养和扶持力度。同时，也要关注人才培养与引进工作。在鼓励各地进行人才规划的过程中，需要做好相关人才的投入，既要注重软投入，也要注重硬投入，以确保人力资源开发的顺利进行。政府的引导作用固然重要，但相关企业和个人也应做好自己的工作，借助政府的政策调动自身对人力资本的积累和运用。政府应该积极引导多方社会力量加入人才事业的建设过程当中，发挥模范带头作用，引导社会、企业、个人参与人才投入。应坚持人力资本优先发展的原则，充分利用国家出台的政策，发挥教育在人才培养中的基础作用，加大科技投入以推动产业升级，吸引更多高水平、高质量的人才。我国的发展离不开人才的支持，因此应加大对人才的吸引力。无论在哪个发展时期，对科技创新型、专业素质过硬的人才的需求都不会过时，应形成人才资源开发的优势。

（二）创新人力资源开发制度

创新人力资源开发制度，构建一种高效、开放、灵活的人力资源开发体系，通过制度激发员工的工作热情，挖掘员工的潜力，进而营造一种人才自由发展、公平竞争的制度环境，以实现人力资源强国的建设目标。

同时，应从我国的国情出发，调整人力资源开发管理体制机制的建设思路、方法、实施路径，清除制度建设方面的障碍，加快推进人力资源开发管理的进程，用制度规范人力资源管理，确保有关人才各项开发内容的推进。

此外，应重视教育的力量，提升全民的身体素质、科学文化素质、思想道德素质，培养人的其他方面的能力，尤其是对创新能力的培养，从而从整体上提升人类的综合素质，实现人的全面发展。

构建现代国民教育体系和终身教育体系，以现代教育理念为核心，深化教育改革，创新人才培养模式，提升人才的综合素质。通过推进教育改革和优化教育，巩固人才的教育基础。此外，职业教育也应受到重视，满足社会对专业技术人才的需求。为此，需要完善高层次人才基地建设，培养更多应用型、专业型和创新型人才。另外，继续教育也应完善，为学习型社会的建设提供支持，建立健全从业人员培训体系，打造完整的人才培训和教育体系。

（三）改善人才建设环境

优化人才建设环境是一项复杂的系统工程，需要从根本上给予重视。坚持以人为本的理念，树立科学的人才观，摒弃传统的学历观念，只有在合适的岗位上才能真正展现人才的价值。每个人都应视为潜在的人才，建立公平、公正的环境，完善相关法律制度，确保人才发展的公平竞争。为人才竞争打造良好的环境，国家出台的相关政策旨在提供规范、统一、公正的环境，加大监督执行力度以确保各项政策的落实。

劳动人事争议处理工作至关重要，必须加强重视，以维护员工的合法权益，进而实现维护双方的合法权益。通过实质性的改革，大力改革人力资源开发与管理中的弊端与不足，为不同层次的劳动力提供不同的发展空间，拓展人力资源流动的渠道，让每一个人都有出彩的机会。

同时，改善人才发展环境，留住合适的人才，加大科研投入力度，完善相关管理体制，营造良好的学术氛围，解决不同类型的人才的工作问题，特别是对归国留学回来的人才的管理。此外，政府需要发挥其应有的作用，提供了高质量的服务，吸引更多的人才。

（四）实施海外人才引进战略

实施海外人才引进战略，吸引高层次的海外人才来中国创业，鼓励海外留学生回国工作，为我国的发展服务。要不断开拓吸引海外人才的渠道，包括国家、政府提供的渠道以及社会上其他渠道，利用社会群众和组织的力量积极引进海外人才。

为了人才的培养，投入教育和科研等资源至关重要。人才的需求也是对教育、科研等资源的需求，如果不加大对这些领域的投入，将不利于社会的创新和发展。各国都在积极引进人才，我国也不例外。由于我国留学生数量庞大，我们更应充分利用这一优势，争取更多的留学生回国发展。

（五）加强人力资源信息化管理

加强人力资源信息开发、管理和配置，建立了人力资源信息监测预报系统，收集各类人才信息，构建中国特色人力资源信息数据库，完善人力资源调查、统计、发布制度。同时，应根据特定标准收集管理相关人才需求信息，定期向社会各行业、各领域、各阶层的人力资源建设提供信息报告。建立具有公信力的人力资源信息监测预报系统，整合各类信息，满足社会各种人才的信息需求，为社会提供全面的人力资源信息，确保信息透明、准确，提升人力资源管理的效率和精准度。

建立数字化信息平台，利用特定的网络媒介，定期地向公众公开人才信息。对各类人才信息进行分类和统计，加快企业人才信息的整理和优化，贸易、教育、医疗等社会关键领域的信息综合服务功能。

社会进步依赖于大数据的应用，知识和信息同等重要。大数据是获取新知识的关键途径，它在引领人力资源信息化建设方面扮演着重要角色。大数据已成为解决当代社会许多问题的关键工具，同时也对我们提出了挑战，我们需要做好充分的准备。

（六）塑造良好的企业文化

企业文化是企业在长期发展过程中逐渐形成的，具有独特企业特色的价值观、行为准则、管理制度、企业形象等。每个企业的文化都有其独特之处，是企业内部员工共同认可的工作风格、经营理念和思想指导。企业文化并非一蹴而就，需要企业在长期发展过程中不断培育和调整。塑造良好的企业文化需要关注以下几个方面：需要确保企业文化的稳定性与连续性，以维持企业的稳定发展；需要关注企业文化的创新性，以适应不断变化的市场环境；需要重视企业文化的沟通与传播，来增强企业内外部的认同感；需要积极调整企业文化，来应对企业发展过程中的挑战与机遇。

1. 完善薪资待遇机制

企业与员工的合作关系很大程度上建立在利益基础上，薪酬体系是企业运行的基础。薪资待遇直接影响员工的工作动力和执行力。虽然有人认为企业文化主要目的在于提升员工的思想意识和增强公司的凝聚力，这种观点并非完全无理，但关键在于企业如何实施。仅仅通过口头教导或培训是远远不够的。

企业并非为了推广企业文化而存在，其根本目的是盈利。在企业运营中，忽视利益是不切实际的。如果不能提供满意的待遇，即便企业文化再优秀，也难以留住人才。优化薪资体系是确保员工稳定的关键措施，进而激发员工在工作中发挥积极性和创造性。

2. 营造良好的企业文化建设氛围

企业文化是企业在成长过程中逐渐形成的一种具有独特特征的文化现象。企业文化是在所有员工的共同努力下塑造的，他们不仅推动了企业的发展，也创造了企业的文化。要营造良好的企业文化氛围，需要坚持以人为本的原则，尊重、理解、关心和关爱员工。只有在这样的企业文化氛围中，员工才能产生认真工作的动力，进而提高他们的工作热情和效率。因此，企业文化对于员工的积极性和工作效率具有重要的影响。

3. 制度建设是保障

企业文化建设是一种模式化的管理方式，需要通过制度的保障来培养企业精神，完善企业形象。企业制度建设作为基础性工作，为企业文化的发展提供支持。

企业制度建设是企业文化建设的重要体现，包括了制度建设、企业精神和员工文化活动。通过相互作用和促进，共同致力于企业文化建设。制度建设能够有效地将员工文化活动与企业精神结合起来，使所有员工都能践行企业的制度。

企业文化能够提高员工的凝聚力，使员工团结一致，共同努力去实现企业的目标。员工的凝聚力对于企业的运营和发展至关重要。在面临困难时，没有凝聚力的企业往往会面临员工流失，而不是与企业共同承担困难。企业文化的凝聚力是实现企业目标的正确选择。

（七）提高企业管理者自身的素质

作为企业核心人物的领导者，其素质对企业的形象和发展有着直接影响。虽然社会竞争在发展，但企业的管理者仍承担着重要的责任。企业管理者的素质直接关系到企业的发展，对他们的要求只会越来越高。

企业管理者应具备的素质包括团队精神、群体意识、创新精神、创新意识等，这些都是重要的管理要素。为提升企业管理者的素质，我们需要给予更多的关注与指导。因此，企业在人才培养和选拔上要充分考虑到这一点，从整体上提高管理团队的素质，以适应日益激烈的市场竞争。

1. 强烈的团队精神与群体意识

作为管理者，要管理一个团队，良好的团队精神是至关重要的，它不仅仅决定了管理者是否能够有效地管理团队，还关系到团队是否能够共同实现目标。

团队精神的培养是对管理者的基本要求，学会合作是管理者的基本素养之一。很多管理失败的原因在于管理者未能处理好下属员工的人际关系。团队精神要求管理者不得树立唯我独尊的意识，员工并非管理者的附属物，他们有权利拒绝无理的命令。如果管理者只是压迫员工，员工不会尊重管理者，工作效率也不会提高。因此，管理者必须尊重下属，学会合作，只有这样的团队才可以具备竞争力。

2. 具有创新意识和创新精神

随着社会的不断进步和时代的变迁，企业面临的外部环境日益复杂化，信息爆炸和科技的飞速更新要求企业领导者必须具备创新精神，以便根据社会的动态调整企业的战略规划。在市场上，供求关系不断演变，竞争也变得更加激烈，那些不能适应市场变化的企业最终会被淘汰。

企业领导者在面对复杂多变的社会形势时，需要深刻理解企业发展的内在规律，并发挥自己的创新能力，以便在关键时刻做出明智的决策。因此，企业领导者必须培养创新意识和创新精神。

为了提升企业管理者上述所需的素质，可以采取多种方法进行自我提升。目前看来，最直接和有效的方法之一是通过培训，包括工作培训、外部培训和内部培训等。这些培训的具体内容涵盖了以下几个方面。

（1）工作培训

为了确保企业在未来的竞争中不被淘汰，企业需不断提高管理者的能力和素质。为此，企业应当有计划、有目的地对管理者进行培训。被领导者需要掌握企业的运营规律，开阔视野，持续提升自身的能力和思维水平，增强应对突发事务的处理能力，以及提高实际的经营管理技能。

（2）外部培训

如果企业内部没有合适的人才来开展培训工作，企业可以考虑与社会上专业的培训机构取得联系，将管理者送入专门的培训机构进行系统的培训，以提高管理者的专业能力，尤其是提升管理者的理论修养。这样可为企业培养出更专业、更有理论素养的管理者，为企业的未来发展提供有力支持。

（3）内部培训

企业可以选择经验丰富、能力突出的高层人员进行专门的短期培训，以提升企业管理者的特定能力。内部培训通常是短期的，具有很强的针对性，能够在较短时间内提升管理者的特定能力。

然而，企业培训只是提升能力的一种途径，并非解决所有问题的万能方法。很多素质与能力并非进入企业后就能立即形成，然而更多地需要个人自我努力。对于企业的管理者来说，他们需要重视个人素养的提升，树立终身学习的观念，不断优化自身能力。只有不断自我提升，才能在不断变化的商业环境中保持竞争优势。

第八章 数字化人力资源管理

第一节 数字化人力资源管理系统

一、数字化人力资源管理系统的结构

数字化人力资源管理系统涉及四个核心组成部分：首先数据仓库负责存储企业的组织结构、岗位分配以及员工个人和职位的基础信息其次，人力资源管理系统平台设定和管理人力资源的各种功能和权限、流程控制等；接着，人力资源服务平台通过不同平台间的互动，提供员工、经理和人力资源部门所需的自助服务，涵盖员工的入职、调动和离职等整个雇佣过程；最后，人力资源数据统计分析平台根据企业需求，进行数据的整合、统计、分析并生成报表，为企业决策提供了数据支撑。

（一）数据存储

数据存储是指存储介质和数据存储系统的结合，通常包括磁带、磁盘等硬件设备，以及用于管理数据记录的数据库系统，如 Oracle 和 SQL Server。虽然数据存储部分对于广大用户来说可能难以察觉，但它却是构建人力资源管理系统的重要支撑。在"互联网＋"时代，云计算技术现在正在改变我们对数据存储的看法，将数据存储搬上云端，实现以云计算技术为依托的人力资源系统管理服务，这让数据存储变得更加简单、高效、安全和快速。

（二）数字化人力资源管理系统的结构

数字化的人力资源管理平台是企业资源计划（ERP）系统中专注于人力资源管理的部分，它运用数字化的方法和整体化的管理方式，为管理层提供基于人才的决策支持，并为员工管理提供了综合性的解决方案。

该管理系统可被细分为多个管理和应用模块，包括系统架构、数据处理规则、配置管理和权限分配等，这些都是确保平台顺畅运作的关键基础。

在系统的架构中，如果将人力资源管理系统比作一栋建筑，那么架构就如同建筑的承重梁柱。系统架构的合理性不仅仅决定了系统的功能性和实用性，还会影响到用户的体验。

数字化人力资源管理系统的基础架构主要包括人员架构、组织架构和企业架构三个核心部分，通过系统设置，能够将员工、组织和企业紧密地结合在一起，形成一个整体。

1. 人员结构

人员结构旨在存储员工的详细数据，涵盖了员工的基本个人资料和雇佣细节。基本个人资料包括姓名、身份证号、性别、国籍等；家庭背景信息涉及家庭成员及相应信息；而联系方式包括永久地址、现居住地、电话号码等。雇佣信息则作为员工与企业之间的桥梁，包含了工号、职位名称、组织编号、成本中心编号等。通过分类员工类型，企业能够对员工进行更为细致的管理，例如区分正式员工与外派员工、不同的薪酬支付类别等。

2. 组织结构

组织结构反映了企业的职位设置和业务单元规划。企业由不同的部门组成，每个部门都是一个组织单位，员工在部门内有一个特定的职位，职位在系统中具有明确的职责描述，这定义了员工的工作内容，也是招聘时的参考依据。多个部门和职位的组合构成了企业的架构，企业可以由多个组织单位构成，例如研发、销售、支持等团队。

3. 企业结构

企业结构根据经营范围和地域的不同，可包括多个分公司和工厂等下辖单位。这种结构需要分别管理不同的子公司，同时还需要总部进行有效的全局管理。企业结构可以通过公司代码来识别，员工可以根据业务部门的类别归属在不同的企业结构下。数据处理规则的设置是程序运行时所依据的准则，例如根据相关法律法规和合同年限的不同，对新员工设置不同的试用期。系统程序会按照设定的规则调用相关数据和配置表进行计算，根据新员工的合同类型、合同年限以及是否是初次与企业签订合同等条件，计算适用于哪种试用期规则以及试用期的期限等。

人力资源管理系统平台中的另一类模块是各种系统功能的应用，包括薪酬福利、绩效评估、员工入职离职和调动管理等。根据企业需求，可选择全部或部分模块应用于人力资源管理工作中。这些功能模块会在系统的具体功能上进行详细介绍。

举例来说，SAP公司提供的SuccessFactors是一个备受推崇的人力资源管理综合解决方案。它利用先进的技术帮助企业充分发挥人才投资带来的价值，实现绩效的提升。SuccessFactors 能够提供全面的人力资源管理支持，包括薪酬管理、福利管理、员工绩效评估、培训发展等多个方面，帮助企业优化人力资源管理流程，提高企业的运营效率和业绩。

二、数字化人力资源管理系统的类型

人力资源管理系统经历了从简单的数据记录和存储工具到支持多用户参与、强调分享与沟通、具备流程控制和事务处理功能的数字化平台的转变。这种转变反映了人力资源管理系统的应用不断发展，以适应现代企业对人力资源管理更高层次的需求。

数字化人力资源管理系统按照实现管理功能的不同可分为下列几种类型。

（一）企业内部网站、员工电子档案、电子公告牌和企业公众号等

数字化人力资源管理系统是企业内部的一种工具，通过信息沟通和分享的方式，帮助员工了解企业的战略、文化、人力资源政策以及内部工作岗位等信息。这个系统包括企业内部网站、网页版员工个人信息档案、人力资源电子公告牌、企业公众号等工具。

在人力资源管理过程中，数字化人力资源管理系统主要承担着企业内部信息沟通的职责。它不仅是企业文化传播的窗口，也是发布人力资源管理政策和流程的渠道。此外，它还是发布内部工作岗位信息和申请以及培训信息的途径，并且提供员工自主管理和自助服务的平台。

1. 企业文化传播的窗口

企业文化是企业在发展过程中创造的一种独特的精神财富和物质表现，是建立在共同价值观基础上的准则。内部人力资源网站可通过多种方式和内容，帮助员工深入了解企业文化，并传达企业的价值观，从而增强员工的凝聚力。

2. 企业人力资源管理政策和流程发布的渠道

人力资源部门通过内部网站发布人力资源管理相关政策、操作流程，帮助员工了解与人力资源政策、薪酬福利等相关的管理信息，以及与员工个人职业发展相关的各类信息。因此，这个网站成为了新员工了解企业概况的重要信息来源，并且也是员工进一步了解企业规章制度和人力资源管理政策的有效途径。通过人力资源内部网站，新员工可以熟悉人力资源操作流程和行为规范，以便快速适应企业的工作环境和方式。此外，员工可以通过快速检索的方式，快速提出问题和反馈意见，而人力资源部门则能及时收集员工意见，从而改进工作质量并提供更好的服务。

3. 企业内部工作岗位及培训信息发布的途径

良好的企业内部职业发展途径是留住员工的重要策略之一。通过积极的企业内部员工流动政策，管理者可以发现最适合相关工作岗位的员工，同时员工也有机会尝试不同的工作岗位，找到适合自己的职业发展道路，进而充分发挥自己的特长，实现自我价值。企业也可以通过人力资源网站及时发布培训信息，根据员工的岗位特点与要求，为他们

提供适合的培训方式和课程。这些举措可以帮助员工不断发展和进步，从而为企业创造更大的价值。

4. 员工自主管理及自助服务的平台

人力资源内部网络平台提供员工自助服务（Employee Self-Service，ESS），让员工能够主动了解人力资源相关事宜，并且掌握自己工作的节奏。ESS 已经成为人力资源管理发展的新趋势，它方便快捷地让员工获取和管理在企业内部的各种信息。通过 ESS，以前需要管理人员集中完成的信息采集和申请处理等事务性工作，现在可以由员工自助完成，并自动更新和维护信息。这为企业节省了大量的人力、物力和财力，同时推动了企业的无纸化办公。

（二）人力资源任务系统

人力资源任务系统涵盖了员工雇佣旅程周期管理、人力资源基本事务处理以及人力资源计划与分析管理等内容。它包括薪酬福利、绩效管理、工作时间、休息休假、员工信息管理以及员工整个雇佣旅程周期的管理等多个方面。这个系统帮助企业有效管理员工的各个阶段，从雇佣到离职，并处理与员工相关的事务，同时也为企业提供数据分析和计划，以更好地进行人力资源管理。

（三）员工客户关系管理系统

数字化人力资源管理系统还包括以解决员工问题、促进组织发展、调节企业和员工关系、提高了员工满意度为目的的员工客户关系管理系统。

三、数字化人力资源管理系统模块的功能

在数字化时代，人力资源管理系统包含多种能够实现不同功能的系统模块。新一代基于云计算技术的数字化人力资源管理平台能够集成各种人力资源管理模块，并根据企业需要进行扩展。同时，它能够对接不同部门的应用系统，实现跨部门数据共享，支持更强大的数据分析功能，为驱动组织变革和战略调整提供重要的数据支持。数字化人力资源管理系统模块的功能包括人力资源及员工信息管理、薪酬福利管理、招聘管理、学习与发展管理、绩效管理、休息休假以及加班管理等，以及员工自助服务平台。这类功能为企业的管理提供了有力的支持。

（一）人力资源及员工信息管理

数字化人力资源管理系统中的各个模块都基于员工个人数据、企业组织结构和职位信息来支持完成多样化的人力资源管理任务。

在企业人力资源管理系统中，员工信息管理和员工职业旅程周期管理是最核心的部分，负责处理员工从入职到职位变动，直至离职或退休的整个职业生涯的管理工作。在当今时代，员工信息的收集和员工职业旅程周期的管理越来越依赖于员工自助服务，这使得员工和经理能够直接参与到数字化人力资源管理系统中，共同完成整个服务流程。

员工信息的准确性对于员工工资的发放、福利和社保数据的采集至关重要,同时也影响企业对员工数据的分析和战略发展的准确性。企业让员工自行管理和维护个人信息,可以激发员工的积极性。为确保信息的准确性,人力资源部门需要定期举办培训,让员工理解信息的重要性、准确性的必要性以及系统使用的注意事项,并通过设置审核环节来核实信息的准确性。

在员工的职业发展过程中,直线经理扮演着至关重要的角色。在现代企业管理中,经理不仅要推动业务的增长,还要促进员工的成长和职业发展。数字化人力资源管理系统中的经理自助服务平台能够协助经理进行灵活的人员调配,迅速进行组织调整,以适应业务模式的变化。

(二)薪酬福利管理

薪酬福利管理是人力资源管理的重要组成部分,它涵盖了员工的薪酬支付和福利管理。通过 ERP 管理系统的实施,人力资源部门能够自动化地收集员工的扣除额和税款,生成工资单和税务报告,并与财务管理系统集成进行财务结算,从而减少了大量的人力、时间和纸张成本。此外,系统还提供了自助服务功能,员工可随时查询自己的工资收入,进一步推动了企业的无纸化办公进程。

(三)招聘管理

招聘系统提供了从候选人筛选到新员工入职的全流程支持。它包括标准化的职位介绍和编辑工具,方便招聘人员撰写和编辑职位信息。系统还提供了检索和查询功能,可以根据已有的职位信息进行修改和完善,或者通过复制生成新的职位描述。招聘专员可以快速定制类似职位,参考系统提供的职位字典。这些功能不仅帮助企业简化了工作流程,提高了工作效率,还有效地管理了招聘信息。

招聘系统是企业与外界联系的重要桥梁。它通过互联网和云计算技术,将职位信息推送到各大招聘门户网站、微信招聘平台、校园职业信息社区等平台,并实时管理招聘信息。同时,系统自动收取求职者的简历,按系统设置的关键字进行筛选和分拣,加入企业人才库。此外,系统还可以根据招聘需求对候选人信息进行统计分析,生成招聘数据分析和统计报告,并了解外部市场人才的供需情况。此外,视频技术、互联网和网络会议软件等在招聘中的应用,使面试更加灵活、便捷,即使求职者在千里之外,也能通过这些工具和面试官进行有效沟通,突破了时间及地域上的限制,提高人才招聘过程的效率。

(四)学习与发展管理

一般来说,良好的学习与发展计划是吸引和留住员工的有效手段。数字化和网络的发展为员工的培训与发展带来了便利性。员工自主学习、在线学习和自我管理的模式逐渐取代了传统的面授培训模式。员工可以利用移动设备在工作间隙进行学习,并通过企业提供的网络环境自主选择对自己工作和职业发展有帮助的课程。除了移动设备,员工还可以通过企业内部学习平台、微信学习群、企业公众号、智能机器人协助等方式进行课程学习，并与有共同学习需求的同事交流分享，互相督促以提高学习效率。企业还可以通过推送微培训课程的方式，让员工在企业发展目标和核心价值观方面与企业保持一致。此外，培训系统提供的记录查询和报表功能不仅能够帮助员工回顾以往培训课程，安排自己的发展计划，还可以帮助内部培训支持团队了解员工的发展需求，制订培训计划和设置课程。同时，经理能够通过系统了解员工的学习与发展动态，支持员工的职业梦想。这些举措都有助于员工更好地成长和发展，从而增强企业的凝聚力。

（五）绩效管理

绩效管理系统提供了标准的沟通模板和问题设置工具，帮助员工完成个人工作和设定发展目标的同时，也建立了一个有效的沟通渠道。员工在系统中设定工作目标并提交后，经理可以审核并给出建议和反馈，或提出改进意见，并与员工达成一致后确认。员工还可以通过系统收集同事、经理或下属对自己工作目标完成情况的反馈意见，了解自己的优势、改进点和发展需求，从而提高工作业绩，增强个人影响力。根据多方的绩效反馈、员工的自我评估和经理的意见，人力资源经理可以生成"员工职业发展分析报表"，帮助员工了解职业发展方向，并制定实际可行的培训和发展计划。有些绩效管理系统还会嵌入360度评估工具，对企业中层以上管理者在沟通技巧、人际关系、领导能力、行政能力等方面的能力水平进行评估，给企业和人力资源部门评估这些中层管理者的能力和潜力，制定干部培养和继任者计划提供依据。

（六）休息休假及加班管理

人力资源管理系统中的工时考勤模块集成了工时管理和相关休假申请等功能，与员工和经理自助服务平台相连接。员工可以通过打卡和自助方式提出休假申请，经理批准后生效。数据收集主要通过自助模式完成，系统模块则负责数据存储和管理，实现了劳动力分配和数据分析的灵活性和可靠性。根据企业考勤制度，系统可以设置休假和考勤管理，并通过数据报表，让人力资源部门了解员工的出勤和休假情况，为薪酬计算提供数据支持。考勤记录与薪酬计算直接关联，简化了考勤报表的制作和传递环节，提高了数据的准确性和工作效率。经理可以通过定制服务，了解团队成员的具体休假情况，并与员工就工作和休假安排达成共识，提高团队凝聚力。人力资源部门可以通过系统分析报告，了解员工的休假加班情况，评估企业休假和考勤管理政策的合理性，并根据此调整相关政策和管理流程，规范员工的休假和加班行为。

（七）员工自助服务平台

在企业中，人力资源部门是与员工联系最紧密的部门之一。在没有人力资源管理系统应用之前，员工通常需要联系人力资源部门的相关同事来咨询和解决人力资源问题，这对于办公地点分散、轮班和工作时间不固定的员工来说非常不便。而且，并非所有员工都完全了解人力资源部门的组织结构，他们可能会面临找到负责人的困难，从而无法及时得到问题的解答和解决方案。此外，人力资源部门的工作人员承担着不同的角色和任务，他们可能无法及时地回复和有效处理员工的咨询问题。

员工自助服务平台是一种有效解决员工问题的方式。该平台通过员工热线电话、网络即时应答、邮件回复以及客户关系管理（CRM）系统等方式，为员工解答问题并提供解决方案，从而提高员工的满意度。

员工自助服务平台以员工服务为中心，通过系统处理员工的咨询和问题，提供个性化的咨询服务，并缩短了响应时间，快速满足员工的需求，提高他们的服务体验。

通过对员工需求的统计分析和生成相关报告，员工自助服务平台能够了解到员工普遍关心的人力资源相关问题。通过专家的解答和总结，形成标准的问题知识库，保证了不同人力资源服务人员解答回答的准确性和一致性，提高问题解答的速度，改善了员工的服务体验。

此外，员工自助服务平台通过内部监控和分析关键业务指标（KPI）的情况来管理团队的绩效，为改进人力资源服务提供了可能性。

总之，员工自助服务平台为企业和员工提供了双赢的解决方案。它不仅通过提供标准化的服务，快速响应和解决各种问题，提高了员工的满意度，还通过不断改进和优化人力资源服务流程，提高了人力资源服务的质量和效率。

第二节　数字化人力资源管理系统的设计与选择

一、数字化人力资源管理系统的用户体验

提供强大的人力资源系统功能、稳定的系统连接以及友好的用户界面是实现良好用户体验的关键要素。强大的系统功能是人力资源管理系统的基础，它提供全面的功能用于支持各种人力资源管理活动。稳定的系统连接确保用户流畅地访问系统并进行操作，避免了因连接问题而导致的延迟和不便。然而友好的用户界面则使员工能够轻松、快速地使用系统，提供了直观的操作和易于理解的界面，进而提高了用户的使用体验。这些方面都至关重要，是确保人力资源管理系统能够在企业中顺利实施的关键。

（一）影响用户体验的因素

人力资源管理是一个复杂的系统工程，随着企业管理的发展，各职能部门的业务和服务流程都越来越注重有效性、规范性和标准化。因此，企业对人力资源管理系统有着更高的期待和要求。然而，由于不同企业对系统的设计和要求不同，以及系统设计本身的局限性，这些因素都会影响用户对人力资源管理系统的体验。具体来讲，影响用户体验的因素主要包括以下四个方面。

第一，人力资源管理系统的一体化概念在近几年才被重视。过去，即使大型人力资源管理系统供应商也是分阶段开发各项业务模块，而有些服务商则是根据自身强项开发若干个模块。这种情况导致不同时期投入使用的人力资源管理系统模块的界面风格不同，

系统的一致性较差，用户需要花费大量时间和精力来适应界面，这降低了人力资源管理系统的使用效率，进而影响了用户体验。因此，对于一些企业来说，需要从不同的系统开发商处选购人力资源管理系统，以满足自身需求。

第二，鉴于某些人力资源管理工作的流程较为复杂，并且各企业的特点和实际情况不尽相同，为了实现人力资源管理系统的一致性和标准化，并兼顾大多数企业的应用，需要对原有的线下业务流程进行转化，使其实现线上流程。然而，这种标准化设计不可避免地会相对复杂，无法满足一些客户的特殊需求，因此客户需要花费较长时间来适应和掌握系统，这可能会降低用户的满意度，并对用户的使用造成一定的困扰。

第三，由于人力资源管理系统在初始设计中存在问题，或者由于没有充分考虑到各个企业的实际情况和需求，可能导致用户在日常工作中遇到使用障碍或任务失败的情况。为了修复这些问题，可能需要进行系统修补或中断系统运行以进行维护。此外，系统的不稳定性也可能由于其他原因影响工作效率，从而影响用户的体验。第四，有些人力资源管理系统存在的过于复杂的用户界面或不合理的界面设置也会增加用户使用难度，甚至会引起误操作等问题，从而降低用户满意度。

（二）人力资源管理系统设计中的注意事项

在设计和开发人力资源管理系统时，项目组需要关注以下几个问题。

第一，员工自助服务模块的界面应该简洁易操作，并考虑所有可能的员工信息维护和查询需求。项目组应避免在系统优化时增加冗余项，而是注重减少冗余和不必要的功能。

第二，经理自助服务模块通常包括事务性处理和团队及成员数据分析与查询。项目组需要了解经理对事务处理流程和相关报告的需求，以便设计系统的逻辑关系和报告生成功能。

第三，在系统设计和开发初期，项目组应该对企业内部的人力资源服务流程进行深入理解，梳理并绘制清晰的操作流程图。这样，项目组才能对流程的标准化和特殊性进行评估和可行性分析。

第四，项目组需要准确把握人力资源数据的流向、分布以及数据的内部联系和逻辑关系。这有助于确保数据的准确性和可靠性。

第五，项目组应密切关注各项新技术的优势，并考虑与人力资源管理系统的结合。保持对发展趋势的敏感性，可以增强系统的功能和可扩展性。例如，考虑基于云端的数据存储和大数据应用，提供稳定的数据框架和复杂分析报表。

综上所述，项目组在设计和开发人力资源管理系统时，需要充分理解企业需求，关注界面操作、流程设计、数据流向以及新技术的应用，来确保系统的高效性和可持续发展。

（三）友好的用户界面

用户界面（UI）是指软件与用户之间的交互界面，包括人机交互、操作逻辑和界面设计。一个好的 UI 设计应该使软件既有个性又有品味，同时使操作变得舒适、简单和自由，充分体现系统的定位和特点。

友好的用户界面指界面设计美观大方，操作性强，能够提供流畅的人机交流，使用户能轻松学习和易于操作。简洁的页面设计是友好用户界面的最佳体现。傻瓜相机的普及就是简单易用对用户吸引力的一个有力证明。

系统设计应该以人为本，满足用户的各种需求和使用习惯，给用户带来更好的易用性体验。因此，在设计系统时，首要考虑的是用户体验。简洁、易用、易学是影响用户体验的主要因素，任何为了追求系统效率而牺牲用户体验的设计都是不可取的。

二、数字化人力资源管理系统的设计

为了提高用户体验，企业在实施人力资源管理系统时需要严格遵循系统设计流程，并避免引发后续应用问题的因素。由于人力资源部门人员是系统的主要使用者，他们对系统的使用情况最有发言权，因此在系统落地阶段，不仅需要IT部门人员参与项目实施，还需要人力资源部的人员加入项目组。

如果项目涉及员工自助服务和经理自助服务，一定要邀请员工和经理进行测试，并请他们提供反馈意见，以便项目组进行改进。此外，还需要注意不同系统之间数据的同步问题，确保不同系统之间的数据类型和名称一致。否则，后期工作将面临极大困扰，人力资源部门将花费大量时间审核数据、进行数据转换和数据统一。

因此，人力资源管理系统项目的成功与否往往取决于初期计划的详尽和逻辑的清晰明确。

（一）数字化人力资源管理系统设计的一般过程

一般情况下，人力资源管理系统的设计和开发过程包括成立项目组、编制客户需求分析报告、分析用户职能职责、设计系统流程、设置系统参数、系统调试和用户测试、变革管理、完善系统流程以及建立流程文件和用户手册等步骤。

例如我们可以以支持员工离职管理的流程为例，详细介绍人力资源管理系统开发的具体过程。

1. 成立项目组

在人力资源管理系统的设计和开发项目中，项目组的成员通常包括项目管理者、人力资源部门的流程设计与管理人员、各模块的人力资源事务操作人员以及计算机专业人员等。

项目管理者在整个项目中扮演着重要的角色，负责组织和协调整个项目的工作，安排任务进度，收集反馈并进行数据分析和评估。他们是项目组的核心，确保项目按时、高质量地完成。

项目组的每个成员都有明确的分工和清晰的职责，他们共同合作完成项目的设计和开发工作。他们也将成为未来系统的主要管理者和技术支持力量，负责系统的日常运维和支持。

通过项目组的合作努力，人力资源管理系统可以得到有效的设计和开发，以满足组织的需求，并为人力资源部门提供更高效、便捷的管理工具。

2. 编制客户需求分析报告

在系统设计阶段，征求客户意见是一项非常重要的工作。这可以通过各种方法进行，其中问卷调查是一种常用的方法。通过问卷调查，项目组可以充分收集用户的反馈意见，了解客户的应用需求、工作中的问题和痛点，并且结合系统功能来寻求解决方案。

在进行问卷调查时，需要综合考虑企业的实际情况，并设计详尽的信息收集表。这样可以帮助项目组系统分析，并有效收集用户的意见和需求。通过结合用户的反馈意见，项目组可以更好地进行系统的设计，以满足用户的需求。

3. 分析用户职能职责

在设计系统时不仅要考虑系统的标准化问题，还要考虑用户的实际应用需求并对其在整个服务流程中的角色和职责做出分析。

4. 设计系统流程

通过供应商的介绍、系统演示和系统分享，我们可清楚地了解系统能够实现哪些功能。以员工的离职流程为例，首先，系统提供了网上自助服务模块，员工可以通过该模块提交离职申请。一旦申请提交，系统会自动向经理和人力资源部经理发送通知，以便他们及时了解情况并做出适当的反应。通常情况下，经理和人力资源部经理会审批离职申请，一旦批准，即可进入下一个环节。但是，如果经理对员工的辞职申请有疑虑或需要帮助，可以向人力资源部经理咨询并寻求帮助。这样，系统支持了整个离职申请流程的顺利进行。

其次，一旦离职申请获得批准，员工可以在线查看必须完成的离职手续，并通过系统与各部门负责人协商预约时间，来完成这些手续。离职手续完成后，部门负责人会在系统中记录办理的详细情况和结果，员工也能随时上网检查进度和了解后续需要完成的任务。

最后，在员工确认完成所有离职手续后，可以通过系统在网上申请离职证明信。一旦系统通知到人力资源部，通常是通过人力资源共享服务中心进行网络查询并确认离职手续办理情况无误后，人力资源部将员工的离职相关文件进行电子化存档，完成了从纸质文档到电子化存档的转换。同时，人力资源部会生成离职证明信，并通过系统通知员工。这样，员工就成功地完成了整个离职流程。

从上述分析可以看出，与传统的线下离职流程相比，利用系统管理离职流程具有显著的优势。这种方式极大地简化了离职的处理过程，减少了员工和相关工作人员在事务处理上所花费的时间。系统的共享特性使得相关人员能够随时在系统中查看离职处理的进度，增加了整个流程的透明度。由于系统记录了所有处理过程，整个离职流程变得更加清晰可查。此外，通过网络和系统处理离职手续，完全取代了纸质文件，有利于实现无纸化办公，从而节约了企业运营成本。

在完成系统的初步分析之后，企业需要根据分析报告以及自身的预算情况等因素来做出决策制定系统流程，并确认系统实施的可行性。

5. 设置系统参数

在确定系统流程后，接下来项目组成员需要对系统内部的各类参数进行设置以满足应用需求。系统的参数设置通常需要从以下三个方面考虑。

①系统主题参数。主要用来控制系统功能、管理系统日志、建立系统框架等。

②系统安全参数。主要用于系统安全验证和用户角色权限设置等。

③系统数据参数。主要用于确认所需记录数据的类型等。

6. 系统调试及用户测试

在确立项目目标、进度安排并对系统参数进行设置之后，项目组需要对系统进行彻底的测试，目的是在早期阶段尽可能多地发现潜在的系统错误和操作问题，并制定相应的解决措施。在项目早期识别并解决这些问题对于项目的成功至关重要；否则，在项目实施阶段发现问题会导致大量资源和时间的浪费，并且可能损害用户体验，从而使用户对系统的信任度下降。

在项目组内部完成系统的初步测试之后，便进入了系统的关键调试阶段和用户测试阶段。首先，项目组必须熟悉实际的操作流程，并据此不断地系统进行测试、调整和优化，以确保系统满足实际应用的需求；其次，项目组应当制定用户测试报告，设想各种操作场景下的系统响应，并邀请实际用户参与测试过程，以方便根据用户的反馈完善系统功能，确保系统能够支持用户的日常工作需求。

7. 系统实施过程中的变革管理

在系统测试结束后，项目进入系统实施和投入使用阶段。根据相关统计数据显示，大约80%的项目成功与组织内部人员的行为和配合密切相关，而项目团队只投入约20%的精力来制定实施方案和解决问题。

通常情况下，当新系统上线或新旧系统交替时，都会对相关人员的固有思维模式造成一定冲击，迫使他们改变当前的工作方式和习惯。因此，变革管理是项目成功的关键因素。项目组应该遵循变革管理生命周期的发展规律，制定详细的变革计划，并积极激励人员积极接受变革。

很明显，变革管理的失败将会影响项目进度，并可能导致项目无法达到预期的效果。因此，项目管理者应该充分考虑变革对人员的影响以及可能带来的风险，并在项目执行过程中加以应对和管理。

变革管理对于系统的顺利实施至关重要，特别是在用户内部沟通和培训方面，这些因素直接决定项目的成功与否。首先，项目组应根据用户的具体需求和特点制定沟通计划，包括确定沟通的内容、选择适当的沟通渠道，并识别出所有的利益相关者；接着，项目组应按照既定计划通过适当的渠道和用户进行沟通和培训，因为任何沟通或培训的不足都可能影响系统应用的效果。

在进行内部培训时，需要关注以下几个关键点：首先，要确保用户了解如何使用系统，并授权他们在工作中有效利用该系统；其次，需要对人力资源顾问进行培训，使他们能够及时协助用户解决遇到的问题；最后，要特别关注在变革过程中出现的问题和突发事件，并确保这些问题能够得到及时、妥善的处理和解决，从而为项目的顺利推进提供保障。

8. 完善和更新系统流程

在系统上线后的 3 至 6 个月试运行期内，项目组需要不断监控系统的运行状况，主动搜集用户的反馈信息，并定期对系统进行必要的维护和升级，以弥补系统的缺陷，并持续优化系统的工作流程，确保他能够更好地适应用户的工作需求。

9. 建立流程文件和用户手册

由于新系统的运行将会导致部分员工需要适应新的工作方式、技术和方法，这对他们来说可能会带来一定的负担，并且可能会产生抵触情绪。因此，除了加强用户培训外，项目组还需要编制详尽的操作手册和程序性文件，以确保用户在操作过程中有明确的操作指导和规范可依循。这样可以有效地为人力资源系统的实施和正常运行提供保障。用户可以根据手册中的指导来完成系统工作，并且依照程序性文件的规定来确保操作的正确性和一致性。

（二）数字化人力资源管理系统的整合性与扩展性

人力资源管理的数字化以人力资源管理系统为核心，基于人力资源管理的具体需求，旨在促进企业文化的发展和辅助企业战略的制定。

在企业实施人力资源管理系统时，大多数企业不会同时启动系统中的所有人力资源管理模块，而是根据实际需求、模块的重要性和紧迫性来逐步部署。这种做法可能导致缺乏整体的规划和安排，特别是忽视了系统的整合性和扩展性，这会影响到后续的数据应用和系统扩展，难以达到预期的效果。此外，一些企业的人力资源部门由于不同职能部门之间的独立性，可能会选择不同供应商的管理模块，这会导致系统间信息交流的障碍，使得各系统无法协同完成人力资源管理任务。由于不同系统使用不同的底层数据库，数据共享和实时同步变得困难，导致数据，这严重影响了数据的准确性。

为了避免上述问题出现，企业在系统设计之初或初步选购系统时，应进行完善的企业需求分析，进行详细的系统分析和规划，并制定清晰的系统架构。这意味着项目负责人需要具备大局观，从企业人力资源管理者的角度出发，全面考虑和统筹安排，以建立灵活、扩展性强的人力资源管理体系。企业越早认识到系统统一性的重要性，系统整合的实施就越容易；否则，等到系统设计完成或者选型并实施后再考虑这些问题，可能会变得难以改造和弥补。

具体来说，系统一体化的实施需要注意以下两个问题。

在企业进行系统规划初期，是否考虑了系统的整合并且将来的扩展性是很重要的。如果企业选择的系统各模块来自同一厂商，相较于不同厂商的系统模块之间的数据交换、同步和复写的时间会大大缩短，这将提高系统的效率。此外，整合同一厂商的系统的成本较低，并且实施起来相对容易。整合后，系统的效果也将会显著。因此，在系统规划初期就考虑整合和扩展性的需求，选择同一厂商的系统模块会带来更高的效率和效果。

企业在选择不同厂商的品牌应用于不同的人力资源管理模块时，随着企业的发展和技术进步，原有的模块应用可能无法满足企业的需求。此时，需要考虑模块是否留有扩展接口，能否与其他系统匹配并满足系统升级和整合的需求。因此，需要综合考虑各种因素对系统效率的影响，并对各种方案进行评估，以决定取舍。那么，投入使用新系统是否一定比维护和改造当前低效的系统更节约成本呢？通常，大型企业的人力资源管理核心系统会随着需求的增加而不断更新迭代，特别是在新技术如云计算技术出现时，企业是否需要随着供应商系统的升级而转换系统？对此，企业需要有一个清醒的认识，并需要慎重考虑更换系统对企业成本和投资回报率的影响。

通常来讲，供应商所提供的人力资源管理系统是一个基础的通用平台，它包含了典型的人力资源管理模块和报表生成工具，帮助用户处理日常任务。如此，为了适应不同行业和大多数用户的需求，软件开发往往注重标准化和一致性。然而，在实际实施过程中，企业需要根据自身的独特性具体状况、地区政策、法律法规等因素对系统进行定制化调整，以确保其满足人力资源部门的具体需求。因此，系统的灵活性和为二次开发留下的扩展性成为项目成功实施的关键。因此，选择那些既能提供系统框架、标准模块又能进行自定义客户配置的供应商系统，对企业人力资源管理系统的成功部署将非常有帮助。

三、数字化人力资源管理系统的选择

随着企业的扩大规模，手工操作已不足以满足现代企业管理的要求。为了提高人力资源管理的效率，越来越多的企业开始追求数字化转型的道路。为了迎合企业对系统化和数字化管理的需求，除了自行启动设计和开发人力资源管理系统项目，企业还可以在市场上寻找和采购适合自己需求的人力资源管理系统。近年来，随着互联网、大数据、云计算和人工智能等新技术的兴起，许多人力资源管理系统供应商应运而生，并且不断发展壮大。然而，市场上众多功能各异的人力资源管理系统软件让企业在选择时感到迷茫，难以决定哪一款软件最适合自己。许多企业即便投入巨资购入了某个人力资源管理系统，也常常发现实施过程并不顺利，甚至在使用系统后发现问题频出，应用体验不佳，无法满足企业实际的管理需求，这严重阻碍了企业人力资源管理工作正常进行。

（一）影响数字化人力资源管理系统选择的因素

企业在选择适合其发展需求的人力资源管理系统时，需要综合考虑多个因素。除了要考虑企业自身的经济实力，还需要从以下两个方面出发。

首先，企业需要基于自身的特点和未来发展的考虑来确定系统需求，做到了解自己。这意味着企业应从长远发展的角度，考虑到系统在满足当前需求的同时，能够适应企业未来的成长和变化。

其次，企业需要与系统供应商进行充分的沟通和了解，真正了解供应商系统的功能、灵活性、可扩展性、数据安全性以及用户体验等方面。通过与供应商的交流和评估，企业能够更好地了解提供的系统是否符合其需求，并评估系统的可靠性和适用性。

1. 充分了解自身现在和未来的发展需求，真正做到知己

企业在选择和构建人力资源管理系统时，必须深刻理解自身的优势和需求。这是一项涉及众多因素的复杂任务。在挑选系统的最初阶段，企业不仅仅要考虑在不同的发展阶段人力资源的具体业务需求，还要充分了解企业的特性、成长方向，并做出全面的规划和需求分析。此外，还要考虑到企业文化、所在行业、技术进步以及企业内部各项流程的独特性等因素，最终根据企业的总体战略和组织结构选择最合适的软件系统。同时，企业还应该从长远的角度出发，考虑人力资源管理系统未来的升级和与其他系统的整合能力。

2. 与供应商进行全面充分的沟通，对人力资源管理系统进行全面了解和评估，做到知彼

当企业决定购买人力资源管理系统后，与供应商进行充分的前期沟通非常重要，这对于系统选择的成功与否至关重要。通过供应商的系统演示，企业可以详细了解系统各个应用模块的性能和可用性。在选择系统应用方面，企业应重点考虑以下四个因素。

（1）产品的功能性

系统的选择主要考虑产品的各项功能模块是否能满足本企业人力资源管理各项工作的需求，特别是企业人力资源管理重点工作的需求。

（2）产品的灵活性和拓展性

随着企业的发展，人力资源管理对系统提出了新的需求，这也成为了推动企业进行数字化转型的内在动力。当企业考虑购买新系统或升级现有系统时，首要问题是如何处理现有系统。是对接新系统到现有系统的框架上，还是将现有系统的底层数据库整合后迁移到新系统上进行系统迭代？不论采用哪种方法，都应基于企业的实际情况、需求、预算以及发展平衡来决策，以达到最佳的系统使用效果。

如果选用的系统缺乏拓展性，无法满足人力资源服务流程的变化，这个系统就会成为企业发展的瓶颈，迫使企业投入大量资源进行系统改造或更换系统。因此，在系统选型时，必须充分考虑企业当前和未来发展的需求，尽量选择那些适应性、灵活性和拓展性强的人力资源管理系统。选择与企业环境相适应、具有灵活性和拓展性的产品，不仅能满足企业当前的人力资源管理需求，提高了管理效率，而且在长远来看还能节省大量成本。

（3）良好的用户体验

在人力资源管理系统的选型初期，企业还应重点关注用户界面是否清晰友好、操作是否人性化以及系统的功能亮点和流程设计是否清晰等因素。出色的系统用户界面可以帮助用户快速适应新系统的工作方式，并为项目的顺利实施提供便利条件。因此，系统在用户界面方面的设计应该得到充分考虑，确保用户能够轻松使用系统、理解系统的功能和操作流程。同时，系统的功能设计也需要经过周密的规划，以满足企业在人力资源管理方面的具体需求，并提供一些特色功能，来提升系统的实用性和效率。

（4）数据的安全性

在人力资源管理系统的选型过程中，系统安全问题尤为重要，其中数据安全是重中之重。由于人力资源管理系统管理着员工个人和企业的重要信息，一旦数据泄露，不仅会影响公众对企业的品牌好感度，还会破坏员工的信任，甚至带来法律风险。因此，企业在选择系统时，应特别关注系统的安全性，尤其是在数据的存储、使用、呈现和报告等方面是否存在安全隐患。一经发现系统存在安全隐患，应坚决放弃该系统，以确保企业数据的安全和可靠性。

（二）人力资源管理系统供应商的选择

在选择人力资源管理系统产品时，企业首先应考虑产品的功能及其可用性。与此同时，供应商的实力及其业务发展方向也会对系统选择产生重要影响。企业需要关注供应商是否拥有强大的售后服务团队、专业的咨询服务能力，以及能否结合企业特点、解决人力资源管理问题并提供系统管理解决方案。此外，供应商的研发力量也是衡量其系统专业能力的重要指标，供应商强大的研发能力能帮助企业定制具有企业特色的系统服务，满足个性化需求。在企业的不断成长过程中，可能会面临现有系统无法满足人力资源管理需求的情况，这时就需要考虑二次开发。因此，供应商的研发能力能否支持用户进行系统拓展和二次开发也是企业在选择供应商时需要重点考虑的内容。

目前，市场上存在着众多的人力资源管理系统供应商，包括国际知名的 Oracle、SAP、Workday 等公司，以及国内的知名软件企业如金蝶、用友等。在系统功能方面，市场上既有基于强大技术背景、与技术发展趋势同步的人力资源服务全流程系统产品，这些产品通常覆盖员工从入职到离职的整个雇佣；也有专注于特定模块或场景的系统产品，例如只开发绩效管理或招聘系统的供应商。随着云计算技术的发展，以互联网运营模式为特征的 aaS 产品也在迅速崛起，部分供应商甚至会提供免费的人力资源管理基础服务软件给企业使用。

（三）规避人力资源管理系统的选择误区

事实表明，在选择人力资源管理系统时，供应商的知名度和系统规模并不是唯一的衡量标准，流行和主流也并不一定意味着最好。只有找到最适合企业的系统，能最大限度地满足当前和未来的实际需求，才是最理想的选择。即使是国际知名供应商提供的高级产品，如果不适用于企业，也无法实施成功。企业会付出巨大成本，但无法满足工作需求，对人力资源管理产生负面影响，无法达到预期的效果，更别提投资回报了。因此，为了谨慎起见，企业可以分步实施系统。最初阶段，可以优先使用系统的重点模块，待系统稳定后逐步上线其他模块，循序渐进地实施系统的各项应用。同时，应充分考虑系统的统一性和扩展性，以满足企业未来的发展需求。

第三节　智慧数字化人力资源的打造

一、真正的数字化人力资源

如今，人们已经深刻认识到数字技术的角色正在快速转变。它已经从提升企业的边际效率转变为推动企业发生根本性创新和颠覆。数字化带来了广泛而深刻的一个变革，为企业创造价值提供了前所未有的机遇。

在全球企业数字化转型的浪潮中，人力资源部门也不例外。它作为支持企业人才管理和战略实现的核心部门，在数字化的影响下也迅速、深刻且不可逆转地发生着变化。因此，人力资源部门必须适应数字化转型的趋势，抓住机遇，及时进行转型，成为真正的数字化人力资源部门，否则就可能在企业新时代的发展中被淘汰。

要实现真正的数字化人力资源管理，不仅需要投资于最新的数字技术，还需要进行更为深刻的变革。这包括寻找新的管理模式，为员工和组织创造价值，并重新思考如何衡量人力资源管理的成功。对企业来说，企业文化、战略和运营方式是脱颖而出、拥有竞争优势的关键要素。

数字化企业始终以客户和员工为中心，不断努力探索、寻求、识别和开发新的数字化业务模式。同时，数字化企业通过敏捷的业务流程、互联平台、分析工具和协作能力不断提高生产效率，实现新的、更加精干敏捷的运营模式。

在实现真正的数字化人力资源管理方面，企业文化、人力资源战略和管理模式也起着关键作用。人力资源部门应不断努力创新管理模式，以员工为中心，变管理为服务，为员工创造价值。同时，通过敏捷简洁、人性化的服务流程、智能化的人力资源管理信息平台、分析工具和协作能力，提高了人力资源服务的效率和员工的服务体验，打造简洁敏捷的服务型人力资源管理运营模式。

（一）数字化人力资源管理模式

数字化人力资源管理模式需要回答在数字化时代，人力资源管理应该扮演什么角色、做些什么的问题。企业可以通过"以客户为中心"来设计新的业务模式，从解决客户问题的角度出发，满足客户需求。同样，人力资源部门需要转变观念，坚持以员工和管理层为中心，从满足员工和管理层需求的角度思考新的人力资源管理模式。

为了更好地满足人力资源数字化转型的需求，人力资源管理需要摒弃传统的管理职能，跨越人力资源管理各职能部门之间的界限。根据为客户创造价值和满足客户需求的思路，人力资源部门应转型成基于业务导向的人力资源解决方案提供者和执行者、人力资源战略规划和制定专业解决方案的人力资源领域专家以及为客户提供基础性、事务性的人力资源标准服务提供者三支柱模式。通过这种转变，人力资源管理从管理职能转变为服务导向，与企业的其他部门和团队共同实现为客户创造价值和满足客户需求。

（二）数字化人力资源运营模式

数字化人力资源运营模式即是要回答在数字化时代，企业的人力资源管理应该如何做的问题。在数字化时代，企业数字化运营的模式主要有以下五个。

1. 以客户为中心

这种运营模式不仅强调以客户为中心的企业文化和赋予一线员工去中心化组织结构，而且特别关注前端流程，旨在让客户的生活变得更加便捷。

2. 强化简洁

这种运营模式的核心在于强调"少即是多"的企业文化和标准化的组织结构。通过持续优化研发、制造、供应、营销和支持流程，以最低的成本提供高质量的服务。

3. 数据驱动

采用这种运营模式的企业通常具备灵活的企业文化，建立在对分析工具和软件智能的依赖之上，遵循"一切以数据为准"的理念，并且通过实证实验来进行创新。

4. 开放性与流动性

这种运营模式着眼于构建一个生态系统，往往拥有开放共赢的企业文化，围绕共享客户而建立，企业所有的流程都不断与外界进行对话与联接。

5. 智能化

这种运营模式往往拥有致力于实现自动化的企业文化，企业大量使用机器来提高生产率和生产的灵活性。

吸取企业在建立新的数字化运营模式时的经验，人力资源部门不仅需要改变传统的人力资源管理方式，还必须转变人力资源的运营模式。这包括树立以员工为中心的价值观、实行数据驱动决策、调整内部组织结构和流程，以及采用新兴技术等措施。

（三）人力资源数字化人才与技能

在数字化时代，人力资源的数字化转型和所需技能涉及到确定与哪些合作伙伴合作才能取得成功。随着互联网提高了透明度，求职者能够获取几乎所有的招聘信息。因此，吸引和保留适应数字化时代的人才成为每个企业都必须应对的严峻挑战。在这种情况下，企业最有效的策略是提升透明度，使得职场环境变得公开和吸引人，创建一个人们愿意加入的工作场所。同时，企业应当畅通沟通渠道，加快问题处理的速度，更多地员工的意见，以此提升企业绩效。人力资源部门也需在组织内建立一个透明度高的工作和沟通环境，以及快速解决问题的渠道，来吸引和留住时代所需的人才。

为了适应数字化时代的要求，人力资源部门需要改变人力资源管理从业者的知识和技能结构。这意味着所有的人力资源管理者和服务提供者需要具备组织设计和变革能力、数据统计和分析能力、员工赋能和激励能力、管理系统操作和运用能力，以及良好的沟通和问题解决能力等。此外，随着人力资源管理系统和人工智能技术在人力资源管理中的广泛应用，人力资源部门还需要创造人与机器成功合作的环境。在未来几年，最显著的变化之一将是越来越多的人力资源服务工作者与机器人并肩工作。因此，人力资源部门需要采取措施，方便帮助人力资源管理从业者尽快适应这一新角色。

二、人力资源管理系统平台促进智慧数字化人力资源发展

随着技术的进步，互联网和数字化平台经历了迅猛的发展，极大地提高了社会的便捷性。根据不同的类别和方式，这些平台可以被划分为社交平台、学习平台和信息平台等类型；而根据它们的规模和服务的对象，平台可以被分为个人社交平台（例如微信、微博等）、官方国家信息平台（例如社保查询平台等），以及企业内部的服务应用平台（例如人力资源管理系统和员工自助服务平台等）。

人力资源管理系统平台主要以人力资源底层数据库为基础，通过数据计算技术和系统应用模型来实现一系列功能的集合，旨在为员工和组织提供快速、满意的服务。根据功能的不同，该系统平台可以被划分为前台和后台两部分。系统前台作为用户服务接口，例如用户自助服务界面旨在满足用户对数据查询和报表生成的需求，重视用户体验，包括系统的智能化、灵活性等方面。系统后台则是与系统设置和数据紧密相关的管理和操作部分，主要负责管理人力资源系统的流程效率、数据操作的规范性以及数据维护等。由于系统后台的工作主要集中在支持整个系统的运行，因此往往受到系统设计和数据量的限制，难以对系统前台的请求做出快速响应。

为了缓解后台和前台效率不匹配的问题，业界在人力资源管理系统中引入了中台的概念。系统中台提供数据集合和数据处理服务，能够从后台的不同数据库中提取数据进行整合和交换，通过数据连接，将不同数据源中的数据集中到同一个缓存中。过去，由于底层数据的限制，系统只能向用户提供固定模式的服务，无法灵活满足用户的需求。通过中台的聚合功能和系统间的协调工作，可提供便捷的数据整合功能给用户。这种将底层数据源汇总、集合、转换和加工的设计模式所衍生的平台被称为系统中台。

人力资源管理系统平台以稳定的系统架构来支持企业战略、企业文化和组织发展。该平台依托于数据存储、数据计算和流程管理等系统操作，为用户提供快速、准确的服务。系统平台化的应用使得人力资源系统的管理具有更高的集成度，能够为企业提供全面的数据资料，从而有助于科学决策。此外，系统还提供良好的用户界面，提高员工的参与度，推动组织变革以适应未来的发展。这些因素共同提升人力资源部的工作效率，为企业的发展提供了有力支持。

（一）人力资源管理系统平台化的优势

人力资源一体化平台在多个方面显示出了其显著的优势。总的来说，这种平台不仅增强了人力资源管理权限的集中控制，极大提高了对人力资源移动设备的支持，还拥有了强大的数据分析和提取能力，加快了数据更新的速度，为企业的人才管理、组织效率管理和战略规划奠定了坚实的基石。

1. 人力资源管理系统平台化加强了人力资源管理权限的集中控制

在人力资源独立系统管理的时代，每个系统都需要独立的管理体系来设置和维护用户权限，以保障系统的安全。这往往导致一些问题，比如系统间同步缓慢或没有同步机制，导致管理员必须手动维护多个数据库的权限，容易引起混乱。用户可能会因为角色变动或权限设置错误而无法及时访问系统或获取所需数据，这对业务运营产生了负面影响。

而当人力资源管理系统转向平台化，因为系统的集成度提高，用户权限得以集中管理。通过设置角色认证，系统能够统一管理用户对各模块和数据的使用权限，无需单独配置，这不仅节约了管理时间，也减少了权限设置过程中的人工错误。

2. 人力资源管理系统平台化对人力资源移动设备的支持有显著提升

随着人力资源移动设备的普及，许多事务性的人力资源服务操作现在可以通过移动端实现。例如，自助服务平台为员工、经理和人力资源管理者提供了便利。即使在非办公区域，也可以通过移动设备连接到企业内网进行安全认证，从而方便地处理相关人力资源服务工作。此外，还可以在移动设备上下载人力资源报表，大大简化了人力资源事务的审批和处理流程。

3. 人力资源管理系统平台化实现了强大的数据分析和数据提取功能

人力资源管理系统的整合和平台化使得数据的灵活性和准确性得到了显著提升。在过去，由于人力资源数据源的分散性，合并人力资源报表常需要人工进行多次处理。如果数据分布在多个系统中，提取报告可能会非常困难。通常需要从一个系统导出数据并手动导入另一个系统，过程中涉及大量手动操作，要求操作者对不同数据库的数据结构有深入了解，以防操作失误导致系统数据错误。另一种方法是从多个系统同时导出报告，然后使用 Excel 或其他工具合并成一个综合报告。过去，人力资源经理往往需要花费大量时间和精力在这些基础数据的收集和处理上，一不小心就会产生数据错误或排序问题，导致报告失准，不得不重新返工，这样不但效率低下，也可能影响工作进度。

而当人力资源管理系统实现平台化，原始数据对用户更加直观，用户无需关心数据的具体存储方式。系统提供了强大的数据提取功能，可以通过相关模块从任何源中检索用户所需的数据，并且进行处理以生成用户所需的数据分析报告。

4. 人力资源管理系统平台化加快了数据更新速度

基于云计算技术的人力资源系统平台能够避免由于硬件设备实施地点不同而带来的数据更新速度问题。以往，由于地域差异，硬件设备的布局会直接影响系统数据的更新速度。当数据源存储在不同的系统介质中时，不同设备之间的数据同步需要更多的响应时间，这可能导致信息录入后需要很长时间才能在系统中反映出数据，从而导致人力资源系统中的数据变更滞后于真实事件的发生。因此，报表的准确性和可靠性受到影响，甚至影响到管理者的判断，引发对系统可靠性的质疑。但如今，随着人力资源管理系统实现平台化，数据的更新基本可以实现实时同步，这个问题将得到极大解决，报告的准确性和真实性将得到显著提高。所以可以这么描述：通过利用云计算技术的人力资源系统平台，企业可以避免由于硬件设备实施地点不同而导致的数据更新问题，从而大大提高了报告的准确性和真实性。

5. 人力资源管理系统平台化为企业打造智慧型数字化人力资源奠定了基础

人力资源信息管理系统的平台化为企业提供了全新模式，通过综合性、标准化和功能强大的系统管理工具，推动企业人力资源的优化和管理现代化。这个平台以用户服务为中心，以数字化发展为导向，为企业打开了一扇窗，以更注重以人为本的方式构建数字化和智能化的管理系统，满足人力资源管理人的个性化需求。同时，基于数据管理的智能分析方法可以协助人力资源部门构建更科学的组织结构，建立数字化的人才供应链，从而实现人力资源管理与企业的战略和业务发展的无缝对接。

因此，未来数字化人力资源的发展需要培养人力资源部管理者和从业者的数字化思维能力。企业的组织结构将更趋向扁平化，甚至可能只存在于网络系统中的数字化团队，不再是传统的垂直、金字塔式的组织结构。人员岗位的配备也将更加虚拟化，不再是简单的一对一的人岗匹配模式。未来的组织结构可能会更加松散、灵活，根据工作任务和事件的需要来组合，而不是按照组织结构的框架来连接。因此，人力资源部的责任将更加注重为员工提供服务和赋能，建立基于数字化和互动开放的智能人力资源管理平台。通过这种平台，可以激发员工的潜能，实现了企业的创新和人才发展战略。

（二）打造智慧型人力资源服务自助平台

如今，人力资源自助服务已成为许多企业主流人力资源管理系统的标配，包括员工自助服务、经理自助服务和人力资源部门内部的自助服务。基于云计算技术的自助服务为企业提供了更安全的运行环境，为远程服务下的人力资源管理事务处理模式提供了技术保障。人力资源管理系统根据用户角色设置不同的访问权限，使一般员工、直线经理和高层管理者能够按照各自的职责和角色使用不同的系统功能，实现了人力资源管理的个性化服务。

1. 智慧型员工自助服务平台

员工自助服务平台是基于网络的应用程序，为员工提供基于权限设置来访问其个人信息和聘用信息的一个平台。

（1）员工自助服务的意义和功能

员工自助服务为员工在企业的工作和生活提供了便利。具体来讲，员工自助服务的意义和功能主要体现在如下几方面。

第一，员工自助服务极大地提升了员工个人信息的即时更新和管理效率，让员工能够自主管理自己的个人资料，激发了他们的自我管理热情，减轻了人力资源部门在员工信息维护上的工作负担，确保了信息的实时性和准确性。通过员工自助服务，人力资源部门能够自动化处理员工的日常事务，例如请假、排班管理、报销申请、内部培训报名等。员工可以随时通过员工自助服务平台查看薪资信息、打印工资单等，这大大减少了人力资源部门在这些问题上的资源和时间投入。

第二，员工自助服务平台有效地实现了员工个人聘用信息的实时查询。通过自助服务平台，员工可以随时查询自己在企业的聘用信息，包括了工作职位、职责、内部调动、工资奖金、目标设定以及绩效评估等。此外，员工自助服务还提供企业各项人力资源政策、规章制度和服务流程的查询功能，帮助员工随时了解企业内部的职位发布情况，从而更好地规划自己的职业发展。另外，员工还可以通过自助服务平台的热线服务或客户员工关系服务功能提交帮助请求，解决自助服务中遇到的问题。这样，员工自助服务平台为员工提供了便捷的查询和沟通渠道，满足了员工对自身聘用信息和企业相关政策的了解需求。

（2）人工智能技术推动员工自助服务平台进一步成熟

科技的不断发展推动了员工自助服务平台在企业人力资源部内的普及。本土高科技企业凭借技术优势和管理灵活性，开发了许多应用程序，推动了员工自助服务平台的普及。比如基于移动设备的人力资源自助平台 App、企业公众号和微信群等应用，为员工提供了便捷的一站式服务。同时，随着聊天机器人技术的发展，越来越多的企业开始使用人工智能机器人来回答员工的常见问题，推动了人工智能自助服务的发展。智能自助服务可以推送企业通知、公告、培训信息和事务提醒，提供人事证明文件的自助生成功能，员工可以通过服务请求获取相关信息并自助生成证明文件。此外，智能机器人还可以发布、分享、查询人力资源基础信息，并解答相关问题，帮助员工自主学习和了解人力资源政策。这不仅提升了员工的服务体验，也提高人力资源服务的效率，同时节省了人力成本。

人力资源智能化服务方式的引入，可以极大地激发员工的工作兴趣和热情，改善和提升员工的人力资源数字化体验

2. 智慧型经理自助服务平台

一般来说，企业在打造员工自助服务模式的同时，也会注重打造经理自助服务模式。经理自助服务与人力资源智能信息系统相结合，开启企业自助化、自动化和智能化的人力资源服务时代，成为了人力资源服务发展的新趋势。这种模式为经理的日常管理工作提供了便利条件，大大提高了工作效率，有效地节约了企业成本。

（1）经理自助服务可以使经理对员工雇佣旅程周期进行实时管理

在传统的人力资源管理模式下，员工入职、离职、调动、绩效评估、组织健康度等信息都由人力资源部直接维护和掌控。然而，对于人员众多且组织结构复杂的公司，经理难以随时了解员工的动态状况，也无法及时发现员工的潜在问题，常常错失解决员工问题的最佳时机。此外，业务目标的压力也让经理没有足够的时间和精力详细了解团队情况。因此，经理自助服务使得经理们的管理工作更加灵活，他们可以在任意时间和地点在线审批员工提交的申请，及时了解团队实时工作状况和员工相关信息，从而快速响应客户需求，根据工作需要调整团队工作安排，进而顺利达成工作目标。这种自助服务模式为经理们提供了极大的便利和效率提升。

（2）自主分析报告为经理自助服务插上飞翔的翅膀

通过定制化的服务，人力资源信息系统能够提供丰富的数据分析报表和预测信息，帮助经理提升组织的健康度。这些数据报表可以与经理自助服务的仪表盘和决策平台相连接，使经理能够自由选择所需的数据和呈现方式，无需依赖人力资源部的介入。经理自助服务还能够为经理与人力资源部门之间建立良好的沟通和互动渠道，随时获得人力资源团队的支持和帮助。根据经理在管理岗位上的任职时间、职业经验和团队状况，通过大数据分析和智能服务，人力资源信息系统可以生成科学的分析报告和适当的工作建议，帮助经理更有效地管理团队，并与团队一起实现成长。这种经理自助服务和智能信息系统的结合为经理提供了强大的工具和资源，支持他们在组织管理和发展方面做出明智决策。

3. 智慧型人力资源自助服务平台

人力资源经理和专家需要对企业内部人员的结构和情况进行数据分析，以提供专业解决方案，支持组织的健康成长和战略发展。在与业务部门讨论组织建设时，人力资源部常常需要通过数据来增强解决方案的说服力。人力资源统计报表不仅可以让人们清晰了解发生了什么，还需要揭示数据背后的规律及意义，因此需要人力资源制表者具备出色的数据洞察力。

过去，人力资源经理花费大量时间和精力来收集数据，并需要费心考虑如何科学地利用数据，揭示数据背后的真相以解决实际问题。然而，数据分析平台的应用解放了人力资源从业者，使他们不再花费大量时间手工制表。数据分析和报表生成系统基于人力资源实践和日常应用的报表结构，以智能运算环境下的算法和模型为基础，为人力资源从业者提供了定制化的报表分析工具。它根据企业的情况定制分析报表，通过灵活的参数设置自助选择报表内容。同时，它提供了方便快捷的报表格式和图表生成功能，以满足不断变化的业务部门需求。这样的自助服务条件下，人力资源部可以更高效地进行数据分析和报告生成，提供准确、有力的数据支持，帮助企业做出决策和解决问题。

自助服务无疑是人力资源发展的未来趋势。人力资源软件的发展不再局限于某一特定的人力资源职能领域，而是不断吸收各种优点进行式开发，以满足人力资源管理各方面的需求。例如，利用聊天机器人回答员工的问题，并连接外部人力资源服务平台进行综合管理，这样能迅速满足员工需求，显著地提升员工对人力资源服务的满意度。

三、智慧数字化人力资源发展的未来趋势

（一）优化人力资源管理系统功能以适应未来新职业、新型组织结构的要求

在数字化时代，劳动者、企业和人力资源管理领域正在经历巨大的变革。新生代劳动者具有数字化、多元化和国际化的特点，他们具备有较强的自我学习能力、自我认知能力和自我适应能力，更注重个性化和自我意识。他们在技术爆炸的环境中成长，将互

联网视为生活中不可或缺的一部分，因此对工作环境、工作方式和工作成就的期望与传统劳动者有很大差异。随着越来越多的"数字化公民"的诞生，新技术取代了部分传统行业，同时互联网的发展催生了许多新职业。在新时代，虚拟连接打破了组织界限，跨地域、跨国界的虚拟同事间的合作将更加普遍。

在这种情况下，企业需要加速不同文化间的融合，帮助员工适应不同文化、地域间的差异，以及如何在网络中与虚拟的同事进行有效沟通并完成任务。可以预见，新生代劳动者的特性将极大地影响和改变传统的聘用模式与企业管理模式，使企业和员工的关系发生转变。企业将聘用更少的固定员工，而更多的专业人士将选择兼职、顾问等自由职业，并与多家企业以虚拟的网上合作方式提供劳动。

这些特征要求企业根据人才市场的发展动态，随时调整人力资源系统的结构以支持组织变革、人才构建和发展模式。同时，未来的劳动力市场将进入一个前所未有的全新格局。企业在未来将聘用更少的固定员工，而更多的专业人士将选择兼职、顾问等自由职业并与多家企业以虚拟的网上合作方式提供劳动。这些变化将促使企业和员工之间的关系发生重大转变，使企业和员工的关系从单纯的聘用关系向混合聘用模式转变，企业和员工将不再是相互存的关系。企业将更加注重与优秀人才建立伙伴关系、服务关系、联盟关系以及项目外包、众包关系等。

从组织结构的角度来看，传统的组织结构相对稳定，员工更倾向于被管理和指派工作，专注于工作边界内的事务。然而，在未来，只有敏捷的组织才能赢得竞争优势，新型组织结构比较松散，以敏捷为核心，以任务目标为出发点，能够快速应对环境变化。这种组织环境要求劳动者具备更高的自律性、自我管理能力、团队合作能力和责任分工意识，同时不制造边界，轻界限重行动，一切以目标为出发点。所以，为了适应未来的组织变革和新型的聘用模式，未来的人力资源管理系统在构建组织模型、职位参数和汇报关系等系统设计和数据设置上都将有全新的突破，需要系统提供更加灵活、拓展性更强的全面管理方式。企业在选择或更新人力资源管理系统时，应提前做好准备，为实现人力资源管理的多元化做好充分准备。同时，他们也需对员工的自我管理能力、自律性、团队合作能力和责任感的培养和提升给予更多的关注和支持。

目前，虽然基于互联网和数字化的新兴职业还在发展阶段，但随着技术的迅速进步，这些新职业将会变得更加多样化、个性化。同时，企业、社会以及劳动监管部门对于这类从业者的管理还处在尝试阶段，尚未形成完善的管理模式和规则。因此，如何利用人力资源管理系统对未来的组织及人才进行规范化管理，是系统开发者需要关注的重要问题。

（二）提升人力资源服务管理价值，为智慧化人力资源敞开大门

在传统的人力资源管理中，由于缺乏数据支持，人力资源管理者通常只能依赖自身的经验来判断市场的发展方向，即使是经验丰富的人力资源专家，也会因为个人主观因素而产生判断失误。随着人才竞争的日益激烈，人力资源管理在企业中的地位和作用变得越来越重要。未来的企业对人力资源管理系统的要求将不仅局限于提供完善的人力资

源服务流程管理，而会更关注系统挖掘数据价值的能力以及与高科技结合后提供的数据分析对人才管理的前瞻性预测和规划，包括了优化员工服务、评估组织效能以及对企业发展的影响等方面。

大量事实证明，数字化发展可以提高服务的快速适配性。例如，在电商平台中，利用大数据分析预测消费者的购买行为已经被证明是成功的。电商平台根据客户的购买记录和习惯，向客户推荐更多潜在的、客户可能感兴趣的商品，以提高销售额。随着大数据在人力资源管理领域的应用，企业可以通过大数据分析对拟招聘职位在文化、成本、能力需求等方面进行智能分析，并与市场中的人才数据库进行匹配，以寻找匹配的潜在候选人。

智能机器人的应用，例如阿尔法狗（Alpha Go）的深度学习能力，已经引起了广泛关注。智能机器人可以快速掌握工作方法，只需插电便可以连续 24 小时不间断地工作。目前，人工智能已经广泛应用到应聘候选人的简历筛选工作中。随着深度学习的发展，智能机器人可以像人力资源招聘专员一样向候选人提出问题，对候选人的相关能力做出判断，并选择最佳候选人。

智能机器人的广泛应用，不仅仅可以简化招聘流程，而且可以有效提高招聘效率。在不远的将来，人员招聘可能会实现全流程自动化的人才供应链，包括通过人工智能进行人员自动化筛选甄别，利用虚拟现实、视频等技术实现实时面试，帮助管理者进行招聘决策等。

大数据分析和人工智能在人力资源管理及组织发展上扮演了重要角色。人力资源信息系统借助大数据分析而持续演化，让员工雇佣周期的各项服务环节能够实现自动化管理。以员工休假为例，常规流程是员工在系统中提交休假申请，经过经理审批和人力资源部门审核通过后生效。然而，若经理对人力资源政策不够熟悉，可能会因随意审批而引发问题。另外，由于假期时长不一，人力资源部门还需手工计算休假天数，确定其对薪酬福利的影响，并根据计算结果决定是否通知相关部门采取相应措施。

未来，智能化的人力资源管理系统能够通过人工智能的学习功能，掌握人力资源管理的法律法规，自动检索和匹配员工休假类型及相关支持材料与政策，为员工提供建议和提醒，确保休假申请的有效性和合规性。在提交正确的休假申请后，系统会自动将相关信息发送给员工、经理和人力资源部门，审核无误后，自动处理数据并提醒员工和经理为恢复做好准备。如有需要，系统还能根据员工休假前的工作情况出具报告，辅助经理安排休假期间的工作。

大数据查询还能帮助部门快速找到能接替休假员工工作的人员。这表明，数字化人力资源转型的核心动力是人力资源部门通过对运营的深刻理解，运用数字化工具和人工智能技术深入分析流程化和规范化的任务，不断地创新，提供自动化的解决方案，以提升工作效率和员工满意度。

（三）推动员工服务智能化，赋予人力资源管理新智慧

随着新一代员工的加入，如"95 后"和"00 后"，企业需要根据他们的特点以及

未来发展的需求和挑战来构建新的组织架构，并打造敏捷的团队。为了适应社会化和虚拟化环境，实现组织的智慧协同，越来越多的企业正在进行人力资源的数字化转型。

新一代员工更倾向于通过网络和技术来获取信息、进行沟通和开展工作。因此，构建数字化工作环境不仅可以激发他们的工作积极性和创造性，还可以减少团队沟通的成本，提高协作效率。通过网络媒介传播企业文化更容易被新生代员工接受。近些年来，许多企业制作了有趣的小视频来传播企业理念，通过动画和游戏等形式帮助员工了解公司的企业文化和规章制度。

总之，人力资源数字化转型是企业必然的选择，以满足新一代员工和未来发展的需求，并推动组织的效率和员工的满意度。

随着新生代员工自我意识增强，他们的工作目标不仅限于物质追求，更注重自我价值的实现。随着社会生活水平的提高，新生代员工被称为"蜜罐一代"。为了帮助他们适应社会和企业工作，企业福利设计不仅要考虑法律规定的医疗保险等福利，还需关注员工的心理建设，提供必要的心理辅导课程和心理援助渠道。随着互联网和社交平台的发展，工作与生活间的界限逐渐模糊。对于实行不定时工时制的员工来说，随时随地的工作会增加压力，导致员工产生倦怠情绪。因此，企业福利设计应更注重员工的心理健康，鼓励员工适时休息休假。积极心理学引导和健康理念的普及有助于提升员工幸福指数，实现工作和生活的平衡，进而为企业创造更多价值。未来，通过收集、分析员工职业、心理数据，预测和确定员工职业与心理状况和发展需求，及时给予帮助，可以创造更加公平、积极的工作环境。这些新想法和创新为人力资源管理系统的开发工作开辟了广泛的发展前景，实现这些新功能将为企业带来良好的口碑和强大的人才吸引力。

总之，随着数字化人力资源的持续发展和深化，关注员工体验的人力资源服务模式将逐渐成为企业吸引和保留人才的关键竞争力。因此，要真正实现以员工为中心，从员工的视角出发，设计人力资源服务流程，预测并理解员工在职业发展过程中可能遇到的问题，并提前做好准备。也只有这样，员工才能享受到高质量的人力资源服务体验，确保他们在企业中拥有愉快而顺畅的职业生涯，进而帮助企业吸引和留住创新人才，为赢得竞争优势打下坚实的基础。未来企业的人力资源管理将是将"用户思维"与数字化有机结合的管理方式，致力于提供多元化的服务，追求卓越服务和体验，通过人工智能推动更加人性化的服务和提升员工体验，进而实现人力资源服务的美好未来。

第九章　企业人力资源管理实践

第一节　企业人力资源管理创新策略

一、人员培训创新 —— 企业总动员

企业人力资源管理的基础工作之一就是员工培训，然而传统的人员培训往往由于投入不足、管理者不重视、培训师水平不足、员工积极性不高等原因而陷入僵局。为了使培训发挥最大效用，促进企业发展，我们需要从下列几个方面进行创新：

（一）培训理念方面的创新

在我国，许多企业往往忽视人员培训，更倾向于招聘具有同岗位工作经验的新员工。然而，实际上，同样的岗位由于外部环境、工作部门、人员结构、对接群体等因素的不同，工作内容也有很大的差异。因此，企业管理者认识到人员培训的重要性并付诸实践是至关重要的。培训理念的革新不仅体现在职业技能、岗位职能、企业文化、团队意识等培训内容的创新，还体现在培训方式的创新。这个创新将有助于提高员工的职业技能和工作效率，增强了企业的竞争力。

（二）培训责任从人事到各部门的转移

在我国的许多企业中，人力资源培训的责任一般是由人事部门承担，包括岗前培训、

技能培训和企业文化培训等方面。然而，这种传统的培训责任划分是不合理的。首先，人事部门的培训师不可能对各个方面的技能和技巧都有全面的了解，与实际参与管理和实践的人相比，他们不能提供给新员工更实际可行的培训。其次，由人事部门培训出来的岗位从业人员可能会在实际工作岗位上遇到各种困难，比如与直属领导意见不合，与岗位要求不匹配等。因此，最明智的选择是由部门负责人负责员工的职业技能培训，从理论到实践的培训，而人事部门则负责员工的企业文化培训。部门负责人对员工的培训涉及员工岗位职责和责任的履行，以及工作效果的好坏；而人事部门对员工的企业文化培训涉及企业凝聚力和核心价值观的灌输。这两者的有效配合才能使企业高效运转。

（三）引导员工从培训的被动接受者到主动参与者

在传统的培训中，员工往往是被动接受者，接受从培训讲师那里得来的指令，被动执行，培训形式往往是培训师唱主角，通过讲演或视频使员工接受培训内容。这种方式下，员工往往会对培训师产生依赖，懒于思考。与之相反，有效的培训应该调动员工的积极性，使他们主动参与其中，并在培训中找到乐趣，学到技能，提升自己。如果想要真正调动员工的积极性，不妨让员工成为培训的主角，征求他们的意见，并为他们制定符合他们自身职业生涯规划以及公司发展战略的合理培训内容和方法。这样，员工不仅能在培训中受益，还能在工作中更有动力和热情。

（四）培训方式的转变

传统的培训方式通常是将员工集中在封闭的房间里进行讲授式培训，这种方式往往无法达到预期的培训效果。因此，培训方式需要进行创新。许多我国企业已经意识到了这一点，开始将培训形式从讲课式转变为实践式，但这一转变仍然处于初级阶段，培训形式的设计并未达到理想的效果。要实现培训形式的创新，我们需要考虑到职业技能学习、合作意识的培养、团队风气的建设以及自我价值的提升等方面。例如，我们可以将室内培训转移到室外，把所有培训员工分成适当的小组，设计竞争性的题目，并在最后对结果进行讨论和点评。

二、绩效管理创新 —— 综合评分管理法

企业绩效管理是最重要的管理环节之一。传统的以财务数据为中心的业绩考核体系已经不再适应现代企业的需要。这种体系只关注财务方面的信息，无法准确预测企业未来的发展。因此，必须改变传统的业绩考核体系。在经济高速发展和环境复杂多变的社会背景下，我们需要找到综合的绩效评价指标，更准确高效地总结过去，把握现在，预测未来。综合考虑企业面临的社会环境、行业背景、内部环境、发展现状和未来走向等多个因素，实现对企业综合绩效的评价。首先，企业的生产能力是企业立足社会、稳定发展、满足需求的基础条件之一。良好的生产能力是企业长远发展的必备条件。其次，财务状况是评价企业对员工利益满足情况的重要角度。通过一系列财务指标我们能了解公司战略目标的实现情况、资金运转的灵活性、股东利益的保障程度以及企业未来的发

展走向等。第三，顾客满意度是另一个重要的绩效评价指标。顾客是产品或服务的直接体验者，他们的满意度对企业非常重要。通过顾客满意度调研和数据分析，我们可以对产品和服务进行调整以提高顾客满意度。最后，学习能力和创新能力是企业长期发展最重要的因素之一。优秀的团队具备较强的学习能力和创新能力，只有通过不断学习和创新，企业才能在激烈的市场竞争中持久发展。单纯的模仿往往无法支撑企业的发展，甚至会导致企业的灭亡。因此，在绩效评价当中，学习能力和创新能力也应引起足够的重视。

三、激励方法创新 —— 企业经营参与法

目前，我国的人力资源薪资成本相对于发达国家仍然较低，这使得一些外资企业进入中国后能够大量吸纳我国业务水平和经验丰富的管理和技术人才，突显了本土企业在人才竞争方面的劣势。因此，本土企业应该努力增强自身实力，并采取有效的激励措施，以防止优秀人才的外流。

大多数中小企业在人力资源管理激励方法方面仍延续传统的方法，缺乏创新。然而，激励机制对于企业的人力资源管理具有重要作用，它可以吸引优秀人才、留住优秀人才、开发员工潜力，并促进良性竞争环境的形成。鉴于激励机制的重要性，企业在日常管理实践中应将传统的激励方法与现代的激励方法相结合，充分发挥激励机制对人力资源管理的作用。这样做可以提高企业的竞争力，吸引和留住优秀人才，实现持续的发展。

在管理实践中，应不断创新激励方法。一方面，应切实关注员工的物质需求，通过薪资福利激励员工，包括养老保险、生育保险、医疗保险、工伤保险、失业保险、住房公积金、住房补贴、交通补贴、通讯补贴、教育补贴、企业补充养老保险等，使员工有基本的生活保障和稳定的收入来源。合理的薪酬福利设计可以增强企业的凝聚力，促使人才更长久地为企业服务。股权激励能增强员工的归属感，使经营者与企业共同参与战略规划与发展，共享企业发展成果，激励经营者共同为公司的最大发展而努力。

另一方面，非物质性激励也是企业人力资源管理的重要手段，其创新空间巨大。带薪休假是常见的激励方式，可帮助工作繁重、压力大的员工放松；荣誉激励能提高员工的责任感和荣誉感，进而提高其工作积极性和主动性；情感激励能加强管理者与员工、员工与员工之间的感情交流和心灵沟通，有助于增强团队的合作意识和和谐氛围，升华企业文化。激励机制在非物质措施层面上的创新，可以激发员工的潜能，助力企业发展。

四、人力资源保养与维护创新 —— 健康与安全管理法

人力资源的保养和维护不仅仅包括对员工福利的保障，如养老保险、医疗保险和工伤保险等，还需要提供日常工作和身心健康的保障措施。人力资源的保养和维护不能仅仅在发生问题后才关注，事中的保养和维护同样重要。

在工作中，无论是体力劳动者还是脑力劳动者都会感到疲劳，如腰椎、颈肩、关节和眼睛等身体部位的疲劳。这些疲劳如果不受到足够重视，长期下去会影响身体健康和

工作效率，甚至会对精神状态产生影响。另外一种疲劳是精神上的疲劳，长时间重复、枯燥、单调的工作容易导致严重的精神疲劳，而这种疲劳的影响比身体疲劳更为严重。

然而，在许多情况下，这种劳动过程中的疲劳得不到足够的重视。原因有很多，比如企业经营状况不好，无暇顾及这些问题；劳动组织制度对员工的工作时间和内容安排不合理；全民对身体健康和精神健康的预防和保护意识还不普及；市场竞争的大环境没有为人们创造一个轻松愉快的工作氛围。

因此，我们需要重视人力资源的保养和维护，不但关注物质福利，还要关注员工的身心健康。通过合理的工作安排、提供适当的休息和放松机会，以及创造积极向上的工作环境，来预防和减轻员工的身体疲劳和精神疲劳。这样的保养和维护措施将有助于提高员工的工作效率、减少工作压力，并创造一个良好的工作氛围。

为了引导企业重视人力资源管理和维护中的不断创新，以及提高人们对身体和精神健康的重视程度，可以采取以下几点措施：

第一，将人力资源管理和维护写入法律，制定相关法规和标准，明确规范企业对员工身体和精神健康的保护和管理，确保劳动安全和健康检查制度得到落实。

第二，规范企业的组织制度，在劳动时间及休息制度管理方面加强管理，在员工的劳逸结合上引导企业注重员工的休息和调节。

第三，加强劳动安全的宣传力度，提高员工的安全防范意识，倡导人们关注自身的身体健康和精神愉悦。通过安全教育和媒体宣传，提醒人们保护自己的身体和精神健康的重要性。

关注员工的身体和精神健康是保证创造力和可持续发展的基础。只有加强劳动安全、关注员工身心健康，企业才能实现可持续发展。因此，重视人力资源管理和维护中的创新，并加强人们对身体和精神健康的重视，对企业发展和员工的幸福都具有重要意义。

五、管理方法创新 —— 分层竞争法

在复杂多变的国际经济环境中，企业面临各种竞争，包括在经济、文化、品牌、市场、人才等方面的竞争。这些外部竞争推动着企业不断提升产品质量和服务理念，而内部竞争则推动着企业的核心竞争力的发展。在内部竞争中，人才竞争是至关重要的，因此，企业的管理方法需要适应新的人力资源管理模式的要求。

传统的人力资源管理方法已经无法满足现代人力资源管理的需求，因此需要引入分层竞争法来提升企业的人力资源管理质量和效率，以及激发人才的积极性和主动性。这种方法可以通过营造健康的内部竞争环境，让人才在不同层级中争取晋升和发展的机会，从而提升企业的绩效和竞争力。

通过分层竞争法，企业能够更好发掘和选拔人才，使每个员工都能发挥自己的优势，不断成长和进步，为企业带来更大的价值。这种竞争方式可以激励员工不断学习、创新和进步，实现个人职业发展的同时，也推动了整个企业的发展。

分层竞争法包括横向和纵向两个层面的竞争。横向竞争发生在部门内部，如工作业绩、服务态度、学习能力、团队合作能力等，这些竞争指标薪资待遇有关，但与基本的企业福利和基础补助无关。纵向竞争则发生在部门间或上下级部门之间，如团队协作能力、创新能力、晋升潜力、客户满意度、业绩等。这些竞争指标与管理模式有关，不同类型的企业需要制定不同的管理模式。

对于职能型企业、线性型企业、矩阵型企业不同类型的企业，分层竞争法的应用方式各不相同，需要根据企业的实际情况制定适合其发展的分层竞争管理模式。这需要企业认真研究并经过实践检验，以实现最佳效果。

在实施分层竞争法时，需要遵循以下原则：首先，针对不同类型的企业，应制定不同的目标要求。其次，要面向企业所有的人力资源，确保所有的人力资源都能得到发展。对于高层次的人才和基础性的人才，应制定不同的竞争管理标准，不能一概而论。最后，实施分层竞争法时，应遵循可接受性原则，就是在员工可以接受、通过努力可以实现的基础上制定竞争办法并执行。

分层竞争法在企业人力资源管理中具有许多优势。首先，它能显著提高人力资源管理的质量。通过计算机辅助的分层竞争法的实施，可以提高工作效率、提升工作绩效，进而提高客户满意度。其次，分层竞争法能够满足不同层次员工对职业生涯规划的需求。具有交互性、动态性和竞争性的人力资源管理有助于充分发掘员工的潜力，提升员工的业务能力和创新能力。第三，分层竞争法有助于增强企业在同行业中的竞争力，提升企业的品牌价值。

然而，分层竞争法也存在一些弊端。例如它容易在企业中形成紧张和高压的氛围，容易导致因利益和权力竞争而产生恶性竞争等问题。因此，在推行分层竞争法时，需要与时俱进，不断地创新。只有适应企业实际情况的分层竞争法才能真正助力企业的发展。

第二节　国有企业人力资源管理

一、国有企业战略人力资源管理的研究意义

①有利于国有企业提高组织绩效，可以从根本上解决国有企业的绩效问题多的难题。

②有利于企业通过绩效激发鼓励员工，提高人力资源优势。

③有利于国有企业在战略人力资源管理的基础上，提高国有企业的竞争优势。

④通过有效的战略人力资源系统的根本转变，有利于激发潜在的国有企业人力资本的存量，从而提高经营绩效。这四个有利于对于国有企业来说具有十分重要的研究意义。

二、国有企业战略人力资源管理现状

（一）国有企业绩效管理现状

近年来，随着市场经济的高速发展，我国的国有企业纷纷开始引入绩效管理。虽然大多数企业的绩效管理体系基本能达到预期目标，但在管理中仍存在一些问题，导致绩效考核结果不尽如人意。例如，部分企业的绩效管理体系并不完善，缺乏健全的体系支持；绩效考评方面不足，其在绩效管理中具有举足轻重的地位；执行力度不够，监督机制相对薄弱。这些问题影响了绩效管理的实施效果，需引起企业和相关部门的高度关注并采取有效措施加以解决。

（二）国有企业现行激励机制

在我国，国有企业的激励机制主要包括三种形式：精神激励、物质激励以及二者的结合。目前普遍采用的是后两种结合的方式，具体可细分为下列几种：

1. 工资激励

这种机制下，企业经营者的工资与其行政级别挂钩，级别越高，工资越高。

2. 奖金激励

除了职工的正常劳动报酬外，企业还会根据情况发放奖金作为额外的激励。

3. 持股激励

这主要适用于上市公司，通过让职工持有公司股份，来增强他们的主人翁感和工作积极性。

4. 年薪制激励

这是一种按年度来确定职工劳动报酬的分配模式。

（三）国有企业员工培训现状

我国国有企业员工培训目前存在很多问题，其现状如下所示：①培训没有整体的安排，各地方各企业都各自为政；②培训的课程与实际需求落差较大，其内容不紧贴实际；③其管理机制不健全，造成培训时的到课率低；④硬件建设达不到培训需求；⑤培训教师不稳定。

（四）国有企业人员管理概述

卓越的人员管理对于维持公司内部的团结和效率至关重要，国有企业在人员管理上通常会通过生产、企业、财务和员工等相关制度来体现。常见的人员管理策略包括目标设定管理、异常情况管理、系统性管理、员工参与管理、分层次管理和随机漫步管理等。

（五）国有企业战略人力理念

在全球市场竞争激烈、消费者需求多样化、价值观不断地演变以及信息技术快速进步的背景下，国有企业面临着前所未有的挑战。从长远发展的角度来看，制定和执行有效的人力资源战略对国有企业的持续成功至关重要。因此，国有企业需要将人力资源管理视为战略性的任务，不仅要实施以人为中心的管理方法，建立科学的人才选拔和任用体系，还应加大对员工的专业培训投入，确保人才培养与企业的需求紧密结合。

（六）国有企业文化管理

在企业文化管理中，我们应该注重精神层面，而不是过于强调物质形式。我们不可以只关注成本而忽视人的价值，也不能将重点放在技术管理而忽视员工培训。此外，我们不能让企业文化变得庸俗化和教条化，而是应该注重形象塑造，塑造积极向上、充满正能量的企业形象。在我国的国有企业文化管理中，大多数单位都积极有效，不断创新发展，并建立了符合时代精神和社会主义市场经济的企业文化。

（七）国有企业价值管理

受到全球竞争激烈的外部环境影响，企业价值管理的重要性日益凸显，并成为全球竞争力评估的关键指标。对国有企业而言，价值管理的关键在于克服现有经营管理中存在的绩效评估缺陷。全面的价值管理应被置于重要位置，以最大化资本价值为最终目标，使其与国际化和市场化趋势完全对接，实现最优化的企业价值管理。

三、国有企业战略人力资源管理提升策略

国有企业在人力资源管理方面体现出了系统性的特征，因此，管理这些企业的人力资源需要采取系统化的方法。在制订提升国有企业战略人力资源管理的策略时，应首先确保人力资源战略管理的实施，以保证战略能够得到制度化的执行。接下来，需要塑造企业文化，始终坚持"以人为本"的人力资源管理理念，并对企业的长远战略进行周密的规划。这包括探索和构建完善的激励机制，以及建立完善的激励和绩效评估体系。最终，还需要加强企业员工的素质培养和塑造，确保员工培训工作的有效性。

（一）人力资源战略管理

为了有效地管理人力资源战略并实现人力资源管理的目标，对企业的当前和未来人力资源需求进行科学的预测和规划是至关重要的。对企业的人力资源及其管理进行科学规划不仅能够提升管理效率，而且能显著激发员工的工作热情，进一步提高企业的管理水平。因此，规划企业的人力资源是国有企业人力资源管理的关键环节和基础工作之一。为了彰显人力资源管理的价值，国有企业需要根据自身的战略目标，主动审视当前的人力资源管理状况，规划管理方向，并且制定相应的策略。此外，建立灵活的组织结构，进行岗位设计和人员配置，确保人力资源管理措施得以有效地执行。

（二）战略制度性执行力度

为了使人力资源管理策略更有效，必须加强战略制度的执行力度。这意味着，相关制度必须得到严格执行，无论是管理人员还是普通员工都应一视同仁。在执行制度的过程中，国有企业应改变以往凭个人印象评价员工的方式，避免在绩效管理中出现各种认

知误差。同时，应及时、真诚地与员工交流，在他们表现优秀时给予表扬和鼓励，为其他员工树立榜样，激励他们；在员工表现不佳或者未完成任务时，应在批评指正的同时，调查情况并提醒、鼓励员工积极改进。

（三）企业文化塑造

在构建企业文化的过程中，人力资源管理应坚守"以人为本"的核心理念。这种理念将员工视为企业宝贵的资产，强调在管理实践中关注员工的个人成长和价值实现，重视知识和人才，确保员工能够获得相应的利益。如果企业以此文化为基础，并结合科学的管理手段，将能更有效地进行人力资源的管理与开发。

（四）企业战略远景规划

企业在制定战略远景规划时，首先要建立激励体系，通过各种方式激发员工的积极性、主动性和创造性。为了留住人才、吸引人才，国有企业需要改变传统的按劳分配制度，采用各种有效的激励方式，以开发员工的潜力，更快地实现企业目标和员工个人目标。在实施激励方式时，国有企业应遵循公平、实事求是、物质激励与精神激励并重、激励与约束相结合等原则，综合运用多种激励机制。

同时，建立完善的薪酬管理制度也至关重要。首先，应建立以市场为导向的薪酬管理机制，与市场和行情相匹配。其次，要加强绩效考核，使员工的实际工作业绩决定工资分配。最终，应建立以岗位工资为主的工资体系，在坚持多劳多得原则的同时，也要考虑到员工以前对企业的贡献。

（五）企业人员素质培养与塑造

为了提升企业员工的素质，需要加强员工的培训工作。对于国有企业而言，为了更有效地管理人力资源，必须对人力资源管理人员进行培训。培训应具备全面计划和系统安排，以提高员工的参与热情。可以将与员工个人考核、晋升和晋级等相关利益相结合，特别是对于有潜力的员工，让他们承担更重要的职责是培训的主要目标。更重要的是，培训内容应能够在实际工作中得到应用，来显著提升企业效益，实现培训的根本目的。

第三节　民营企业人力资源管理

一、我国民营企业人力资源管理面临的问题

（一）员工招聘缺乏规范性

民营企业的招聘规范程度还存在明显的不足，人力资源管理水平不高、人才招聘的随意性大等因素制约了民营企业的人力资源管理规范性建设。具体表现如下：

1. 职位分析的规范程度不足

在人力资源管理领域，职位分析或称工作分析是一个关键环节，尽管不同行业和专业存在差异，但职位分析的基本步骤通常是相似的。这包括整理职位信息，结合企业特色，形成一份详细说明职位职责和要求文档或报告。从企业发展的角度进行职位分析，旨在确定企业所需职位和相应工作人员的资质。这样，在招聘过程中，企业能通过职位分析更准确地了解自己的需求，并评估应聘者与职位的匹配度。

职位分析的流程和目标需要随着人力资源管理水平的提升而不断总结经验来完善。然而，许多民营企业往往未能科学地执行职位分析工作，这主要是由于它们在人力资源管理方面缺乏专业水平和深度理解，对职位要求缺乏整体的认识，难以将职位要求规范成书面文件，这导致了人才选拔过程的模糊性和不规范性。

通常，招聘包括笔试和面试，以及各种应聘测试，以评估应聘者的能力和素质，如应变能力、表达能力、团队合作能力等。不同职位有不同的侧重点，例如管理者重视管理能力和领导力，而市场人员则侧重于市场开拓的性格和能力。这些是常见的职位描述。

对于民营企业来说，由于人力资源管理的不规范，职位分析不够明确，招聘过程可能具有较大的随意性，个人偏好可能会影响招聘决策，导致招聘的人员质量参差不齐。

2. 系统的招聘规划无法实现

如果企业的招聘活动只是用来填补当前的人员空缺，那么这样的招聘并没有真正帮助企业实现发展。临时填补空缺的招聘方式可能会限制企业的成长。招聘活动需要在整体的规划下进行，以便更好地实施。系统化的招聘规划要求人力资源管理将企业的发展阶段和计划相结合，制定出符合企业未来发展方向的招聘策略。这个策略应当涵盖企业未来发展的所有关键环节，并监控岗位人员的变动情况，以便有计划地、高质量地进行人才招聘。这样的工作是一个长期过程，而不是短期行为。

（二）薪酬管理科学性尚待提升

在中国的民营企业初期，薪酬管理的水平相对较低。然而，随着改革开放的深入发展，越来越多的企业开始重视薪酬管理，并将其置于更为重要的位置。根据马斯洛的需要层次理论，物质报酬在满足员工需求方面起着至关重要的作用。薪酬管理在人力资源管理中扮演着重要的角色，部分因为它对于激励员工产生明显的效果，同时也与企业的长期发展和短期工作成果密切相关。然而，民营企业的薪酬管理面临着以下问题：

首先，薪酬管理的目标不明确是民营企业目前面临的一个重要问题。薪酬管理制度的建立虽然已经具备了一定的目标，例如保证企业战略实现、促进企业内部公平和经营合法等，但这些目标并未真正体现企业的长期发展战略的实现。薪酬管理在人力资源管理中的重要性不容忽视，它需要在维护企业战略要求的同时，明确企业与员工各自全面发展中的相互配合和支持。与之相反，模糊的目标只会带来负面作用。

此外，民营企业在薪酬福利建设方面还停留在最初阶段。薪酬福利包含工资、奖金、工作环境和工作激励等内外薪酬要素，这些要素构成了一个完整的薪酬福利整体。然而，我国民营企业对待薪酬福利的态度，仍停留在强调高工资和高福利的初级阶段，忽视了内在激励的重要性，如增强员工的归属感、荣誉感、团队协助等激励方式，让员工能够和企业一起成长。即使企业能够提高薪酬投入，但在高流动性和流动成本低的情况下，仅仅依靠外部激励的薪酬福利建设无法长期持久。

所以，民营企业在薪酬管理方面需要更多地关注员工的各种需求，逐渐调整薪酬福利政策，以适应现代人力资源管理的发展趋势。这意味着企业需要更加重视物质和精神层面的激励，同时关注内在和外在的薪酬福利要素，以满足员工的差异化需求。

再次，民营企业在薪酬方面的整体水平缺乏竞争力，主要原因包括企业发展规模和管理者对薪酬水平的理解。首先，企业在初创阶段无法提供更高的薪酬水平，同时又未能通过其他方式来弥补这一不足，导致在吸引人才方面存在困难。其次，民营企业与国有企业在薪酬方面的差异，导致社会普遍认为民营企业薪酬管理无法与国有企业等竞争，这在一定程度上影响了人才流向。高流动性和低薪酬水平给人力资源管理带来了挑战，也很难落实员工的长期激励和归属感培养。这些因素都给企业的人力资源管理带来了困难。

最后，薪酬管理在民营企业中存在对内缺乏公平性的问题。根据公平理论，员工对薪酬的评定不仅关注绝对量，还关注相对量。在民营企业中，由于内部公平性的缺失，员工容易与其他员工或外部进行比较，增加了他们对薪酬内公平性的判断。这种不公平很容易影响员工的积极性，为企业的人力资源管理带来挑战。

（三）培训管理缺乏针对性

虽然相较于改革开放初期，民营企业当前的培训管理成效有所提高，但仍存在一些问题。主要表现为培训缺乏系统规划、针对性不足以及培训带来的激励效果不够明显。

首先，民营企业在培训管理方面存在系统性不足的问题。培训作为人力资源管理的重要工具，关乎企业的发展战略和需求，需要在整个过程中系统地考虑各个环节，包括企业战略、需求分析、培训目标、方法选择、安排和动态评估等。然而，当前许多民营企业在实施培训方面较为有限，培训内容和方法缺乏系统化规划，大部分培训仅限于业务知识或内部通知，并未经过系统化的规划。

另一方面，民营企业的员工可能对培训持抵触态度，认为培训占用时间，且缺乏激励作用，对效果持悲观看法，这降低了培训的积极性和效果。同时，民营企业缺乏建立培训文化的环境，组织上和方法上较为单一，内容浅显，缺乏分层和内容丰富性，重视培训的操作性，而忽视了培训内在价值。缺乏全面考虑培训效果的多因素影响，导致了培训的效果不佳。

其次，民营企业的培训内容缺乏针对性。根据调查结果显示，有一半的参与者认为民营企业的培训缺乏明显的针对性，没有明显的作用。行业调查分析显示，超过60%的人认为培训对个人的作用效果不明显，导致他们对培训持抵触态度。这主要是因为民营企业在考虑投入和产出时，更偏向于增加机器设备而非人力资源的培训投入，这种情况受制于企业的发展阶段。由于这种管理经验的影响，民营企业的所有者对培训的重视程度较低，许多培训更多地只注重形式，而缺乏对培训内容和实际效果的充分评估。

培训如果不能针对企业与员工的共同成长，不能推动企业战略目标的实现，而只是简单介绍业务知识或内部管理动态等，那么这种没有目标和没有针对性的培训，将不利于企业的更好发展。这会导致企业在培训方面的激励效果大打折扣，管理部门对培训的重视程度不足，员工也可能会产生排斥心理。最终培训的安排和内容可能会越来越偏离计划和目标，或者根本没有目标。

（四）人员晋升缺乏公平性

在当前的民营企业中，人力资源管理在员工晋升方面存在一大问题，即公平性无法得到体现。晋升作为一种激励手段，旨在奖励表现出色的员工，提升他们的薪酬水平和个人价值实现，从物质和精神层面进行激励。然而，民营企业在晋升方面存在一些不足，主要表现在以下几个方面：晋升的标准模糊，晋升过程中缺乏公开透明的信息，以及晋升的公平性不足等问题。这些问题阻碍了晋升激励效果的实现。

首先，民营企业在晋升方面存在着标准不明确的问题。这一问题体现在两个方面。首先，部分民营企业根本没有明确设定晋升的标准，员工无法参考具体的晋升要求，而管理者在提拔员工时仅凭借个人经验与喜好，这对企业的发展不利。其次，对于已设定的晋升标准，与实际工作存在脱节，标准不够明确。许多岗位的晋升标准过于概念化，无法量化和定性来相互衡量。这两种情况都容易导致晋升工作出现失误，并且会对员工的积极性产生负面影响。尤其需要注意的是在传统的家族式管理下，民营企业的一些员工晋升是基于关系而非明确标准，缺乏明确的晋升标准打击了员工的积极性。

其次，在民营企业中，晋升过程中的信息公开对于员工的选拔和公平性的落实具有重要作用。然而，许多民营企业对人力资源管理中的晋升过程态度模糊，晋升的决定往往不是通过参考标准而是由管理者自行决定，这导致晋升公开透明信息的模糊化。这种情况容易引发员工对"与管理者的关系好坏决定晋升"的误解，进而影响到员工对企业的信任度和归属感。随着信息传播的便捷，这种非公开的晋升处理方式很容易被曝光，进而影响到企业的形象和员工对企业的满意度。

最后，民营企业在晋升方面的激励力度不够。晋升作为一种激励手段，应满足员工的自我实现需求，公平、客观、及时的晋升能够对员工产生积极的激励效果。然而，在民营企业中，晋升标准不明确、晋升信息不透明，且往往带有主观性，这直接导致员工对此种晋升方式和晋升者的能力或人格魅力产生质疑，对后续工作的开展不利。另外，员工会对自身工作的认知产生偏差，依赖不严格的晋升方式来实现晋升，或者会误解这种晋升方式，这不利于企业内部环境的建设，也不利于企业人才战略的发展和实施，可能导致人才的高流动性，从而影响企业的稳定性和竞争力提升。

（五）人员考核缺乏规范性

民营企业在员工考核上是基本上不够规范的。这种情况对于民营企业产生不利影响，主要表现在如下方面。

首先，民营企业在绩效考核方面的理念已经取得了显著的进步，并且也在致力于推行相关的考核内容和方式。然而，这些企业在构建绩效考核指标体系方面却存在明显的分歧。有许多企业未能构建起一个完整的考核体系，而是仅仅依靠某些特定岗位的固定指标或是几个关键性指标来替代。这种简单的考核模式并不利于提升人力资源管理的效率。我国民营企业在绩效考核的整体把握上还存在缺陷，尤其是在建立有效考核体系、合理搭配定性和定量指标以及提升可操作性方面，这些都对其整体发展和实际操作产生了不利影响。尽管信息化的发展已使得这种模仿的范围和程度有所扩大，但仍未能够真正反映出我国民营企业在绩效考核上的整体实力。

其次，绩效考核的目的在实践中出现了一些偏差，主要表现在绩效考核未能有效地促进沟通与反馈。具体来说，绩效考核不仅仅是对员工工作成果的简单评估，更应当是工作问题总结和反馈的机制。然而，许多民营企业往往忽视了这一点，未能通过绩效考核评价来实现有效的沟通。这不仅不利于员工对自身存在的问题有更深入的认识，同时也阻碍了及时反馈的机制建立。此外，绩效考核结果的及时反馈对于员工来说也是至关重要的，它能够激励员工纠正不足，获取更多的激励作用。然而，许多企业往往忽视了这一点，反馈时效性差，不利于员工及时获取反馈信息。最后，许多企业对于绩效考核的目的性不够重视，或者没有充分传达绩效考核的结果及其中的问题总结和反馈，这也导致了绩效考核目的的定位错误。

最后，绩效考核结果的应用不够充分。绩效考核不应被视为一个孤立的过程，而应当与人力资源管理的其他方面相结合，以实现整体的协调和优化。这意味着，绩效考核结果应当与员工的招聘、晋升、奖励和福利等关键的人力资源管理环节相衔接，以便最大化地发挥绩效考核的正面影响。一方面，绩效考核能够激励员工更加专注和高效地完成工作任务；另外一方面，它也能够引导管理层和员工认识到绩效考核的重要性。我国的民营企业虽然开始应用绩效考核的时间不长，但目前还未能全面理解和掌握绩效考核的深远影响。在实施绩效考核的过程中，企业面临的问题需要投入更多的时间和精力来解决，同时需要逐步调整和完善考核的内容和效果。这是一个漫长的过程，不可能在短时间内彻底改变原有的绩效考核模式带来的影响。然而，重视观念的转变、提升管理水平和积累实践经验对于更有效地运用绩效考核工具有助于巨大帮助。

（六）人员激励机制不健全

在我国的民营企业中，激励机制在人力资源管理方面存在着严重问题。激励机制是指为了促使员工和团队更加有效地实现工作效益和价值实现而采取的一系列激励措施、方案和制度等。如果激励机制得以有效运作，将能够推动企业和员工的共同发展。然而，目前民营企业在激励工作方面存在着重视不够、激励体系不完善和配套措施不足的问题。

首先，对人员激励工作的重视不够。很多民营企业对激励工作的建设缺乏足够的认识，导致其对激励工作的重视程度不够。在传统的管理模式下，许多企业的管理者更倾向于增加生产线、公关活动、广告宣传或购置新设备，而不愿意增加人力资源的投入成本。

这种现象的存在可能是因为对激励工作的价值和作用认识不足，或是考虑到激励成本而不愿投入更多资源。然而，忽视了人员激励工作的重要性，将会影响到员工的积极性和工作表现，进而影响到企业的整体发展和竞争力。

因此，民营企业需要重新认识到人员激励工作的重要性，并加大对激励机制的建设和实施的投入，以及优化激励体系，提供更全面有效的激励机制和相应的配套措施。这将有助于调动员工的积极性，提高他们的工作动力和创造力，从而为企业的持续发展创造更好的条件。

一方面，由于民营企业的规模和经济实力相对较弱，能够运用的资金有限，许多企业管理者缺乏对整体战略的把握，导致人力资源管理的水平不高。在这种情况下，虽然表面上对激励工作有所表示，但是实际上进行改革的却很少。这种情况容易忽视员工的真实需求，导致员工归属感不足或流动性较大。

其次，缺乏完善的激励体系是民营企业面临的一个普遍问题。整体上看，员工激励体系不够完善，受到的制约因素较多。激励体系不仅仅包括薪酬和工作方面，还需要组织、文化和多方面的激励来完善。当前，随着信息网络的发展，许多激励手段和方法都可以复制，而员工的需求和认识也存在明显的差异化特点。薪酬激励是员工最基本的需求，给予物质上的保障。工作激励能够培养和扩展员工的工作能力，给予员工强烈的成就感激励。组织激励通过扁平化管理给予员工更多的组织团队激励，增强员工的归属感。文化激励是建立企业文化的重要手段，能够激励员工和团队完成工作责任，创造更多的价值，增强员工对文化的认可度。因此，民营企业需要建立完善的激励体系，根据员工的差异化需求，提供多样化的激励手段和方法，以增强员工的积极性和归属感。

最后，民营企业缺乏与激励机制相配套的管理措施。激励机制的配套措施包括促进员工积极性的一系列策略，以及其他辅助性的管理手段，如文化建设、员工职业发展规划等。这些措施如果得到恰当实施，有利于提高员工的认可度和工作效率。目前，相较于激励体系的建设，民营企业在配套措施方面更显不足。

总的来说，据民营企业人力资源管理的调查显示，这些企业在转换传统管理模式方面存在困难，并且在员工培训、招聘、激励和考核等环节存在明显问题。这些问题亟待民营企业的人力资源管理部门深入研究，以提升管理水平和效率。

二、完善我国民营企业人力资源管理的对策

（一）转变传统的管理模式

在我国，以人为本是提高民营企业人力资源管理工作水平的重要措施，需转变人力资源管理理念。以往的管理模式往往无法正确对待和把握人力资源作为特殊资产的重要战略价值，而只是将人力资源视为与机器、设备等相似的生产资料。然而，在现代人力资源管理阶段，人力资源的储备和开发对于民营企业的深层次发展具有至关重要的支持作用。因此，企业需要将人力资源的开发和管理工作置于首要位置，并树立人力资源为重要资产的理念，以以人为本的思维方式影响企业的管理与发展。为了在市场竞争中占有一席之地，并且从激烈的市场竞争中脱颖而出，企业必须重视人才、尊重人才，并满足人才的需求，同时注重对人才的培养和开发。只有这样，企业才能拥有充足的人才资

源，并不断提升自身的竞争力。

为了实现现代化的人力资源管理，民营企业需要从理念转变开始，并进行相应的改革工作。相对于其他类型企业，民营企业在人力资源管理水平方面还有很大的提升空间，专业化水平较低。要实现理念的转变，企业需要付出较大的力度和投入。民营企业应将人视为企业的资本，关心员工的福祉，站在员工的角度来思考问题，实现企业和员工的共赢。此外，在做出重大决策或与员工利益密切相关的决策时，企业应尽可能征求员工的意见和建议，倾听他们的需求，并让员工积极参与决策过程，以确保决策具备人性化、科学性和有效性。在现代企业管理中，员工参与管理是至关重要的环节之一。高度的员工参与度能够提升企业对问题的把握和处理的科学性和全面性，并充分调动员工的积极性和主动性，发挥他们的主人翁意识，从而有效提升企业的绩效水平。通过这样的方式，民营企业能够实现更加现代化和科学化的人力资源管理。

（二）差异化的人力资源管理

对组织的研究表明，个性化与组织创新能力间存在正相关关系，因此发挥组织的个性差异化对推进组织创造力具有积极效应。然而，差异化也带来了分析和识别个性差异化的难题，如何发现和处理这些问题已成为当前组织发展的研究热点之一。也就是说，个性化与组织创新之间存在相互促进的关系，但同时也存在挑战和困难需要解决。

首先，为了做好人才选拔和岗位匹配的调整，在招聘过程中应利用各种招聘方法，先行调查员工的个性特征。在安排岗位时，应结合岗位需求与员工的差异化个性，通过匹配的方式，尽量在工作环境中找到推动工作积极性的优势方法。同时，需要明确的是，这种岗位匹配调整需要把握适当的频度，不能过于频繁或毫无作为。因此，采用轮岗的方式可以让员工尝试不同的岗位职责，这样可以培养员工并使其适应工作环境。这样既可以保证员工能够充分发挥其个性化的特质，努力完成岗位职责，同时也可以提高组织的工作效率。

其次，为了更好地提高组织的凝聚力，企业应该开展个性化的职业规划。在信息化时代的快速发展下，员工个性特征的显露更加直接，他们对个性追求的需求也更为明显。首先，企业需要确定员工的个性特征，并通过组织的协调和指导，让员工能够发挥自身的专长和潜能，从而带来更多的创造力，优化资源配置。通过去制定不同的发展道路规划，让员工能够根据自身的实际特征和专长选择技术或管理为目标的职业规划。同时，企业需要创造一个激发潜力的环境，区别对待员工的贡献，让他们能够深入了解组织的文化并承担相应的工作职责，在组织的发展中实现自我成长和价值实现。

差异化人力资源管理模式对个性化特征的有效判断和认识至关重要。这种特征对组织文化的影响需要明确，而"适才适岗"的选拔方式在开始时就需要考虑和准备。把握员工的个性特点对人力资源管理提出了挑战，但这种基础性工作的分析和经验总结对后续的差异化工作提供了最强大的支持。通过在组织上下灌输尊重人才的观念，积极开展人才培训工作，可以促使员工更有效地展示其个性和才能。高效组织的创建需要员工的积极配合，更加需要员工充分发挥其才能。差异化的管理模式能够有效地推动组织的发展，同时应尽量避免出现组织内部文化的冲突，尊重人性化的员工特征，充分展示和利用员工的创新能力。

（三）健全和完善管理制度

为了提升我国民营企业的人力资源管理水平，制度化和专业化是发展的方向。人力资源管理制度涵盖了人事管理规划、招聘制度、培训制度、薪酬制度、激励制度、晋升制度、职业规划制度等方面。规划目的在于根据企业战略和未来发展方向，更好地把握组织发展路径，实现目标。规划需要通过分析行业环境和内部状况，结合企业发展策略，预测人力资源管理制度在未来一段时间的需求。规划内容包括战略分析、环境评估、内部需求和供给评估等。规划是基础，通过规划可以指导其他制度，如招聘、薪酬和培训等，充分发挥人力资源管理的优势。在民营企业中，普遍存在着人事管理规划工作不足的问题，而只有做好人事管理规划工作，才可以确保人力资源管理的其他环节科学有效、高效运行。

为了健全和规范化人员聘用制度，民营企业需要首先对职位进行科学分析，为人员聘用提供规范化、合理化的标准。科学的职位分析可以解决招聘标准模糊和人员选拔随意的问题，这些问题在民营企业中普遍存在。

此外，民营企业需要明确人员招聘的具体流程和程序。一般情况下，人员招聘需要经过招募、选拔和录用评估等阶段。在招募阶段，需要制订招聘计划，通过多种渠道发布招聘信息，安排笔试和面试，以评估应聘者的能力、素质和差异化特征。在试用期期间，需要观察和评估员工的工作表现。

通过建立一套系统的招聘流程，民营企业可避免不规范的招聘途径，提高招聘活动的效率，并降低人力资源招聘成本。

培训制度的完善对于民营企业来说非常重要，它能够帮助企业更好地提升员工的专业技能和能力，从而积极影响绩效的提高。随着培训体系的系统化建设完成，民营企业可以更好地发挥灵活优势，提供针对性的培训，满足员工的发展需求。

此外，薪酬制度的建立和完善对于民营企业至关重要，调查结果显示，家族式的管理模式仍然影响着民营企业，因此，民营企业在设计薪酬管理制度时需要重新认识和重视。薪酬制度的建立需要以战略为导向进行设计，根据企业不同的发展阶段设计相应的薪酬管理制度。薪酬制度的健全和规范必须得到管理层的认可，并采取相应措施。

在设计薪酬制度时，民营企业管理层应根据企业发展策略和阶段现状，完成薪酬制度的调查和规范。在高速发展阶段，企业对人才的需求量较大，因此，需要制定具有竞争力的薪酬策略，以吸引人才参与竞争。同时，还需重视现代薪酬管理理念，充分利用物质报酬的激励作用，注重内部文化和工作激励等精神方面的薪酬制度构建，即所谓的＂内在薪酬＂。这种调整对于企业能够获得更高的组织运行效率，创造更高的价值至关重要。薪酬制度是员工最为关心的管理措施之一，它的完善对于企业发展具有重要影响。

内在薪酬被称为＂激励因素＂，它包括工作内容的丰富性、轮岗制度的建立、工作成就感的满足以及个人价值实现等。这些因素可使员工发挥出组织绩效的潜力，并激发员工和工作的主动性。逐渐，民营企业开始意识到和重视内在薪酬的建立，因为这有助于提高员工的积极性，并增强企业的凝聚力。通过建立激励机制和相应的配套措施，企业可以创造一个鼓励员工发挥潜力的环境，使他们感到工作的满足和自我实现。这样的措施不仅提高了员工的动力和效率，也有利于促进企业的发展和壮大。

（四）全面提升人力资源管理人员素质

管理人员素质的提高对于民营企业的发展起到重要的智力支持。如果管理人员素质较低，将直接影响到企业人才资源的开发和储备。为此，民营企业需要通过梳理企业发展战略，制定人力资源管理人员素质培养计划，吸引和培养高素质的管理队伍。首先，管理者需要意识到人力资源管理的重要性，重视人力资源管理的建设，这样的转变观念才能更好地协调参与者之间的意见和矛盾，并获得支持，将人力资源管理制度建设纳入企业的管理发展之中，并将提升人力资源管理队伍素质作为目标之一。这有助于企业从全局角度制定详细和可操作的计划。

因此，将人力资源投入视为长期发展的战略观念的转变和深刻认识对于开展管理队伍建设起到积极作用。现代人力资源管理具有专业性强和规范化建设的特点。专业人才的建设成为人力资源管理的首要环节。一方面，民营企业可以通过引进人才来直接提高管理部门的素质，这是最直接和有效的方式，但也需要面对忠诚度和流动性的挑战。另一方面，企业可以开展人力资源管理素质培养计划，通过内部选拔和培训来提升人力资源管理人员的素质。尽管这种方式相对较慢且效果较为延迟，需要决策者做出长远战略选择，但它能够整体提升人力资源管理队伍素质。

（五）完善绩效考核体系和激励等科学管理方法

绩效考核最初源于西方企业，并在企业中得到广泛应用。它与人力资源管理的许多环节密切相关，因此，如何科学地建立和执行绩效考核对提高管理水平具有重要意义。我国民营企业在实施绩效考核时，可以参考一些发达国家企业的绩效考核方法，例如可以将360度绩效考核法、关键绩效指标法、关键事件法等方法引入我国民营企业。这样可以帮助民营企业更好地进行绩效评估和管理。

360度绩效考核法的核心在于通过多角度的评价来了解员工工作表现。这种方法涉及对上级、下级以及同事的调查，以较高的客观性结合员工的自我评估，共同构成全面的绩效考核。这种方法通常得到员工的积极接受，但它要求广泛的参与和对评价对象的公正判断，以便收集到有效的信息。

关键绩效指标法（KPI）在当前的民营企业中得到了广泛的应用，主要因为其评估标准的可量化性质。然而，民营企业往往难以制定合理有效的KPI体系。建立一个合适的KPI体系有助于提升绩效考核的效果，并且赢得员工的认同。需要注意的是，KPI方法在应用上具有一定的局限性，比如在市场营销等前端部门的效果可能更为显著，而对于中后台支持性部门的评估可能不够有效。因此，实施KPI考核时，最好与其他评估方法结合使用，以达到更全面的绩效评估。

民营企业在员工培训方面可以采用传统的教学方式，同时也可以探索角色扮演、讨论、案例分析、观摩示范、网络培训、虚拟现实、户外拓展等多种培训手段。培训方式的多样化有助于实现培训目标，提高培训效果。当前，民营企业可能还未能完全掌握这些先进的培训方法，但放弃传统方式是创新的第一步。传统的培训往往只是单向的知识传递，效果有限。民营企业应当利用信息技术和知识共享的优势，积累培训经验，调动一切可用资源，在成本控制的前提下，发挥了人力资源管理的专业能力，尽可能掌握多种培训方法。

相较于传统方式，角色扮演、讨论、案例分析等方法更能激发员工的参与感，从而提高培训成效。人力资源管理应当结合实际情况，运用不同培训手段，激发员工积极性，增强团队凝聚力。例如，拓展训练是一种有效的团队协作能力培养方式。企业应当鼓励员工在培训过程中积极提供反馈，并将个人发展目标与企业目标，以实现整体的提升。

许多实例表明，激励员工能够显著提高他们的工作表现，而忽视激励则会限制员工的潜能。对员工的激励需要充分考虑他们的内在和外在需求，以及个性特征的发挥。这对组织创新具有重要意义，因为员工的积极性和需求的满足可以带动企业的发展。针对不同员工，企业需要综合各种因素采取不同的激励措施。

对于刚毕业参加工作的员工，他们尚处于从学生到职业人的过渡期，对此可以进行职业生涯规划，并采用科学的激励方法引导他们。而对于工作多年的员工，尤其是年龄在 35 至 40 岁的员工，进行职业生涯规划激励可能已不再适用，可以考虑其他激励途径，如职位晋升以满足他们的职业追求。在制定激励措施时，我们需要综合考虑员工的年龄、需求、特点等因素，以确保形成一个良性循环，相辅相成，最终实现企业绩效的全面提升。

总的来说，有效的员工激励对于企业绩效的提升至关重要，需要我们结合员工的实际情况和需求，采取针对性的激励措施，确保激励、需求、绩效提升三者间的良性互动，从而实现企业的持续发展。

第四节　小型企业人力资源管理

一、我国小型企业战略人力资源管理的现状

一直以来，由于战略人力资源管理具有宏观性和全面性的特点，大部分的企业管理者认为战略人力资源管理应该在大中型企业中实施，认为小型企业规模较小，人事业务简单，没有必要花费大量时间和精力去实施。然而，调查发现，我国小型企业战略人力资源管理存在以下不足：首先，绝大部分小型企业管理者缺乏在小型企业中实施战略管理的意识。其次，由于缺乏战略意识，管理者没有制订长期的人才计划。高层次人才流失一直是小型企业面临的问题，管理者从公司制度、员工薪水和总体发展等多方面进行探寻，但没有找到答案。事实上，员工离职的原因包括在企业中找不到明确的成长方向、对企业信任力薄弱等。这些问题的根源在于企业没有为员工提供更加广阔的发展空间，

没有对员工的职业精神进行建设和塑造,没有对员工的职业生涯进行长期的战略性规划。此外,大部分小型企业管理者混淆了人力资源战略和战略人力管理的概念。他们将人力资源战略和战略人力资源管理视为基本保持一致的事物,未能明白战略人力资源规划是为人力资源战略的实施而服务的,是人力资源战略实施的督促者及引导者。在概念混淆的情况下,管理者无法对战略人力资源管理的职能进行明确划分,导致企业发展过程中缺乏引导者和督促者,最终致使企业人力资源能力无法有效聚集,无法实现员工的"人尽其才"。从马斯洛需要层次理论来看,中高层管理者更希望实现自尊和自我实现的需求,希望"大展拳脚,创造佳绩",但由于上述现象的存在,他们的理想、意志和情趣无法得到有效实现,最终可能选择离职。

综合上述分析,我国小型企业的战略人力资源管理存在较大缺口,这严重制约了小型企业的人才招聘、培训和保留机制的构建。这导致了高层次人才流失率较高,增加了企业发展成本,并可能导致小型企业在成长到一定阶段后停滞不前或长期停滞。这一现象对小型企业的发展造成了巨大的障碍。综合上述分析,我国小型企业的战略人力资源管理存在较大缺口,这严重制约了小型企业的人才招聘、培训和保留机制的构建。这导致了高层次人才流失率较高,增加了企业发展成本,并可能导致小型企业在成长到一定阶段后停滞不前或长期停滞。这个现象对小型企业的发展造成了巨大的障碍。综合上述分析,我国小型企业的战略人力资源管理存在较大缺口,这严重制约了小型企业的人才招聘、培训和保留机制的构建。这导致了高层次人才流失率较高,增加了企业发展成本,并可能导致小型企业在成长到一定阶段后停滞不前或长期停滞。这一现象对小型企业的发展造成了巨大的障碍。综合上述分析,我国小型企业的战略人力资源管理存在较大缺口,这严重制约了小型企业的人才招聘、培训和保留机制的构建。这导致了高层次人才流失率较高,增加了企业发展成本,并可能导致小型企业在成长到一定阶段后停滞不前或长期停滞。这一现象对小型企业的发展造成了巨大的障碍。综合上述分析,我国小型企业的战略人力资源管理存在较大缺口,这严重制约了小型企业的人才招聘、培训和保留机制的构建。这导致了高层次人才流失率较高,增加了企业发展成本,并可能导致小型企业在成长到一定阶段后停滞不前或者长期停滞。这一现象对小型企业的发展造成了巨大的障碍。

二、战略人力资源管理对于小型企业发展的重要作用

通过上述分析,我们可以看出小型企业的战略人力资源管理机制非常不完善,这给小型企业的规模增长带来了很大的阻碍。为了更好地塑造小型企业的战略人力资源管理模式,我们先来简单探讨一下战略人力资源管理对小型企业的重要性。

小型企业通过战略人力资源管理,可以为人才队伍建设提供明确的方向。这种管理模式促使企业制定并实施人才战略,同时监督和引导战略的实现。此外,战略人力资源管理有助于降低人才流失率。通过宏观和长远的视角制定人才招聘、培养和保留策略,这些策略更加符合中高层人才的尊重和自我实现需求,从而减少流失率。

战略人力资源管理还有助于增强员工的向心力和凝聚力。从宏观角度管理人才战

略，使管理人员意识到员工精神文化培育的重要性，强化员工对公司文化和战略目标的认同，营造出有效的社交氛围，满足员工的社交需求。

此外，战略人力资源管理能够提高小型企业的抗风险能力。通过增强对未来市场的预测能力，企业可以及早发现并解决问题，制定预防措施以规避风险。因为减少了人才流失，企业保留了更多有实力的人才，团队的凝聚力和员工对企业的信任度增强，这成为小型企业在竞争中的强大支持。

三、改善小型企业战略性人力资源管理存在不足的措施

通过对调查数据的对比及对成功企业的研究，改变小型企业战略人力资源管理不足的措施有四种，具体如下：

第一，小型企业高层管理者应转变观念，提高对小型企业战略的认知水平。建议管理者加强管理知识的学习，使管理更加专业化和科学化，并增强宏观视角和战略思维意识。在对人才战略形成正确认知的基础上，制定公司宏观的人才规划，并积极推动战略人力资源管理模式在人事制度构建中的应用。这意味着管理者需要以战略眼光看待人力资源管理，以实现企业的人才战略目标。

第二，小型企业管理者应当重视员工的远期需求，为他们量身打造在企业的职业生涯规划。随着社会的发展，员工的需求已经从基本的生理和安全需求转向更高层次的需求，如社交需求、尊重需求和自我实现需求，这些需求在职业选择过程中起着越来越重要的作用。因此，从公司总体战略的角度出发，管理者应与员工共同制定个人的职业生涯规划，增强他们对自我在企业发展中信心的同时，也增强了他们对企业的信任度。这一目标的实现，离不开对人力资源进行战略管理的过程。

第三，为了增强员工与企业的联系，企业管理者需要重视员工培训，并为他们的职业生涯发展提供便利条件。培训是员工与企业融合的必要环节，即使在高员工流失率的小型企业，也不能减少或取消员工培训。否则，员工个人发展空间和自我成长机会将受到严重削弱，进而导致员工的流失率上升。这种流失率的上升又会使企业更加不愿意进行员工培训，形成恶性循环。所以，从企业的角度出发，需要改变这种现象，重视对员工的培训。

重视员工培训不仅仅意味着注重技能和工作能力的培训，还包括关注员工精神面貌的培训，以增强他们对公司的奉献精神和忠诚度。在培训过程中，企业需要持有正确的态度，确保每次培训都能够达到有效的效果。无效的培训会产生反向作用，改变员工的态度。因此，企业应该认真对待培训，确保每次都能够为员工提供实际而有益的培训内容。

第四，企业管理者应当高度重视人力资源，不可将其与物力、财力资源等量齐观。人力资源是一种比物力、财力资源更高级的资源，它具有情感属性，是一种有情感、有生命力的资源。因此，对人力资源的重视不仅体现在对其尊重上，还应为其成长提供更加广阔的空间。换言之，企业管理者需要关注员工的个人发展，为他们创造良好的工作环境和职业发展机会，激发他们的创造力和潜力，从而提升企业的整体绩效和竞争力。

参考文献

[1] 李贵卿 . 人力资源管理概论 [M]. 北京：科学出版社，2023.02.

[2] 廖惠芳，卓炫彬 . 人力资源管理与应用研究 [M]. 长春：吉林人民出版社，2023.08.

[3] 韩平 . 创业企业人力资源管理 [M]. 西安：西安交通大学出版社，2023.04.

[4] 朱运德 . 人力资源实务全书 [M]. 武汉：武汉大学出版社，2023.10.

[5] 张玲，孙欣 . 人力资源管理 [M]. 北京：清华大学出版社，2023.10.

[6] 姚红，解松强，卢丽霞 . 人力资源管理实务 [M]. 延吉：延边大学出版社，2023.09.

[7] 王瀛，赵洱崇 . 数字人力资源管理 [M]. 北京：清华大学出版社，2023.11.

[8] 郗亚坤，郭远红 . 人力资源管理基础 [M]. 沈阳：东北财经大学出版社，2023.08.

[9] 林绍珍 . 人力资源管理 [M]. 北京：经济管理出版社，2023.09.

[10] 牛东旗，王玉翠，刘闯 . 人力资源管理 [M]. 长春：吉林出版集团股份有限公司，
2023.

[11] 池洋漾 . 人力资源服务概论 [M]. 北京：中国劳动社会保障出版社，2023.06.

[12] 袁勇志，凌斌 . 人力资源管理 [M]. 苏州：苏州大学出版社，2023.11.

[13] 傅小龙，李集城，彭佳慧 . 人力资源管理 [M]. 北京：清华大学出版社，2023.06.

[14] 高霞 . 人力资源服务管理 [M]. 北京：清华大学出版社，2023.09.

[15] 徐笑君 . 人力资源管理 [M]. 上海：复旦大学出版社，2023.09.

[16] 奚昕 . 人力资源管理 [M]. 合肥：安徽大学出版社，2023.08.

[17] 狄晶，董倩 . 人力资源开发与管理理论实务探究 [M]. 长春：吉林人民出版社，
2023.07.

[18] 张燕娣 . 人力资源培训与开发 [M]. 上海：复旦大学出版社，2022.06.

[19] 梁金如 . 人力资源优化管理与创新研究 [M]. 北京：北京工业大学出版社，2022.07.

[20] 宋玉 . 现代人力资源培训与评估研究 [M]. 长春：吉林人民出版社，2022.06.

[21] 张岚，王天阳，王清绪 . 企业高绩效人力资源管理研究 [M]. 长春：吉林文史出版社，
2022.08.

[22] 钱玉竺 . 现代企业人力资源管理理论与创新发展研究 [M]. 广州：广东人民出版社，
2022.06.

[23] 焦艳芳 . 人力资源管理理论研究与大数据应用 [M]. 北京：北京工业大学出版社，
2022.01.

[24] 刘大伟，王海平 . 高质量发展视域下企业人力资源管理伦理研究 [M]. 武汉：华中科

技大学出版社，2022.12.

[25] 徐大丰，范文锋，牛海燕. 人力资源管理信息系统 [M]. 北京：首都经济贸易大学出版社，2022.10.

[26] 范围，白永亮. 人力资源管理理论与实务 [M]. 北京：北京首都经济贸易大学出版社，2022.02.

[27] 罗哲，段海英. 人力资源开发与管理 [M]. 成都：四川大学出版社，2022.12.

[28] 傅青. 人力资源管理及实务 [M]. 长春：吉林出版集团股份有限公司，2022.09.

[29] 张洪峰. 现代人力资源管理模式与创新研究 [M]. 延吉：延边大学出版社，2022.07.

[30] 雷松松，袁玲艳，毕海平. 人力资源管理战略与实践创新 [M]. 北京：线装书局，2022.

[31] 彭良平. 人力资源管理 [M]. 武汉：湖北科学技术出版社，2021.09.

[32] 金艳青. 人力资源管理与服务研究 [M]. 长春：吉林人民出版社，2021.11.

[33] 徐刚. 人力资源数字化转型行动指南 [M]. 北京：机械工业出版社，2021.

[34] 赵晓红，臧钧菁，刘志韧. 行政管理与人力资源发展研究 [M]. 长春：吉林人民出版社，2021.05.

[35] 李蕾，全超，江朝虎. 企业管理与人力资源建设发展 [M]. 长春：吉林人民出版社，2021.06.

[36] 孙鹏红，王晖. 现代人力资源管理优化研究 [M]. 长春：吉林人民出版社，2021.09.

[37] 欧立光. 信息化背景下企业人力资源管理创新研究 [M]. 长春：吉林大学出版社，2021.10.